六祖壇經

佛法在世間，
不離世間覺。
離世覓菩提，
恰如求兔角。

編輯人語

我們身處的這個時代，可稱得上是亂世。所謂「亂」，未必是生活條件差或家國動盪，而是指資訊爆炸，個人被迫無時無刻接收外在訊息。透過網路，遠在萬里之外的細微響動都能被無限放大、無限扭曲，恐慌和壓力伴隨而來，深深影響情緒與生活。在這樣的世道裡，人豈止「時起數念」，甚至時起數十念、數百念。眾聲喧囂之中，求一靜已是難得的奢求。

這種時候，讀一點《壇經》，於人或於生活，或許是好的。

有人認為禪就是無，禪宗所授，是斷念、放下的佛法。但我覺得六祖所說的不僅是佛法，更像是一種無所不在，而無所在，與人世和諧相處、身心安頓的生活哲理。

有人說，佛經艱深，難以理解。那麼，我們該用怎樣的態度閱讀佛經呢？一位老師曾教導我，對於佛經，即使不能字字通曉，也要試著學習感受。因為每一部佛經都是一場佛陀的講法，所以當讀到「如是我聞」時，我們就走進了一場盛會中，是在座的諸弟子之一，身歷其境，聆聽佛陀言語，觀看拈花微笑的姿態。

而《壇經》的有趣之處，也在於它是一場真實發生的法會。這場法會在千餘年前舉行，臺下僧俗上千，而六祖惠能在臺上細述生平與教法。他這一年大約四十多歲吧，原是山裡打柴的樵夫，一字不識，可能還帶著點常人難解的口音——大師可是廣東人呀——言語樸實，心思敏慧——從「不是風動，不是幡動，仁者心動」可以感受——他的態度低調但意志堅定——曾經歷過十五年懷揣五祖衣鉢，卻四處流離，與獵人同宿，吃肉邊菜的苦日子——言行間帶了點可愛的幽默——十三歲小和尚神會沒大沒小地質問他：「和尚你坐禪，到底有沒有見識到佛性哪？」他舉杖打了對方三下，反問道：「那我打了你，你覺不覺得痛啊？」——於是透過閱讀《壇經》，我們不僅走進了這場法會，更透過每一個公案與故事，認識了惠能本人。

想要完全領會大師的思想與智慧，或許不是一件容易的事，但閱讀《壇經》，於千年後的「亂世」裡，能與大師同行一段，滌塵靜心，必定有所受益。

陳名珉（商周出版編輯）

〔導讀〕

認識《六祖壇經》

中華佛學研究所研究員藍吉富

在中國佛教史上，禪宗是最具有原創性的宗派。隋唐的三論宗、法相宗、天臺宗、淨土宗、密宗，可說是印度佛教的移植與重新結構。但是禪宗不同，它最具有中國佛教的獨特性，所依附於印度佛經的成分也最少。從修行方法、效率及信仰理念等方面來觀察，它顯然是從印度佛教發展到中國佛教的「典範轉移」。說它是中國佛教最獨特的宗派，並不過分。

眾所周知，促使禪宗形成、發展的靈魂人物，就是六祖慧能（六三八～七一三），而慧能的一生大事、言行思想，具載在《六祖壇經》一書之中。這部書是記載慧能事蹟之最早、最完整的文獻，同時也是後世禪門五宗的共同思想基礎。就像元代德異本〈壇經序〉所說的：「五家綱要，盡出壇經。」

對一個有意研究禪宗法門的人而言，這部書內含慧能的種種修行思想，像「直指人心、見性成佛」的頓教原理、「無念、無相、無住」與「定慧等持」的修行原則、「一行三昧」的實踐方法與「唯心淨土、自性彌陀」的信仰態度等等，可以給初學者指引出研究方向與修行線索。

此外，對於一般較具知識性興趣的讀者而言，本書也有很多令人覺得耳熟能詳或似曾相識的文句。最膾炙人口的當是六祖呈心偈：「菩提本無樹，明鏡亦非臺，本來無一物，何處惹塵埃。」（〈行由品〉）；其次，對廣州法性寺二僧之「風動幡動」之諍，六祖所說「不是風動，不是幡動。仁者心動」的回答（〈行由品〉），也是不少人所熟諳的。至於〈般若品〉所載的「佛法在世間，不離世間覺；離世覓菩提，恰如求兔角」偈，則是佛教界常聽到的警句。甚至於「但吃肉邊菜」這句素食者所常用的詞語，也是本書〈行由品〉中所記載的內容。

顯然的，這是一部雅俗共賞的奇書，其中不只包含了慧能的原創性宗教智慧，也記載不少漢傳佛教徒的信仰常識以及一般知識分子的文化養分。即使是一個對宗教毫無興趣的人，也可能從中學習到慧能那種重視真諦、不拘泥於傳統包袱（坐禪修定）及文詞表相意義的「正法眼」（證悟真理的智慧）。

商周出版的《六祖壇經》底本，是二十世紀的佛教學者丁福保（一八七四～一九五二）所撰的《六祖壇經箋註》。丁氏是一位精通醫學、訓詁、文史、古錢與佛學的飽學之士。但是在二十世紀的華人佛學界，他則以所編《佛學大辭典》（一九二一年出版）為人所知。這部辭典大約在海峽兩岸風行數十年，迄今仍然有人使用。此外，一九七〇年，臺灣佛教界曾彙編《丁氏佛學叢書》行世，內含丁氏所箋註之十六種佛典及若干佛學入門典籍，《六祖壇經箋註》亦是其中之一。

由於丁氏有豐厚的文史與佛學素養，因此這部箋註也讓人有厚重、飽足的感覺。在本書〈後序〉中，他曾詮釋「箋註」的意涵。他說「箋」是「書所未盡，待我而表識之也」，而「註」則是指「稽典故、考輿地、詳姓字、明訓詁、識鳥獸草木之名也」。可見「箋」就是丁氏對《壇經》文句意涵的引伸，而「註」則是一般所謂的註解。此外，全書卷首，又載有丁氏的〈箋經雜記〉。其中對於《壇經》的版本問題、思想主軸、古今名家對《壇經》內涵的討論等等內容，都多所論述。文中在論述神會（慧能弟子）之時，也提及胡適主張「《六祖壇經》是神會所作」一事，可見丁氏對於佛教圈外的學術研究成果，也並未忽略。

綜合來看，在二十世紀前半葉的華人佛教界，丁氏這部《箋註》的著述分量與水平，是值得稱許的。

丁氏《箋註》出書後迄今，已逾百年之久。這一百多年來的佛教學術界，也曾經有過一陣不小的「《壇經》研究」熱潮。我拈出幾個論題，以供讀者參考：

一、《壇經》版本（或抄本）的演變

學術界認為，《壇經》從唐代流傳迄今，所流通的本子，其中內容曾經先後被改動多次。現存的傳本之中，比較具代表性的有敦煌本、惠昕本、德異本、宗寶本以及已經迭失的契嵩本。這些本子的內容文句、章節標題，先後次第、品目名稱都有或多或少的差異。

二、敦煌本的定位及抄本問題

有人以為敦煌本是最原始的本子，也有人以為現存的敦煌本之前，還有更原始的本子存在。在同樣是敦煌本的抄本之中，也有斯坦因本及敦博本（即「敦煌博物館本」，又稱「敦煌新本」），有不少學者都在做比對、校正的工作。

三、《壇經》是神會（慧能弟子）一派人所作

這是胡適《神會和尚遺集（一）》的論點，也有日本學者表示同意，但臺灣的印順法師曾撰〈神會與壇經〉一文，駁斥此一看法。

四、「壇經傳宗」問題的詮釋

胡適在研究神會時，在一處史料（〈興福寺大義禪師碑銘〉）中看到「壇經傳宗」四字，他誤解此詞的意義，又加上其他推測，最後判定《壇經》是神會一系的人所撰的。關於這一點，印順法師在〈神會與壇經〉文中，解讀〈壇經傳宗〉的涵意，認為這是神會一系傳承弟子法脈時的一項制度。即神會門下在傳法時，會傳予一份《壇經》手抄本給弟子，以之為憑證，並以此取代傳承衣缽的舊習，這就是「壇經傳宗」。但是這個制度及這四字的涵意，胡適並不清楚。而印順以為，現存敦煌本《壇經》，就是神會門下「壇經傳宗」的抄本。

上面列出的幾點，是丁氏箋註出版後迄今，有關《壇經》研究的幾項發展。對於有志進一步研究《壇經》的初學者，也許稍有裨益。因此，略贅數語如此。

六祖壇經

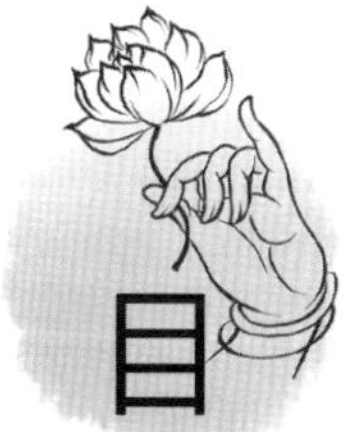

目錄

編輯人語……003

導讀　認識《六祖壇經》／藍吉富……005

六祖壇經箋註序／丁福保……013

六祖壇經箋註後序／丁福保……017

箋經雜記／丁福保……021

六祖大師法寶壇經略序／釋法海……037

壇經序／釋德異……046

六祖大師法寶壇經箋註……056

行由品第一……058

般若品第二……106

疑問品第三……138

定慧品第四……152
坐禪品第五……161
懺悔品第六……164
機緣品第七……180
頓漸品第八……232
護法品第九……255
付囑品第十……263
附錄 敦煌本六祖壇經……303

六祖壇經箋註序

考《唐書．方伎傳》，後魏之末，有僧號達摩者，本天竺國王之子，以護國出家，入南海，得禪宗妙法。自釋迦文佛相傳有衣缽為記，以世相付受。達摩齎衣缽，航海而來，至梁，詣武帝。帝問以有為之事，達摩不悅，乃之魏，隱於嵩山少林寺。以其法傳慧可，可傳僧璨，璨傳道信，信傳弘忍，忍傳慧能。能於達摩，在中國為六世，故天下謂之「六祖」。後閱《全唐文》，見六祖自撰之〈金剛經註序〉，及其嗣法法海所撰之〈壇經序〉、王摩詰所撰之〈六祖碑銘〉、柳子厚所撰之〈六祖第一碑〉、劉夢得所撰之〈六祖第二碑〉……余因此而於六祖所傳之禪宗，遂心向往之矣。

夫所謂禪宗者，非六度中第五度之坐禪，乃第六度之般若波羅蜜也。六祖示不識文字相，故平生無著作，惟法海紀述其說法之語，名曰《法寶壇經》。在宋時明教大師有校刊本，題名曰《法寶記》。明教大師曰：「《法寶記》者，蓋六祖之所說其法也（見《鐔津文集．十一》）。稱經者，後人尊其法耳，而非六祖之意也（見《鐔津文集．三》）。」余謂宗教家各自尊其教，無不名其所崇奉者曰經。如墨翟之書，初不名經，而其徒苦獲、鄧陵之屬，乃尊之為經（《墨經》見《莊子．天下篇》）。揚子《太玄》，其本傳及《漢志》，並未稱經，而當時侯芭之徒，亦尊之為經。此外如老子之稱《道德真經》、莊子之稱《南華真經》、列子之稱《沖虛真經》，以及耶教之《聖經》、回教之《可蘭經》，皆其例也。

余於《壇經》，研精覃思者既久。始知與孔子之《十翼》、子思之《中庸》，孟氏、莊氏之書，洒然多有會通之處。爰撮其大要，而為學者告焉。《壇經》所謂佛性：實性、真如，自本心、自本性，明心見性，禪定解脫，般若三昧，菩提涅槃，解脫知見，諸佛之本源。不思善、不思惡，即自己本來面目，皆自性之異名也。

又謂自性本不生滅，本無去來，本來清淨，本自具足，本不動搖，如如不動。第一義不動，無有一法可得，皆言自性之體也。即《彖傳》所云「艮其止，止其所也」；即《繫辭》所云「無思也，無為也，寂然不動」也；即「洗心，退藏於密」也；即「天下何思何慮」也；即《中庸》所云「天命之謂性」也；即「喜怒哀樂之未發，謂之中」也；即《孟子》之「萬物之皆備於我」也（即釋氏之「自性本自具足」）；即莊子所述孔顏授受之心齋也；即「為善無近名，為惡無近刑，緣督以為經」也；即莊子所述之「遊心於物之初」，及「不以生生死，不以死死生」也。論自性之體，三教之相同者如此。

《壇經》又謂自性真空，能生萬法也；真如有性，所以起念也；用即了了分明，應用便知一切也。引《維摩經》之「能善分別諸法相」也；引《金剛經》之「應無所住而生其心」也，皆言自性之用也。即《彖傳》所云「時止則止，時行則行，動靜不失其時」也；即《繫辭》所云「感而遂通天下之故」也；即《中庸》所云「發而皆中節，謂之和」也；即孔子之「毋意、毋必、毋固、毋我」也；即「七十而從心所欲，不逾矩」也；即《莊子》所云「至人之用心若鏡，不將不迎，應而不藏」也；亦即庖丁游刃解牛，及「得其環中，以應無窮」也。

《壇經》又謂眾生是佛，佛性本無差別，但用此心直了成佛。離心無別佛，所以自性自度，自識自見，自淨自定，自悟自解，自修自行，自開心中之佛知見，不假外求，歸依自性天真佛。一悟即見心地上覺性如來，此即孟子性善之說，即人皆可以為堯舜也，亦言性之用也。論自性之用，三教之相同者又如此。自性之體用既已證明，然後再讀《壇經》，以自本性證乎了義。則天機利者，一悟即入大圓覺海，天機鈍者，亦能得其深處。故謂之圓頓教，謂之最上乘，謂之如來清淨禪，謂之菩薩藏之正宗也。是則六祖者，乃三界之慈父，諸佛之善嗣歟！若夫《壇經》所載，有何須往生之說，則蓮池大師辯之詳矣。

蓮池言《壇經》皆他人記錄，故多訛誤。其十萬八千東方西方等說，久已辯明，中又云「但修十善，何須更願往生」。夫十善生天之因也，無佛出世，輪王乃以十善化度眾生。六祖不教人生西方見佛，而但使生天可乎？其不足信明矣。故知執《壇經》而非淨土者，謬之甚者也。

蓮池之說如此，余恐學者因《壇經》而疑淨土，故錄其言於簡首，使閱者開卷即知，逆防其趨向之或誤。蓋以修淨與參禪，正不相妨。古德所謂「有禪有淨土，萬修萬人去」。六祖、蓮池，各各隨機說法，相需為用，參禪不礙念佛，念佛不礙參禪，在學者之善於圓融耳。此余所以既註《十六觀經》、《阿彌陀經》、而又為此經之箋註也。箋註時遇十萬八千十善淨土等說，則引蓮池之言以訂正之，非如效唐人之非《國語》，宋人之糾謬《唐書》，明人之《正楊》、《正錢》，出己意以詆訾古人也。即六祖答西方之問，其主要在使人淨心則淨土，亦未嘗言無西方也。余之箋註是經也，折衷眾說，擇善而從，或別書於冊，或書於片紙，或飲行跳格，而書於本經字句之旁及書眉之上，久之得數萬言。乃使人錄出，分疏於每句之下，仿王逸註《騷》、李善註《選》之例也；其音訓即於每字之下註之，俾學者易於能成誦，仿朱晦庵《詩傳》例也；其註作雙行小字，則仿宋本《十三經註疏》之例也。唯是余薄材譾，讀書未廣，豐干饒舌，未免卮言。然區區掇拾餖飣，容亦有為初學所未知者，則余敢效宋人之獻曝，曝寧足貴，惟獻焉者之愚誠，有欲已而不能自已者耳。砭頑訂誤，尚有望於後之君子。

中華人民建國之八年十月　無錫丁福保仲祜序

六祖壇經箋註後序

吾儒言經文錯簡者，起於劉向之校《尚書》（見《漢書．藝文志》），猶有古文可據也。疑經文脫簡者，始於鄭玄之註《玉藻》（見《禮記註》），然尤不敢移其次第也。至北宋以後，始各以己意改古書，有所不通、輒言錯簡，六經幾無完本，餘波所漸，遂及叢林。於是《六祖壇經》，有言其錯簡者，則移其次第；有言其脫簡者，則以他書補入。余以正德舊刻本校之，其竄亂之蹟，尚未盡泯也。大凡古書之傳於今者類如此，不獨《壇經》為然。

而余又考《壇經》之所傳述者，即釋迦佛在靈山會上付與初祖大迦葉之正法眼藏也，由初祖傳至二十八祖達摩大師，始來中國，是為東土初祖，又傳五代至弘忍大師，凡三十有二祖，皆密密相傳，以一傳一，餘人不能得其法。自忍大師傳法於六祖，六祖遂廣傳其法於天下，其門人又詳敘之而為《壇經》，即今之所傳者是也，其淵源遠有端緒如此。余獨怪《壇經》為宗門切要之書，自唐以來千二百餘年間，未見有人為之註者，何也？豈視為淺近易曉，人人可以盡解耶？抑道在心悟，不在文字？我宗門下客，不必求知求解耶？夫以指指月，指本非月；非馬喻馬，馬非非馬。指與非馬，猶之文字，借指可以見月，借非馬可以明馬，猶之借文字可以通經義，通經義可以明心見性。故文字為傳道之器，得道則其器可投；文字如渡海之筏，到岸則其筏可捨。若未到岸、未得道之時，文字究不可以不求甚解，此《壇經》之所以不可無箋註也。雖然，註書之難，自古言之，漢儒註經，必引會數經，勘契密合，而後下筆，不第時代近古，多得遺聞而已。魏晉以降，儒者不遵師說，意主穿鑿附會，漢學於是浸廢矣。其後如杜征南之註左氏傳、顏祕書之註兩漢書，雖瞻博絕世，猶有摘其舛駁者。徐無黨註《五代史》，寥寥數語，其於大義，毫無補益勿論矣，惟裴松之之註《三國志》、劉孝標之註《世說新語》、酈道元之註《水經》，皆能補原書所不載，其詞又雅馴，頗見魏晉風軌。李善之註《文選》，只引經史，不釋述作意義。東坡嘗稱之，而詆五臣註為荒陋，凡此皆可為箋註家之鑒戒者也。

後世之註佛經者，皆宜據事徵典，不妄加義，不可如王輔嗣之註《易》、郭子玄之註《莊》，屏實騖華，唯在發揮一己之意。蓋佛氏之微言奧義，惟佛與佛能知其究竟，即二乘菩薩亦不可空談妙悟，妄為度量也。善夫蓮池大師之言曰：「如經所言，有諸盲人，群手摸象。其摸象鼻者，云象如箕；其摸股者，云象如柱；其摸尾者，云象如帚；其摸腹者，云象如石……乃至摸眼則云如鼓風橐，摸耳則云如倒垂葉，摸蹄則云如覆地杯。人執所摸，互相是非，觀者捧腹。今日談經，何以異是？佛已涅槃，咨詢無繇，出情識手，為想像摸。彼此角力，如盲議盲，予實慨焉！」蓮池之說，可為經疏家空談之藥石也。昔李商隱為文，多檢閱書冊，左右鱗次，時號「為獺祭魚」。毛西河作試帖，陳書滿几案，其夫人亦詆為「獺祭」。余謂註佛經者，獨宜多檢書冊，以期多得考證。惟不可太涉泛濫，以失說經家謹嚴之體焉耳。若但為簡單之經註，宜仿廖瑩中世綵堂本韓文註（徐氏翻刻本名《東雅堂韓文》）、朱子諸集傳例，及《離騷》集註例，悉削去諸家姓氏，彙輯群說，自為一書，然已不能免宋、元人說經之窠臼矣。此余所以遠祖漢儒經註，近法《三國志》、《世說》、《文選》等註、而為《壇經》之箋註也。

「箋」與「註」，本是不同。箋之云者，《說文》云：「表識書也。」謂書所未盡，待我而表識之也。康成《詩箋》、昔人謂所以表明毛意，記識其事，故特稱之為「箋」。今《壇經》中之各偈，大抵用箋者為多，因非箋不能達其意也。

「註」之云者：「稽典故，考輿地，詳姓字，明訓詁，識鳥獸草木之名也。」註法之中，又分三端。

一曰「正註」，宜引本事以解之者也。今《壇經》中所註之寶林、衣法、菩提樹下開東山法門（以上見第一品），知解宗、顯宗記（第八品），卓錫泉（第七品），水晶缽（第八品），六祖舊居（第九品），嗣法四十三人（第十品）等，是其例也。

一曰「互註」，宜沿波討源，博採眾說，以為佐證者也。今《壇經》中所註之此心成佛、生死事大、生死苦海、福何可救、識自本心、見自本性（以上見第一品），用即了了分明、一切即一、一即一切、八萬四千智慧（第二品），有把茆蓋頭（第八品）及他心通（第九品）等，是其例也。

一曰「訓詁」，解釋其音義，而無害其文者也。今《壇經》中所註之獦、獠、偈、頌、碓、薙（以上見第一品）等字，是其例也。

司馬遷之言曰：「好學深思，心知其意。」此精思之謂也。班回之言曰：「篤學好古，實事求是。」此詳考之謂也。詳考始可言註，深思始可言箋。余學殖荒落，何敢插齒牙於著作之林，而為此經之箋註？蓋欲於佛經箋解中自辟一徑而行，一以援古德之言，示人以不蹈空疏之弊；一以便利根初學，閱之頓悟如來上乘，而為假諸文字為其筌蹄也。

校勘既竣，復以釋迦佛像及列代祖師像三十三尊冠諸首簡。昔武梁祠、魯靈光殿，皆圖偉人事蹟；而宋刻本《列女傳》，亦有顧愷之之畫像。借圖像為感發興起，由來舊矣。今此三十有三尊者，即佛祖傳授大法之次第。學者既讀斯文，則必想見其人，見其人而不得，則見其像如見其人也。如見其人之口口相傳、心心相印也。附圖之意，蓋在於斯。

中華人民建國之八年十一月　無錫丁福保識

吾友邱菽園先生寄我劉世馨粵屑所載之六祖鉢一條，謂：「六祖葬曹溪，故其真身衣鉢在焉。建塔事之，白光衝天三日。後黃巢至曹溪，雲霧晝晦，軍人失道，致恭乞哀而去。南漢王劉鋹使迎衣鉢，鉢墮地、因捨田數十頃贖罪，肉身香燻如漆。其衣二，一乃達摩所傳，西域屈（日＋旬）布緝綿花心織成者；一為唐元宗所賜，織成淡山水者。其鉢非銅鐵木石，人莫能識。明，魏莊渠為廣東提學，慨然欲闢佛，毀佛寺無數，至南華，擊六祖相傳之鉢，又欲毀其寺、焚其衣，見鉢現『委鬼』二字，驚而止。」

菽園先生又曰：「古今方言，有以孝子一名詞，專指身服衰絰之人而言者。試證之《後漢書》，桓帝既葬、民士往哭陵者，計千百人，當時均喚作『孝子』；又證之《三國志》，有妄男子，惘惘然誤入諸葛恪府內，時以其人實著孝服，故亦喚之為『孝子』。今廣東俗語，猶存古意。凡衰絰在躬者，皆喚是孝子。六祖本廣東人，應作廣東諺矣。」附錄於此，皆可為《壇經》補註之資料。且以誌良友之益我於不忘也。

民國十一年二月　丁福保識

余書藏中所收《壇經》不下十餘種，其最佳者，為明正統四年黑口刻本：每半葉八行，行十六字，字大悅目，元槧本典型尚存，氣象靜穆可敬。其次則為嘉靖間五臺山房刻本，每半葉九行，行十八字，古意猶存，尚為佳帙。茲以兩刻本，校勘其異同。

正統本之優點為法海所撰〈壇經略序〉，尚未改為〈六祖大師緣起外紀〉，其序文亦未為後人所竄亂。正統本有無名氏跋一首。嘉靖本則摘錄跋中之語，名曰〈歷朝崇奉事蹟〉，而刪其跋。正統本共分九品，曰「悟法傳衣第一」；嘉靖本改為「行由第一」，分其後半為「般若第二」；正統本曰「釋功德淨土第二」，嘉靖本改為「疑問第三」；正統本曰「定慧一體第三」，嘉靖本改為「定慧第四」；正統本曰「教授坐禪第四」，嘉靖本改為「坐禪第五」；正統本曰「傳香懺悔第五」，嘉靖本改為「懺悔第六」；正統本曰「參請機緣第六」，嘉靖本改為「機緣第七」；正統本曰「南頓北漸第七」，嘉靖本改為「頓漸第八」；正統本曰「唐朝徵詔第八」，嘉靖本改為「宣詔第九」，近刻本又改為「護法」；正統本曰「法門對示第九」，嘉靖本改為「付囑第十」……其間字句之不同者猶不勝枚舉。於以知《壇經》之竄亂，其在正德、嘉靖間乎。明人好竄改古書，已成為風俗，不獨於佛經為然也，餘尚有嘉靖小字刻本及閔刻朱墨本，亦為《壇經》中之佳品。此外則有福建鼓山刻本、長沙刻本、金陵刻本、如皋刻本等，皆近時普通單行本也。

《壇經》最要之宗旨，在於示明一切萬法，皆從自性生。自性即是自心，自心即是真佛，故不必捨自佛而求他佛，但覓自心佛可也。其重要之下手處，在於依法修行，修須自修，行須實行。其所修所行者，先去殺生、偷盜、邪淫、妄語、兩舌、惡口、綺語、貪欲、瞋恚、癡愚等「十惡」；再去邪見、邪思、邪語、邪業、邪命、邪方便、邪念、邪定等「八邪」。去十惡八邪，即是除自性中不善心、嫉妒心、諂曲心、吾我心、誑妄心、輕人心、慢他心、貢高心，及一切時中不善之行。常自見己過，不見他人之是非善惡，是之謂歸依自性天真佛。故六祖謂「慈悲即是觀音，喜捨名為勢至，能淨即釋迦，平直即彌陀」也。若不能依法實行，口善心不善，雖誦經念佛奚益。南轅而北其轍，其去真佛也遠矣。

學者之於《壇經》皆宜誦讀之、講貫之、思索之、體認之，以反求諸夙夜、飲食、男女、衣服、動靜、語默、應事接物之間。六祖之所謂「心平何勞持戒」，吾則求吾心之如何能平；六祖之所謂「行直何用修禪」，吾則求吾行之如何能直；六祖謂「恩則孝養父母」，吾則求孝養父母之所以盡其恩；六祖謂「義則上下相憐」，吾則求上下相憐之所以盡其義；六祖謂「讓則尊卑和睦」，吾則於尊卑思所以行其讓；六祖謂「忍則眾惡無喧」，吾則於眾惡思所以致其忍……於此六者，無一不致其精微曲折之詳，無一不能貼向自家身心上做工夫，以截斷其舊習，以變化其氣質。雖讀此一經，而已入聖賢仙佛之境界矣。嗚乎！獨處不能謹，口誦不能實行，徒以經典梵唄，嚴飾乎外，偽也。欲以虛偽之善，蓋真實之惡，自可欺，人不受欺；人可欺，佛其可欺乎？

禪家所有語言，皆機鋒相對，因病與藥，使參問者捨去執見，直入中道而已。故圭峰禪師曰：「性不易悟，多由執相。故欲顯性，先須破執。」其所謂「破執者」，試以《金剛經》證之。經曰：「如來所說身相，即非身相。」又曰：「是福德即非福德性，是故如來說福德多。」又曰：「所謂佛法者，即非佛法。」又曰：「莊嚴佛土者，即非莊嚴，是名莊嚴。」又曰：「佛說非身，是名大身。」又曰：「佛說般若波羅蜜，即非般若波羅蜜。」又曰：「諸微塵，如來說非微塵，是名微塵；如來說世界，非世界，是名世界。」又曰：「如來說三十二相，即是非相，是名三十二相。」又曰：「是實相者即是非相，是故如來說名實相。」又曰：「如來說一切諸相，即是非相。」又說「一切眾生，即非眾生。」又曰：「所言一切法者，即非一切法，是故名一切法。」又曰：「若福德有實，如來不說得福德多，以福德無故，如來說得福德多。」又曰：「如來說具足色身，即非具足色身，是名具足色身。」又曰：「如來說諸相具足，即非具足，是名諸相具足。」又曰：「彼非眾生，非不眾生，何以故？須菩提，眾生眾生者，如來說非眾生，是名眾生。」又曰：「所言善法者，如來說即非善法，是名善法。」又曰：「凡夫者如來說即非凡夫。」此等句不及備錄，錄此以見談般若者，隨說隨掃，以破人之執著之相也。後世之談禪者，其法皆出於般若部，所以問者曰是，則答曰非；問者曰非，則答曰是；問者曰有，則答曰無；問者曰無，則答曰有。且即毀即讚，即讚即毀，即立即破，即破即立，即體即用，即用即體，即言語非言語，非言語即言語……一時權宜相當。故有與甲相宜者，未必與乙相宜；與乙相宜者，未必與丙相宜。隨機說法，無有定法如來可說。故六祖為志道曰：「汝忽隨言解，許汝知少分。」

雖然，立教皆為對機，對機者除病除執也。若本無此病，即無庸服藥；本無此執，亦更不必破。無病而藥，無執而破，則無益而有損矣。善夫蓮池大師之言曰：「看經須是周遍廣博，方得融貫，不致偏執。」蓋經有此處建立，彼處掃蕩；此處掃蕩，彼處建立。隨時逐機，無定法故。假使只看《楞嚴》，見勢至不入圓通，而不廣覽稱讚淨土諸經，便謂念佛不足尚矣。只看達摩對梁帝語，見功德不在作福，而不廣覽六度萬行諸經，便謂有為福德皆可廢矣。反而觀之，執淨土非禪宗，執有為非無為，亦復如是。喻如讀醫書不廣者，但見治寒用桂附而斥芩連，治虛用參耆而斥枳朴，不知芩連枳朴亦有時當用，而桂附參耆亦有時當斥也。是故執醫之一方者誤色身，執經之一義者誤慧命。予嘗謂《六祖壇經》不可使無智人觀之，正慮其執此而廢彼也。

「心性」二字，空宗與性宗等解說各不相同，惟禪宗則毫無區別。所以黃檗禪師云：「心性不異，即性即心；心不異性，名之為祖。」又云：「諸佛菩薩與一切蠢動含靈，同此大涅槃性。性即是心，心即是佛。」（見《傳心法要》）南陽慧忠國師語錄曰：「……未審心之與性，為別不別？師曰：『迷則別，悟則不別。』曰：『經云、佛性是常、心是無常。今云不別何也？』師曰：『汝但依語而不依義。譬如寒月，水結為冰，及至暖時，冰釋為水；眾生迷時、結性成心，眾生悟時，釋心成性。』學者據以上數則、既知心性非異、可以讀《壇經》矣。

六祖之碑銘及〈壇經序〉中有最難箋註者三處。

王摩詰所撰〈六祖碑銘〉中之「泉館」二字。余註曰：「泉館即淵館也。築館於重淵之下，猶言穴居也。唐人避高祖諱，故改淵為泉。」當時頗以未得確證為憾，後偶閱袁褧仿宋本六臣註《文選》中〈郭璞江賦〉：淵客築室於岩底，鮫人構館於懸流。原註曰：「淵客、鮫人，皆水中居，故築室構舍於岩流之下。」此即泉館之出處也。他日當為補入註中。又法海〈壇經略序〉中之「此地乃生龍白象來脈，只可平天，不可平地」三句，又德異〈壇經序〉中之「末上」二字，此三處皆不易箋註。學者慎勿滑過。「達摩」或作「達磨」，「惠能」或作「慧能」，皆可通用。第七品中之「羊鹿牛車」，近時新刻本改為「羊鹿之車」，大謬，萬不可用。不知《法華經》中共分四車，曰「羊車」、「鹿車」、「牛車」、「白牛車」耶！此略舉之，其說詳載註中。

數年前，有客問余曰：「《壇經．第一品》中，韋刺史與官僚入山，請師出。此山何名也？又問第七品中，師振錫卓地，泉應手而出，此泉何名也？第十品中嗣法四十三人，其名詳於何書？何名也？」余於時不能答，旁有座客代余答曰：「此乃考據文字，於明心見性毫無交涉也。」然余終以不知此答為憾。近來閱書稍稍留意，積久則此山與泉及四十三人皆確知其名，已詳載《壇經》註中矣。

註中偶有重複之處，因經中往往有極機警、極爽利之話頭，與極確實之理解，非仍引前註不能了然者，故又重複而用之。非若專門名詞，前已註過者，則每用註見前，或詳見前註，可以了之。若理論則反不如徑將前註仍註一番，學者既省檢查之勞，又獲熟讀之益，故註者不避重複之誚也。

《說鈴》為說部叢書，內有《現果隨錄》一種。其九十一則，載江北沈生，幼廁黌宮，恃才妄作，讀書蕭寺中。見《六祖壇經》，妄舉朱筆塗抹。回家暴亡，示夢於父曰：「吾以塗抹《壇經》，現在地獄，身帶火枷，苦楚難忍。父為我到寺讀書處，尋出《壇經》，洗去塗痕，庶可脫苦。」父悲痛不勝，入寺搜訪，果見原本，急洗去舊痕，並發心重刻一部流通，為子懺罪。

唐釋法才〈光孝寺瘞髮塔記〉：「佛祖興世、信非偶然。昔宋朝求那跋陀三藏，建茲戒壇。豫讖曰：『後當有肉身菩薩，受戒於此。』梁天監元年，又有梵僧智藥三藏，航海而至。自西竺持來菩提樹一株，植於戒壇前。立碑云：『吾過後一百六十年，當有肉身菩薩來此樹下，開演上乘，度無量眾，真傳佛心印之法王也。』今慧能禪師，正月八日抵此，因論風幡語，而與宗法師說無上道。宗踴躍忻慶，昔所未聞。遂詰得法端由，於十五日，普會四眾，為師祝髮。二月八日，集諸名德，受具足戒，既而於菩提樹下，開單傳宗旨，一如昔讖。法才遂募眾緣，建茲浮屠，瘞禪師髮。一旦落成，八面嚴潔，騰空七層，端如湧出。偉歟禪師！法力之厚，彈指即遂。萬古嘉猷，巍然不磨。聊敘梗概，以紀月歲云。儀鳳元年歲次丙子吾佛生日，法性寺住持法才謹識。」

《肇慶府志》曰：「永寧寺在縣（新興縣）南瑯村旁，相傳為六祖辭母處，旁有辭母石。」又曰：「六祖庵在縣（四會縣）東扶廬山下，六祖嘗避難隱於此。後人因建庵祀之。」

《廣東通志》曰：「光孝寺在南海縣西北一里，相傳六祖祝髮於此。」《圖經》云：「本乾明、法性二寺，後併為一。劉宋永初間，陀羅三藏飛錫至此，指訶子樹曰：『此西番訶梨勒果之林，宜曰訶林。』遂創戒壇，預讖曰：『後當有肉身菩薩，於此受戒。』梁天監元年，智藥三藏，自西竺國持菩提一株，植於壇前。唐儀鳳元年，六祖慧能，祝髮樹下，因論風幡，建風幡堂。宋太祖改為乾明禪院，紹興二十年，改為報恩廣孝寺，後易今名。咸淳五年重修，元明屢經修建，有睡佛閣。國朝順治六年，僧今碗修。康熙十一年，東莞人蔡元真，以寺頹廢，請平靖兩藩重新之，有牌記，寺又名法性寺。有米元章書三世佛名，稍北為六祖殿，前為菩提壇，壇側為髮塔，其東南為達摩井，西為五祖殿。循廊而東，為風幡堂，堂前有池泓然。」

《壇經》正統刻本卷尾有無名氏跋語一則，近世已無傳本，語頗詳實，故附錄於下。其詞曰：「宋太祖開國之初，王師平南海，劉氏殘兵作梗，師之塔廟，鞠為煨燼，而真身為守塔僧保護，一無所損。循有制興修，功未竟。會宋太宗即位，留心禪門，詔新師塔七層，加謚『大鑒真空禪師太平興國之塔』。宋仁宗天聖十年，具安輿，迎師真身及衣鉢入大內供養，加謚『大鑒真空普覺禪師』。宋神宗加謚『大鑒真空普覺圓明禪師』。本州復興梵剎，事蹟元獻公晏殊所作碑記具載。六祖禪師，自唐開元元年癸丑歲示寂，至大元至元二十七年庚寅歲，已得五百七十八年矣。自大元至元二十七年庚寅歲，至大明正統四年，已得六百八十年矣。時正統四年歲次已未仲秋八月中元日重刊。」

蓮池大師曰：「大鑒能禪師，世稱南宗；大通秀禪師，世稱北宗。然黃梅衣鉢，不付『時時勤拂拭』之大通，而獨付『本來無一物』之大鑒，何《宗鏡錄》謂大鑒只具一隻眼，大通則雙眼圓明？信如是，何以不得衣鉢？夫曹溪親接黃梅，遠承達摩，又遠之承迦葉，又遠之承釋迦，乃永明傳道於天臺韶國師，而為此說者，何也？抑隨時救弊之說也？昔人言晉宋以來，競以禪觀相高，而不復知『直指人心』、『見性成佛』之旨。故初祖西來，至永明時，又或以為一悟即了。故《宗鏡》及《萬善同歸》等書，力讚修持，則似乎南宗專於頓悟，而北宗頓悟漸修，智行雙備，故有隻眼、雙眼之喻。高松老人獨奮筆曰：『此一隻眼。』是之謂盡大地是沙門一隻眼也，是之謂把定乾坤眼也，是之謂頂門金剛眼也。儻新學輩諸淺見者，執《宗鏡》所云，作實法會，則大鑒止是空諦，而大通方始是中道第一義諦，可乎？或曰：『曹溪六代傳衣，舉世靡不知之。而當是時，何為惟見兩京法主、二帝門師，北宗大著於天下，而不及曹溪者，又何也？』曰：『曹溪既承印記，祕其衣缽，為獵人守網，潛光匿彩，至於一十六年。大通之道盛行，曹溪之名未顯也。』迨風幡之對，而後道播萬世矣。曹溪潛龍深淵，不自炫耀；大通見龍在田，不自滿盈。其言曰：『彼親傳吾師缽者也，蓋善知識之相與以有成也如是。』」（《竹窗三筆》）

唐圭峰禪師曰：「……此方迷心執文，以名為體。故達摩善巧，揀文傳心，標舉其名（心是名也），默示其體（知是心也），喻以壁觀（如上所敘），令絕諸緣。問：『諸緣絕時，有斷滅否？』答：『雖絕諸念，亦不斷滅。』問：『以何證驗，云不斷滅？』答：『了了自知，言不可及。』師即印云，只此是自性清淨心，更勿疑也。若所答不契，即但遮諸非，更令觀達。畢竟不與他先言知字，直待自悟，方驗實是親證其體，然後印之，令絕餘疑，故云『默傳心印』。所言默者，唯默知字，非總不言。六代相傳，皆如此也。至荷澤時，他宗競播，欲求默契，不遇機緣。又思惟達摩懸絲之記（達摩云：「我法第六代後，命如懸絲。」），恐宗旨滅絕，遂明言知之一字眾妙之門，任學者悟之淺深，且務圖宗教不斷，亦是此國大法運數所至，一類道俗合得普聞，故感應如是。」

又曰：「認名認體異者，謂佛法世法，一一皆有名體。」設有人問：「每聞諸經云『迷之即垢』、『悟之即淨』、『縱之即凡』、『修之即聖』，能生世間出世間一切諸法，此是何物？」答云：「是心。」愚者認名，便謂已識。智者應更問：「何者是心？」答：「知即是心。」知之一字，亦貫於貪瞋、慈忍、善惡、苦樂、萬用萬義之處。今時學禪人多疑云：「達摩但說心，荷澤何以說知？」如此疑者，豈不似疑云：「比只聞井中有水，云何今日忽覺井中濕耶？」思之思之，直須悟得水是名，不是濕；濕是水，不是名。即清濁、水波、凝也。

流，無義不通也。以例心是名，不是知；知是心，不是名，即真妄、垢淨、善惡，無義不通也。

斷際禪師《傳心法要》上問：「六祖不會經書，何得傳衣為祖？秀上座是五百人首座，為教授師，講得三十二本經論，云何不傳衣？」師云：「為他有心，是有為法，所修所證，將為是也。」所以五祖付六祖，六祖當時只是默契，得密授如來甚深意，所以付法與他。汝不見道：「法本法無法，無法法為法；今付無法時，法法何曾法。」若會此意，方名出家兒，方好修行；若不信，云何明上座走來大庾嶺頭尋六祖。六祖便問：「汝來求何事？為求衣？為求法？」明上座云：「不為衣來，但為法來。」六祖云：「汝且暫時斂念，善惡都莫思量。」明乃稟語。六祖云：「不思善，不思惡，正當與麼時，還我明上座父母未生時面目來。」明於言下忽然默契，便禮拜云：「如人飲水，冷暖自知。某甲在五祖會中，枉用三十年功夫，今日方省前非。」六祖云：「如是。」到此之時，方知祖師西來，直指人心，見性成佛，不在言說。豈不見阿難問迦葉云：「世尊傳金襴外，別傳何物？」迦葉召阿難，阿難應諾。迦葉云：「倒卻門前剎竿著。」此便是祖師之標榜也，甚深。阿難三十年為侍者，只為多聞智慧，被佛訶云：「汝千日學慧，不如一日學道。若不學道，滴水難消。」

尤侗曰：「神秀偈云：『身是菩提樹，心如明鏡臺。時時勤拂拭，莫使惹塵埃。』六祖和云：『菩提本無樹，明鏡亦非臺。本來無一物，何處惹塵埃。』臥輪偈云：『臥輪有伎倆，能斷百思想。對境心不起，菩提日日長。』六祖和云：『惠能沒伎倆，不斷百思想。對鏡心數起，菩提作麼長。』二偈俱是翻一層法，以意推之，似乎相反，然救病則同。譬如醫家用藥，飽瀖之後，宜以查枳消之；尪怯之餘，宜以參術補之也。予亦和云：『樹邊難著樹，臺上莫安臺。本來不是物，一任惹塵埃。』又：『問君何伎倆？有想還無想。心起心自滅，菩提長不長。』以此拈古，聊供一喝。」（《艮齋雜說》）

《少室山房筆叢．卷四十八》：「六祖風幡語，世所盛傳，然西土已有之。十八祖伽耶舍多，侍師伽難提尊者次，聞風吹殿鈴聲。師問曰：『鈴鳴耶？風鳴耶？』祖答：『非風鈴，我心鳴耳。』六祖豈拾前人唾涕者！非一時偶合，則記者必有一偽耶。」

民國十九年十一月，讀胡適之先生校敦煌唐寫本《神會和尚遺集》，對於《壇經》，頗多新發明，略述如左，以續箋經雜記。

敦煌本《壇經》，於六祖涅槃時，有一段云：「上座法海向前言：『大師，大師去後，衣法當付何人？』大師言：『法即付了，汝不須問。吾滅後二十餘年，邪法撩亂，惑我宗旨。有人出來，不惜身命，第佛教是非，豎立宗旨，即是吾正法。衣不合傳。』」此段為後世各本所刪。

宗密《禪門師資承襲圖》云：「和尚（六祖）將入涅槃，默授密語於神會。語云：『從上已來，相承准的，只付一人。內傳法印，以印自心，外傳袈裟，標定宗旨。然我為此衣，幾失身命』達摩大師懸記云：『至六代之後，命如懸絲，即汝是也。是以此衣宜留鎮山。汝機緣在北，即須過嶺。二十年外，當弘此法，廣渡眾生。』又云：『能和尚滅度後，北宗漸教大行，因成頓門弘傳之障。曹溪傳授碑文，已被磨換。』故二十年中，宗教沉隱。」

宗密所撰《略傳》云：「能大師滅後二十年中，曹溪頓旨，沉廢於荊吳，嵩嶽漸門，熾盛於秦洛。普寂禪師，秀弟子也，謬稱七祖。二京法主、三帝門師，朝臣歸崇，敕使監衛。雄雄若是，誰敢當衝？嶺南宗徒，甘從毀滅。」按宗密云云，正與敦煌本《壇經》相合。

據敦煌本《南宗定是非論》及《神會語錄》第三殘卷，摘其大致如下。

唐開元二十二年正月十五日，神會在滑臺大雲寺演說，謂達摩傳一領袈裟，以為法信授與惠可。惠可傳僧璨，璨傳道信，道信傳弘忍，弘忍傳惠能，六代相承，連綿不絕。又云：「神會今設無遮大會，兼莊嚴道場，不為功德，為天下學者定宗旨，為天下學道者定是非。」又云：「秀禪師在日，指第六代傳法袈裟在韶州，口不自稱為第六代。今普寂禪師，自稱第七代，妄豎和尚（神秀）為第六代所以不許。」按神會攻擊北宗，分為二層：一則攻擊北宗之法統，同時建立南宗之法統；一則攻擊北宗之漸修方法，同時建立頓悟法門。於是曹溪了義，乃大播於洛陽。至天寶十二年，北宗運動御史盧奕劾奏神會，乃敕黜弋陽郡，又移武當郡。至十三年，量移襄州，至七月，又敕移荊州開元寺，皆北宗門下之所致也。是時神會已八十五、六歲矣。天寶十四年，安祿山反，神會籌餉有功，迨事平，肅宗詔神會入內府供養，於是六祖之宗風大振，北宗之門庭寂寞矣。至上元元年五月十三日，滅度，壽九十三歲。歿後越三十六年，德宗詔立神會為第七祖。考神會一生事實，與敦煌本《壇經》六祖涅槃時之懸記頗相符。後人不解六祖滅度後南北兩宗互相攻擊之情形，又不知神會實為中興南宗之第七祖，故貿然將此段刪去。

胡適之先生曰：「神會費畢生之精力，打倒北宗，建立南宗為禪門正統，居然成了第七祖。但後來之禪宗大師，都出於懷讓及行思兩支門下，而神會之嫡嗣，除靈坦、宗密之外，絕少大師。所以臨濟、雲門兩宗風行以後，更無人追憶當日出死力建立南宗之神會和尚。在《景德傳燈錄》等書內，神會只占一個極不重要之地位。他的歷史及著述，埋沒在敦煌石室裡。一千多年中，幾乎無有一人能知神會在禪宗史上之地位。歷史上最不公平之事，莫有過於此事者矣。然而神會之影響，始終還是最偉大最永久的。他之勢力在此一千二百年中，始終沒有隱沒。因為後世所奉為禪宗唯一經典之《六祖壇經》，便是神會之傑作。《壇經》存在一日，便是神會之思想勢力存在一日。」

神會託王維作〈六祖碑文〉，其末段云：「……弟子曰神會，遇師於晚景，聞道於中年。」此文作於神會生時，最為可信。然據《壇經》，神會於十三歲時，即來參禮六祖，不得云「中年」，是時六祖三十餘歲，不得云「晚景」，因蓄疑數年，不得確解。後讀宗密《圓覺大疏鈔．卷三．下》之〈神會傳略〉，謂神會北遊，廣其聞見，於西京受戒。景龍年中，卻歸曹溪。大師知其純熟，遂默授密語。據此，知神會未在六祖處受戒，北遊多年，至景龍年中始歸曹溪，是時離六祖歿時，僅六、七年，故曰「遇師於晚景」。又據《宋僧傳》，神會死於上元元年，年九十三歲，回溯至景龍年中，神會已四十餘歲，故曰「聞道於中年」。又據《付囑品》，六祖稱神會曰「小師」。夫小師者，受具足戒未滿十夏之稱也。與聞道於中年之說相合

《壇經．般若品》中有云「如漂棗葉」，據敦煌本「棗」乃「草」字之誤；又云「不從天有」，據敦煌本「天」乃「無」字之誤；又〈坐禪品〉云「此門坐禪，元不著心，亦不著淨，亦不是不動。若言著心，心原是妄。知心如幻，故無所著也。若言著淨，人性本淨，由妄念故蓋覆真如；但無妄想，性自清淨。起心著淨，卻生淨妄。妄無處所，著者是妄」。又云「若著心著淨，即障道也」。凡九個「著」字，據敦煌本，乃「看」字之誤，宜據改。又今本〈定慧品〉云「又有人教坐，看心觀靜，不動不起，如此置功，迷人不會，便執成顛」云云，此皆指斥北宗之語。敦煌本「觀靜」作「觀淨」。唐人寫經，「淨」、「靜」不分，

故可互用。又敦煌本《神會語錄》曰：「問：何者是大乘禪定？答：大乘定者，不用心，不看心，不看靜，不觀空，不住心，不澄心。問：云何不用心？答：用心即有，有即生滅；無用即無，無生無滅。問：何不看心？答：看即是妄，無妄即無看。問：何不看淨？答：無垢即無淨，淨亦是相，是以不看。問：云何不住心？答：住心即假施設，是以不住，心無處所。」據此段語錄，既可為「淨」、「靜」通用之證，又可為改「著」為「看」之證。

宋蘇文忠公論《六祖壇經》曰：「近讀《六祖壇經》，指說法、報、化三身，使人心開目明。然尚少一喻，試以喻眼。見是法身，能見是報身，所見是化身。何謂見是法身？眼之見性，非有非無。無眼之人，不免見黑。眼枯睛亡，見性不滅。則是見性，不緣眼有無，無來無去，無起無滅，故云見是法身。何謂能見是報身？見性雖存，眼根不具，則不能見，若能養其根不為物障，常使光明洞徹，見性乃全，故云能見是報身。何謂所見是化身？根性俱全，一彈指頃，所見千萬縱橫變化俱是妙用，故云所見是化身。此喻既立，三身愈明，如此是否。」

憨山大師於萬歷間遣戍雷州，居粵五年，乃克住錫曹溪。歸侵田，斥僦舍、屠門、酒肆，蔚為寶坊。緇白坌集，攝折互用。六祖之道場，勃焉中興，師苦心十年，擬去此而隱居南嶽。乃示禪堂諸弟子曰：「老人臨行，特為汝等說《梵網經》，誦此戒經，如從佛親聞作法羯磨，毋令毀犯。令三業六根，念念檢點觀察，不許暗生罪過，不得毀犯戒根，即此便是真實修行。眾等戒經習熟，則當背誦《四十二章經》、《佛遺教經》、《楞嚴》、《法華》、《楞伽》諸經以為佛種。其參禪一著，當遵六祖開示慧明『不思善、不思惡，如何是當人本來面目』公案，蘊在胸中，時時參究，久之自有發明時節。如此方是續佛祖慧命之大事因緣也。汝等能遵此語，則如老人常住曹溪，汝等亦不必參方行腳矣。」

憨山大師又示曹溪諸沙彌曰：「今示沙彌，若思念老人，不若思念佛、思念六祖也。若思念佛，當來必有見佛之時；若得見佛、便是出生死時也。思念六祖，當初一賣柴漢耳，如何得今日人天供養？再思今日供養，乃從母親拋卻恩愛，走向黃梅會下，負石舂米，辛苦中來。再思六祖三更入黃梅方丈，得受衣缽，憑何知見，向五百眾中獨自得之？且人人一個臭皮袋，死了三、五日，便臭爛不堪，為何六祖一具肉身，千年以來，如生一般？此是何等修行，得如此堅固不爛？沙彌如此細細一一思想，思想不透，但將《壇經》熟讀細參，參之又參。全部不能，但只將『本來無一物，何處惹塵埃』一句，蘊在胸中，行住坐臥，喫茶喫飯，搬柴運水，迎賓待客，二六時中一切處，頭頭提撕，直使現前，定要見本來無一物是個甚麼，如何是不惹塵埃的光景。若能如此用心，是名能參禪。若參到自信不疑之地，則能真見六祖面目，方知老人鼻孔，方是沙彌真真出家，了得生死時節也。若不肯向己心中苦求本分事，空思老人，有何利益。」

明屠隆曰：「佛者，覺也。覺，悟也，悟本性也。本性之中，妙湛圓寂，本自無迷，又焉有悟？眾生染著塵溷，播弄識神，昭昭靈靈，精光外走，六根四大，不悟假合，於是有形骸障。飲食男女，妄生貪著，於是有嗜欲障。豪杰殫智力以營世務，於是有功名障。才士騁聰穎而工藻績，於是有文字障。拘常隨俗，縛而不解，則有事障。窮玄參妙，悟而轉迷，則有理障。種種顛倒，總屬無明，沉淪諸趣，輪轉生死，實由於此。初祖西來，盡掃文字見解，單提性宗，頓悟成佛。是故迷情未盡，則歷萬劫而不超凡；自性若明，則一剎那而立證聖。既曰『自性』，本自如如；迷時謂之眾生，自性非滅，佛是眾生。譬之水結為冰，不離此水。悟時謂之佛，自性非增，眾生是佛。譬之冰消為水，本自無冰；迷則有縛有解，愈解愈縛；悟則無縛無解，並解縛而兩忘。迷則以藥治病，藥即是病。悟則無病無藥，合病藥而雙遺。當其久在迷塗，千生萬劫，無限轆轤。及其豁然大悟，一了百了，有何階級！故悟惟一頓，安得有漸？分頓漸二門，不悟者之言也，何以故？六祖一樵采獦獠，聞『無所住而生其心』，言下立悟，遂傳諸佛心印。神秀之徒，時時定攝，時時拂拭，而爭祖爭衣，貪瞋不除。故知悟必以頓，漸則未悟。悟之法門，有一無二。六祖之《法寶壇經》，蓋言悟也、言頓也。其言迷時師度，悟時自度。心悟轉法華，心迷法華轉，悟之謂也。其言凡夫即佛，煩惱即菩提；前念迷即凡夫，後念悟即佛，頓之謂也。打迷網於一空，耀心珠於獨朗；布寶筏於苦海，秉慧炬於昏衢。未有若此經之明白直截者也。六祖未嘗讀書識字、而吐語為經，符契千聖，乃知般若之中，何物不照，何義不了。」

明憨山大師曰：「或謂吾佛四十九年，末後拈花，且道未談一字單傳。達摩西來，直指人心，見性成佛，不立文字，目為單傳。此經豈非文字乎？然殊不知此事人人本來具足，不欠一法、不立一法。既本具足，是則佛未出世，塵塵剎剎，未嘗不熾然常說。祖未西來，物物頭頭，未嘗不分明直指。如是觀之，世尊終日直指、達摩九年說法，又何有教外、教內，單傳、雙傳耶？若人頓見自心者，則說與不說，皆戲論矣。此《壇經》者，人人皆知出於曹溪，而不知曹溪出於人人自性。人人皆知經為文字，而不知文字直指人心。心外無法，法外無心，一味平等，原無纖毫迴避處，悲哉！人者覿面不知，知則諦信不疑，本來無事，無事則又何計佛祖出世不出世，說法不說法耶？則此刻刻空中鳥跡耳。」

《證道歌》曰：「宗亦通，說亦通，定慧圓明不滯空。」宏德禪師註曰：「宗通者，即悟諸佛之心宗也，乃達摩大師單傳直指之道。不可以智知，不可以識識，唯在當人自證自悟，到無證無悟之地。所以從上諸老遞相出興，向千聖頂顙上提持者一著子，俾學者盡得單傳直指之妙，方謂宗通也。然後命掌藏鑰，按閱一代聖教，備知頓、漸、祕密、不定之方，藏、通、別、圓之味，方謂說通也。宗說既通，定慧均等，方謂圓明不滯空也。」按：此條可作〈般若品〉末「說通及心通」之註。心通，即宗通也。

問：「北宗之提倡看心、看淨，如何解釋？」答曰：「宋鄒志完云『於十二時中，看自家一念，從何處起，即檢點不放過，便見工夫。』此即看心之說也。神秀偈『時時勤拂拭』，此句屬於看心；『不使惹塵埃』，此句屬於看淨。」問：「除〈坐禪品〉外，尚有看心、看淨見於別品中否？」答曰：「見於〈定慧品〉『有人教坐，看心觀靜』。『觀』之與『看』、『靜』之與『淨』，皆通借字。又見於〈頓漸品〉『師曰：住心觀淨，是病非禪』。看心則心有所住，觀淨即看淨。又〈付囑品〉『汝等慎勿觀靜』。凡三見。」

六祖大師法寶壇經略序[1]

唐・釋法海[2]撰

大師名惠能。父盧氏，諱行瑫[3]。母李氏，誕[4]師於唐貞觀[5]十二年，戊戌歲二月八日[6]子時。時毫光騰空[7]，異香滿室。黎明[8]，有二異僧造謁[9]，謂師之父曰：「夜來生兒，專為安名[10]，可上惠下能也。」父曰：「何名惠能？」僧曰：「惠者，以法惠施眾生；能者，能作佛事。」言畢而出，不知所之。師不飲乳，夜遇神人灌以甘露。

箋註

1. 按後人增刪此文，名為〈六祖大師緣起外紀〉，其所增之事實，間有穿鑿附會之處，且文筆亦陋。今從《全唐文》錄出，存其舊也《全唐文・九百十五》。
2. 法海，字文允，俗姓張氏，丹陽人（一云曲江人），出家鶴林寺，為六祖弟子。天寶中預揚州法慎律師講席。
3. 瑫，音叨。○生曰名，死曰諱。○《左傳》，諱名自周人始也。
3. 誕，音但，育也。○《詩》：「誕彌厥月。」
4. 貞觀，唐太宗之年號。
5. 二月八日，佛誕日也。○《長阿含經》：「二月八日佛出生。」
6. 《法華科註・一》：白毫者，具種種功德。其毫中表俱空，狀如白琉璃，內外清淨。
7. 明暗相接之時，天猶帶黑暗，故云黎明。
8. 請見曰謁。
9. 二僧言專為安兒名而來。

10.灌，注也。○《光明文句・五》：「甘露是諸天不死之藥。」

既長，年二十有四，聞經悟道[1]，往黃梅[2]求印可[3]。五祖器之[4]，付衣法[5]，令嗣祖位[6]，時龍朔[7]元年辛酉歲也。南歸隱遯一十六年，至儀鳳[8]元年，丙子，正月八日，會印宗法師[9]詰論玄奧[10]，印宗悟契師旨[11]。是月十五日，普會四眾[12]，為師薙髮[13]。二月八日，集諸名德[14]，授具足戒[15]。西京[16]智光律師為授戒師[17]，蘇州[18]慧靜律師為羯磨[19]，荊州[20]通應律師為教授[21]，中天[22]耆多羅律師為說戒[23]，西國[24]蜜多三藏為證戒[25]。

箋註

1.事見《壇經》。
2.黃梅，山名，在湖北黃梅縣西北。五祖弘忍居此，後人因稱五祖為黃梅。
3.印可，認可也。○《論語》、《黃侃義疏》，皆被孔子印可也。○印可者，證明弟子之所得而讚美許可之也。
4.器之者，重視其人，與以相當之職，稱其才也。○《論語》：「及其使人也，器之。」
5.以達摩傳來之衣缽，及一脈單傳正法眼藏之大法，付與六祖。
6.令繼五祖之位，而為六祖。
7.龍朔，唐高宗之年號。
8.儀鳳，亦唐高宗年號。
9.《傳燈錄》：「廣州法性寺印宗和尚，吳郡人也，姓印氏。從師出家，精涅槃大部。唐咸亨元年，抵京師，敕居大敬愛寺，固辭，往蘄州，謁忍大師。後於法性寺講《涅槃經》，遇六祖惠能大師，始悟玄理，以能為傳法師。」〇《法華・序品》：「常修梵行，皆為法師。」

10. 玄奧，深遠奧妙之旨也。
11. 事見《壇經》。
12. 比丘、比丘尼，出家二眾；優婆塞、優婆夷，在家二眾，合云四眾。或云：「四方之眾徒也。」
13. 薙音「替」。薙髮，即剃髮也。
14. 名德，有名稱德行者。
15. 比丘以二百五十戒為具足戒。
16. 漢時長安之稱。自後漢都洛陽，始稱長安為西京。
17. 《行事鈔・下・三》：「佛言，善解一字，名律師。」一字者，律字也。〇《寶雲經・六》：「具足十法，名律師。」〇凡授戒師，有三人。今但舉智光者，舉其名德中之勝者也。
18. 《皇輿考・三》：「蘇州府，陳云吳州，唐云蘇州。」
19. 《要覽・上》：「羯摩，此云辦事。」〇為羯磨，即為授戒時之辦事人也。授戒時有四人以上之辦事人，今亦舉其最為名德也。
20. 《皇輿考・六》：「荊州府，宋南平，陳荊州。」
21. 教授，指教授師言。教授師為五種阿闍梨之一。
22. 中天竺也。
23. 說戒，指說戒師言，說戒日讀戒本之長老也。
24. 法海就唐國，而指西竺為西國。
25. 《宋高僧傳・二》：「為人天師，稱曰三藏。」夫三藏之義者，則內為戒、定、慧；外為經、律、論，以陀羅尼總攝之也。〇按：以上授戒師等皆舉其名德。

其戒壇[1]**，乃宋朝**[2]**求那跋陀羅三藏創建**[3]**，立碑曰**[4]**：「後當有肉身菩薩**[5]**於此受戒**[6]**。」又梁天監**[7]**元年，智藥三藏**[8]**自西竺國航海而來，將彼土菩提樹一株**[9]**，植此壇畔，亦預誌曰：「後一百七十年，有肉身菩薩於此樹下開演上乘**[10]**，度無量眾，真傳佛心印**[11]**之法主**[12]**也。」師至是祝髮**[13]**受戒，及與四眾開示單傳之法旨**[14]**，一如昔讖**[15]**。**

箋註

1.《要覽．上》：「西天比丘樓至，請佛立壇，為比丘受戒。如來於園外東南置一壇，此為始也。」
2.劉裕篡晉國號宋，故云宋朝。
3.求那跋陀羅，此云「功德賢」，中天竺人。本婆羅門種，幼學五明諸論，天文書算醫方咒術，靡不該博。見《高僧傳．三》。〇創建，始造也。
4.記讖言之碑。
5.肉身菩薩者，以父母所生之人身而至菩薩深位之人也。
6.受戒者，言受取具足戒於身也。
7.天監，梁武帝年號。
8.智藥三藏，《傳燈會元》、《佛祖統紀》等，俱作「梁真諦」，其預誌皆曰一百二十年，《正宗紀》則曰後四代。

9.《酉陽雜俎》：「菩提樹出在摩迦陀國，在摩訶菩提寺。蓋釋迦如來成道時樹也。」

10.上乘者，大乘之異名。

11.以心印心，故名心印。

12.法主，法門之主也。○《雜阿含經・一》：「佛為說法主。」○按：後世以說法知法之僧為法主。

13.祝髮，斷髮也。《尚書註疏卷・十一》：「泰誓曰：上帝弗順，祝降時喪。」《傳》曰：「祝，斷也。」○《列子・湯問・第五》：「南國之人，祝髮而裸。」

14.《祖庭事苑》：「傳法諸祖，初以三乘教乘兼行，後達摩祖師單傳心印，破執顯宗。所謂教外別傳不立文字，直指人心，見性成佛。」

15.讖，差譖切，音「寸」。《說文》：「驗也。凡讖緯皆言將來之驗，即預言也。」○原註：梁天監元年壬午歲，至唐儀鳳元年丙子，得一百七十五年。

次年春，師辭眾歸寶林。印宗與緇白[1]，送者千餘人，直至曹溪[2]。時荊州通應律師與學者數百人，依師而住。師至曹溪寶林，觀堂宇湫隘[3]，不足容眾，欲廣之。遂謁里人陳亞仙曰：「老僧欲就檀越[4]求坐具地[5]，得不[6]？」仙曰：「和尚[7]坐具幾許闊？」祖出坐具示之，亞仙唯然[8]。祖以坐具一展，盡罩曹溪四境[9]；四天王[10]現身，坐鎮四方。今寺境有「天王嶺」，因茲而名。仙曰：「知和尚法力廣大，但吾高祖墳墓[11]並坐此地，他日造塔，幸望存留，餘願盡捨，永為寶坊[12]。然此地乃生龍白象來脈[13]，只可平天，不可平地[14]。」寺後營建，一依其言。

箋註

1.緇白，猶云緇素。緇衣，僧服也。白衣，俗人所服也。
2.曹溪在韶州府城東南三十里。
3.湫音「秋」。隘，烏懈切，讀如約。〇《左傳．昭公三年》：「初景公欲更晏子之宅。曰子之宅，近市，湫隘囂塵。」註：湫下隘小也。
4.《祖庭事苑．五》：「檀越，檀那也。」此云施主，越謂度越彼岸也。
5.坐具地者，置坐具之地也。〇坐具長佛之二傑手，廣佛之一傑手半。新坐具必貼故衣於其上面之中央，謂之傑故。〇《四分律．十九》：「坐具，一為護身，二為護衣，三為護眾人之床席臥具。」按禮拜之時，先敷坐具，於其上坐之。
6.不，讀「否」。〇得否者，猶言可以不可以也。
7.《名義集．一》，梵本名鄔波遮迦。傳至於闐，翻為「和尚」。〇親教師為和尚，在家人稱出家人為和尚者，尊敬之意也。
8.《金剛經》：「唯然世尊。」註：唯然，應諾之詞。
9.以籠覆物，俗謂之罩。此言一展坐具，如籠之罩物罩曹溪四境也。
10.四天王者，東方持國天王，南方增長天王，西方廣目天王，北方多聞天王。各領二鬼，其所居為六欲天之第一天，在須彌山腹，即最初一層天也。四天王為帝釋之外將，其天名曰四王天。
11.高祖，曾祖之父也。言最高在上也。〇穴曰墓，墓上積土曰墳。
12.寶坊，寺院之美稱也。〇《大集經．一》：「爾時如來示現無量神通力、漸漸至彼七寶坊中。」

13.此地指南華山而言，在曲江縣南六十里。白象指「象嶺」而言，在南華山之上方。憨山大師曰：「觀此曹溪主山，儼然象形，而四足六牙鼻口俱備。其寶林初開時，山勢完密，故寺坐頷中，左大牙包裹，與右牙連合，唇內為龍潭，即其寶林右壁，儼然象鼻。其口為龍潭，滀水於內、有龍居之。」按：此即所謂生龍也，見《曹溪通志》。

14.平天者，山勢有高下，凡屋之起於高處者低之，屋之起於低處者高之。使屋頂彼此均平也。若使地平，鑱鑿其山石，恐傷山之來脈，故云不可平地。

師遊境內[1]，山水勝處，輒憩止[2]，遂成蘭若一十三所[3]。今曰「花果院」[4]，隸籍寺門[5]。其寶林道場[6]，亦先是西國智藥三藏[7]，自南海經曹溪口，掬水而飲[8]，香美、異之。謂其徒曰：「此水與西天[9]之水無別，溪源上必有勝地[10]，堪為蘭若。」隨流至源上，四顧山水回環，峰巒[11]奇秀，歎曰：「宛如西天寶林山也。」乃謂曹侯村居民曰：「可於此山建一梵剎[12]，一百七十年後，當有無上法寶[13]，於此演化[14]，得道者如林[15]，宜號『寶林』。」時，韶州牧侯敬中[16]以其言具表聞奏[17]，上可[18]其請，賜額為寶林，遂成梵宮[19]。蓋始於梁天監三年也。

箋註

1.寺境之內。

2.憩，音器。

3.蘭若於《四分律・一》：「謂之空靜處。」於《薩婆多論・二》：「謂之閑靜處。」於《智度論・六十八》：「謂之遠離處。」〇按蘭若為阿蘭若之略稱，又云蘭室，佛寺之異名也。

4.據《大明一統志》：「華果院即南華寺。」〇或云一十三所蘭若。今皆敗壞，唯華果院存在耳。

5.隸，《說文》：「附著也。」〇隸籍寺門，謂花果院即附屬於寶林寺也。

6.佛成聖道之處，謂之道場，又俱養佛像之處也。〇《註維摩經．四》：「肇曰：閒宴修道之處，謂之道場也。」〇按：隋大業九年敕天下寺院改稱道場，故唐沿襲之有道場之目也。

7.韶州府南華寺，天竺僧智藥開山。智藥事今略。

8.兩手捧之曰掬。〇《禮記．曲禮》：「受珠玉者以掬。」

9.此方指天竺曰西天。

10.勝地，地較他處為佳者。

11.巒，音鸞，山頭相聚也。

12.梵剎，伽藍之美稱，寺院也。

13.法寶，本指佛所說之妙法。佛所說法，無有能上之者，故云無上法寶也。〇按此云「無上法寶」，則指六祖言也。

14.演化，演說而揚化也。

15.平土有木叢生曰林。

16.漢帝元封五年，初置部刺史十三人，秩六百石。成帝安和元年，更名牧。〇侯敬中，無考。

17.表，章奏之屬。聞，聞之於主上。奏，進也。

18.可，許可也。〇《史記．秦始皇本表紀》：「制曰可。」

19.梵宮謂佛寺也。〇朱慶餘詩：「流水離經閣，間云入梵宮。」

寺殿前有潭[1]一所，龍常出沒其間，觸撓林木。一日，現形[2]甚巨，波浪洶湧，雲霧陰翳，徒眾皆懼。師叱[3]之曰：「你只能現大身，不能現小身。若為神龍，當能變化[4]，以小現大，以大現小也。」其龍忽沒，俄頃[5]復現小身，躍出潭面。師展鉢[6]試之，曰：「你且不敢入老僧鉢盂裡！」龍乃游揚至前[7]，師以鉢舀[8]之，龍不能動。師持鉢歸堂上，與龍說法[9]，龍遂蛻[10]骨而去，其骨長可七寸，首尾角足皆具，留傳寺門。師後以土石堙[11]其潭。今殿前左側，有鐵塔處是也[12]。

箋註

1. 潭，深水也。
2. 示色相於人曰現形。
3. 叱，音出。
4. 《文選．西京賦》曰：「若神龍之變化。」註：龍出則昇天，潛則泥蟠，故云變化。
5. 俄頃，少時也。
6. 《要覽》中曰：「梵語鉢多羅，此云應器。」今略云鉢也。
7. 《前漢書．季布傳》：「使僕游揚足下名於天下，顧不美乎。」
8. 舀，音杳，挹彼注此曰舀。
9. 《處胎經．一》：「佛告阿難：吾於海中，與龍說法，無數諸龍、龍子得道。」
10. 蛻，音稅，蟲類所脫之皮曰蛻。
11. 堙，音因，塞也。
12. 原註：龍骨於至正己卯，寺罹兵火，因失，未知所之。

壇經序[1]

古筠比邱德異[2]撰

妙道[3]虛玄[4]，不可思議[5]！忘言得旨[6]，端[7]可悟明。故世尊分座於多子塔[8]前，拈華於靈山會[9]上，似火與火[10]，以心印心[11]。西傳四七[12]，至菩提達摩[13]，東來此土[14]，直指人心[15]，見性成佛[16]。有可大師者[17]，首於言下悟入[18]，末上[19]三拜[20]得髓[21]，受衣紹祖[22]，開闡正宗[23]。三傳而至黃梅[24]，會中高僧[25]七百，惟負舂居士[26]一偈[27]傳衣為六代祖。南遯十餘年[28]，一旦以非風旛動之機[29]，觸開印宗正眼[30]。居士由是祝髮登壇[31]，應跋陀羅懸記[32]，開東山法門[33]。韋使君[34]命海禪者[35]錄其語，目之曰《法寶壇經》。

箋註

1.此序共分五段：見性成佛以上，述佛祖傳付至達摩，為第一段；《法寶壇經》以上，述二祖至六祖，以明《壇經》緣起，為第二段；盡出《壇經》以上，述大師之子孫皆從此經出，為第三段；與諸佛等以上述此經之勝妙，為第四段；以後述流通此經之緣由，為第五段。

2.古筠，德異生長之地名。德異為示陽高安盧氏，示陽即江南瑞州之瑞陽。瑞與示，音相邇，故曰示陽。高安其，郡名也。瑞陽，明曰「瑞州府」，元曰「瑞陽」，唐曰「筠州」。從唐故稱古筠，今江西之高安縣也。《釋氏要覽．上》：「梵語『比丘』，秦言『乞士』。上於諸佛乞法，資益慧命；下於施主乞食，資益色身，故云比丘。」德異，別號絕牧叟，鼓山晥山凝禪師之法嗣，六祖二十一世孫，休休禪庵之開山，元朝人也。《增集續傳燈錄．四》：「松江澱山蒙山德異禪師，示陽高安盧氏，參蘇之承天孤蟾瑩。」傳詳元賢《繼燈錄．三》。

3.妙者絕妙之言。故《宗鏡錄．九》曰：「只喚妙為絕。」絕是妙之異名也。〇《莊子》：「夫子以為孟浪之言，而我以為妙道之行也。」

4.虛玄，寂靜貌。

5.理之深妙，不可以心思，不可以言議也。〇〈法華玄義序〉：「所言妙者，妙名不可思議也。」

6.《莊子》：「言者所以在意，得意而忘言。」〇陶潛詩：「此中有真意，欲辨已忘言。」

7.端，始也。

8.多子塔，為辟支佛之古蹟，而世尊嘗於此處顧視迦葉尊者分半座使坐者。

9.《宗門雜錄．上》：「王荊公問蔣山佛惠泉禪師曰：『禪家所謂世尊拈華，出自何典？』泉曰：『《大藏經》所不載。』王云：『余頃在翰苑，偶見《大梵王問決經》三卷，因閱之。經中所載詳，云梵王至靈山會上，以金色波羅苑獻佛，捨身為床坐，請為群生說法。世尊登座，拈華示眾，人天百萬，悉皆罔措，獨有金色頭陀破顏微笑。世尊曰：「吾有正法眼藏，涅槃妙心，實相無相，吩咐摩訶迦葉。」此經多談帝王事，所以祕藏，世無聞者。』佛惠嘆其博究。」〇《法華科註．一》曰：「耆闍崛山。」此云靈鷲山，以山峰似鷲，故名其山。又前佛今佛，皆居此山，佛滅後，羅漢、支佛常居，為聖所居，故呼為「靈」。

10.《會元．十》：「天臺詔國師謁龍牙，問雄雄之尊，為甚麼近之不得？牙曰：『如火與火。』師曰：『忽遇水來，又作麼生？』牙曰：『去，汝不會我語。』」〇按「火與火」，是火傳火，燈燈不斷之義也。

11.《祖庭事苑．八》：「達摩西來，不立文字，單傳心印，直指人心，見性成佛。」〇《傳心法要．上》：「自如來付法迦葉已來，以心印心，心心不異。印著空，即印不成文；印著物，即印不成法。故以心印心，心心不異。」

12. 四七，自迦葉至達摩二十八代也。達摩又為震旦之初祖。

13.《稽古略・二》：「達摩尊者，南天竺國香至王第三子。既而念震旦緣熟，行化時至，辭於姪王。王為具大舟，實以珍寶，汎重溟，三周寒暑，達於南海，當梁普通元年九月二十一日也。」

14. 按自西印度來東震旦，故曰「東來此土」。

15.《宗鏡錄》：「釋迦文佛，開眾生心，成佛知見。達摩初祖，直指人心，見性成佛。」

16.〈悟性論〉：「佛者，覺也。人在覺，心得菩提，故名為佛也。」〇《頓悟入道要門・上》：「若自了了知心不住一切處，即名了了見本心也，亦名了了見性也。只個不住一切處心者，即是佛心。」

17.《瑜伽論》：「推滅邪穢外道，出現世間，故號大師。」〇《稽古略・二》：「慧可大師，洛京武牢姬氏子。初名神光，博涉詩書，尤精玄微。幼年抵洛陽龍門香山，依寶靜禪師出家，受具永穆寺。」

18. 二祖慧可問初祖達摩曰：「諸佛法印，可得聞乎？」祖曰：「諸佛法印，匪從人得。」可曰：「我心未寧，乞師與安。」祖曰：「將心來與汝安。」可良久曰：「覓心了不可得。」祖曰：「我與汝安心竟。」（見《五燈會元・一》）。按此即於言下悟入也，又見「末後東土五祖第二祖」註中。

19. 末者，最後之一次。末上，猶云在最後也。〇《傳燈錄・十》：「僧問趙州從諗禪師云：『和尚還入地獄否？』師曰：『老僧末上入。』曰：『大善知識為什麼入地獄？』師云：『若不入，阿誰教化汝？』」〇按世間流通本，「末上」多誤作「未上」，今據《大藏經》中之《壇經》及《傳燈錄》更正之。

20.《釋氏要覽》中：「今釋氏以三拜者，表三業歸敬也。」

21.《指月錄．四》：「初祖欲返天竺，命門人曰：『時將至矣，汝等盍言所得乎！』有道副對曰：『如我所見，不執文字，不離文字，而為道用。』祖曰：『汝得吾皮。』尼總持曰：『我今所解，如慶喜見阿閦佛國，一見更不再見。』祖曰：『汝得吾肉。』道育曰：『四大本空，五陰非有，而我見處，無一法可得。』祖曰：『汝得吾骨。』最後慧可禮拜，依位而立。祖曰：『汝得吾髓。』」

22.《指月錄，四》：「初祖乃顧慧可而告之曰：『昔如來以正法眼，付迦葉大士，展轉囑累而至於我。我今付汝，汝當護持，並授汝袈裟，以為法信，各有所表，宜可知矣。』可曰：『請師指陳。』祖曰：『內傳法印，以契證心；外付袈裟，以定宗旨。』」

23.《法華經，提婆品》：「演暢實相義，開闡一乘法。」〇〈正宗記序〉：「正宗者，必以親相師承為其效也。」韻會，流派所出為宗。

24.三傳者，自二祖以下三傳也。〇《大明一統志．六十一》：「黃州府黃梅山，在黃梅縣西四十里。其山多梅，故名黃梅。」指五祖忍大師也。

25.高僧者，德高之僧，對於出家者之尊稱也。

26.《事苑．四》：「凡具四德，乃稱居士：一、不求仕官；二、寡欲蘊德；三、居財大富；四、守道自悟。」〇按居士後為在家崇信佛道者之通稱。六祖慧能本姓羅，後投五祖忍大師於黃梅，嘗腰石舂米，故云「負舂居士」。

27.見本經。

28.按自龍朔元年傳衣，至儀鳳元年，實得十六年。本經所謂於四會避難獵人隊中，凡經一十五載是也。

29.《大明錄》：「忘言獨契者，謂之機。」〇事見本經。

30.《傳燈錄卷．五》：「廣州法性寺印宗和尚者，吳郡人，姓印氏。從師出家，精涅槃大部。唐咸亨元年抵京師，敕居大敬愛寺，固辭，往蘄春謁忍大師。後於廣州法性寺，講《涅槃經》，遇六祖能大師，始悟法理，以能為傳法師。」○正眼者，即正法眼藏。見《上靈山會．上》註中。○印宗事，見本經。

31.祝，斷也。祝髮，即斷髮也。○《穀梁傳》哀公十三年曰：「吳，夷狄之國，祝髮文身。」○登壇，登戒壇受具戒也。○〈法海序〉曰：「二月八日，就法性寺智光律師，受滿分戒，其所登之壇，即宋朝求那跋陀三藏之所置也。」○祝髮登壇，事見本經。應跋陀羅，跋陀羅，梵語，此即功德賢，中天竺人，即求那跋陀羅三藏也。跋陀羅於齊之建元初至京師，譯《百喻經》等。

32.求那跋陀羅三藏記曰：「後當有肉身菩薩在此壇受戒。」語見〈法海序〉。○懸記者，懸先記未來之人、未來之事之讖語也。

33.開，開示也。○《佛祖通載．十二》：「忍（弘忍）姓周氏，黃梅人，與信（道信）並住東山寺。世謂其法，為東山法門。」

34.韋使君，即韶州韋刺史，名璩。

35.海禪者，六祖法嗣韶州法海禪師也。○按《壇經》師至末後，法海上座再拜問曰：「和尚入滅之後，衣法當付何人？」師曰：「吾於大梵寺說法，以至於今，抄錄流行，目曰《法寶壇經》。汝等守護遞相傳授，度諸群生。」但依此說，是名正法。此言韋使君命法海禪師錄出者，蓋因師之遺囑也。詳見《正宗記．六》。錄其語，錄，韻會曰「總」也，收拾也。

大師始於五羊[1]，終至曹溪[2]，說法三十七年[3]。霑甘露[4]味，入聖超凡者[5]，莫計其數。悟佛心宗[6]，行解相應[7]為大知識者[8]，名載《傳鐙》[9]。惟南岳、青原[10]執侍最久[11]，盡得無巴鼻[12]故，出馬祖[13]、石頭[14]，機智圓明，玄風[15]大振。

乃有臨濟[16]、溈仰[17]、曹洞[18]、雲門[19]、法眼[20]諸公，巍然[21]而出，道德超群，門庭[22]險峻。啟迪英靈[23]衲子[24]，奮志沖關[25]。一門深入[26]，五派同源[27]，歷遍爐錘[28]，規模廣大[29]。原其五家綱要[30]，盡出《壇經》。

箋註

1.五羊城，即廣東省城，昔高固為楚相。五羊銜穀萃於楚庭，故廣州廳事梁上畫五羊之像。又作「五穀囊」。○《廣州記》：「其城舊日稱羊城，亦稱穗垣。」

2.《一統志．七十九》：「韶州府曹溪，在府城東南三十里。」

3.按自儀鳳元年，至先天二年，實得三十八年。曰三十七年者，或云除示寂之年計也。

4.《白虎通》：「甘露者，美露也，降則物無不盛。」○《維摩經．佛國品註》：「什曰：『甘露即實相法也。』」

5.《俱舍論》：「證理曰聖。」○凡，謂凡夫，即平常之人也。○《法華經》：「凡夫淺識，深著五欲。」

6.佛心宗即禪宗也，又簡稱「心宗」。○《禪源諸詮．下》：「所傳心宗，實貫三尊。」

7.行解者，遊行於心識所對之境而解了之也。○《俱舍光記．一》：「之餘：『言行解者，唯是心等作用差別。作用名行解。』」○相應者，契合之義。○《淨土論註．上》：「相應者，譬如函蓋相稱也。」○《演密鈔．七》：「相應者，泛指契合義。」○《傳燈錄．三》：「達摩大師，傳佛心宗，行解相應。」

8.《大涅槃經》：「能教眾生，遠離煩惱，修行菩提，故名知識。」○大知識，稱讚之辭也。

9.《傳燈錄》共三十卷，吳僧道原纂。其第五卷，傳六祖大師法嗣，四十三人中十有九人錄在傳，餘二十四人則有名無傳。○四十三人名具本經末頁註中。

10.南嶽讓禪師，青原思禪師。

11.執侍，執器物而奉事也。

12.巴者，把也。鼻，鼻準也。○《宗門方語》：「巴鼻之巴，如鼻準之可拿撮也。」○按：無把鼻，言無鼻準之不可把持，即得無所得之意。

13.道一禪師，南岳讓禪師之法嗣。姓馬氏，故人稱為「馬祖」。唐元和中諡大寂。○《傳燈錄・六》：「六祖能和尚謂讓曰：『向後佛法，從汝邊出一馬駒，踏殺天下人。』按所云馬駒，即指馬祖之預言。

14.希遷禪師，居衡山之南寺。有石在寺之東，狀如臺，結庵於其上，時人號之為「石頭和尚」。

15.玄風，玄妙之風化也。○《文選・三十八・庾亮表文》：「弱冠濯纓，沐浴玄風。」

16.鎮州臨濟義元禪師初參黃檗，三度被打。後參大愚，於言下大悟。咸通八年四月十日示滅，諡慧照。其後宗之者稱謂臨濟宗。

17.潭州溈山靈祐禪師，百丈之入室弟子也，敷揚宗教四十餘年。大中七年正月示寂，諡大圓禪師。袁州仰山慧寂通智禪師，即溈山之法嗣，後宗其師弟之學者謂之溈仰宗。

18.第一祖洞山良价禪師，第二祖曹山本寂禪師，後謂之曹洞宗。不曰洞曹宗者，取便為言故也。

19.韶州雲門山文偃禪師，每顧見僧，即曰：「鑒。」僧欲酬之，則曰：「咦。」常以此顧、鑒、咦三字接學者。後謂之云門宗。

20.金陵清涼院文益禪師，嗣羅漢琛。周顯德五年諡大法眼禪師、大智藏大導師。後稱其宗為法眼宗。

21. 巍然，高大貌。

22.《周禮》：「闇入掌掃門庭。」

23. 啟，開也。迪，導也。〇《書經》：「太甲上，啟迪後人。」〇英華靈秀之氣所鍾者曰英靈。〇《隋書．李德林傳》：「陳使江總目送之曰：『此河朔之英靈也。』」

24.《智度論》：「比丘曰：『佛當著何等衣？』佛：『應著衲衣。』」故宗門中呼佛子曰衲子。

25. 關，或云玄關。三處之玄關也。就法門而言。〇慈靈法師遵式居天竺日，有貴宦註《楞嚴》，求師印可。師烹烈焰謂之曰：「今先申三問，若答之契理，當為流通；若其不合，當付此火。」宦許之。師曰：「真精妙元、性淨明心，不知如何註釋？三四四三，宛轉十二，流變三疊，一十百千，為是何義？二十五聖所證圓通，既云實無優劣，文殊何得取觀音？」其人無措，師即舉付火中。（見《佛祖統紀．十．慈雲傳》）此即「楞嚴三關」也。〇黃龍常以三問楞人，曰：「人個個有生緣，如何是汝之生緣？」曰：「我手何似佛手？」曰：「我腳何似驢腳？」無人契其旨者。天下叢林目為三關。〇按此奮志沖關之關，指禪關而言。雖非楞嚴之三關、黃龍之三關，而為關則一，故不云沖三關而云沖關也。

26. 謂於禪之一門深入也。

27. 五派指上，之臨濟溈仰曹洞云門法眼。

28.《莊子》：「皆在爐錘之間耳。」

29. 規，所以為圓之器。模，制器之型也。

30. 五家即前所云之五派，註見臨濟等五宗下。〇〈尚書序〉：「舉其宏綱，撮其機要，足以垂世立教。」

夫《壇經》者，言簡義豐[1]，理明事備，具足諸佛無量法門。一一法門，具足無量妙義；一一妙義，發揮諸佛無量妙理。即彌勒樓閣[2]中，即普賢毛孔中[3]，善入者即同善財[4]，於一念間圓滿功德，與普賢等，與諸佛等[5]。惜乎《壇經》為後人節略太多，不見六祖大全之旨[6]。德異幼嘗見古本[7]，自後遍求三十餘載，近得通[8]上人[9]尋到全文，遂刊於吳中[10]休休禪庵[11]，與諸勝士[12]同一受用[13]。惟願開卷舉目[14]，直入大圓覺海[15]，續佛祖慧命無窮[16]，斯余志願滿矣。至元[17]二十七年庚寅歲中春[18]日。

箋註

1. 豐，足也。

2. 彌勒為紹釋迦佛位之補處菩薩，先佛入滅，生兜率天之內院。人壽四千歲時，彌勒來為賢劫千佛之第五佛，從今經歷五十六億七千萬年，出世於第十之減劫，於華林園中金剛座處龍華提樹下以三會之說法，化一切之人天，說詳《一切智光明仙慈心因緣不食肉經》、《菩薩處胎經》。○《華嚴經．七十七》：「於此南方有國名海岸，有園名大莊嚴。其中有一廣大樓閣，名毗盧遮那莊嚴藏，從菩薩善根果報生。」○同七十九：「爾時善財童子，恭敬右繞彌勒菩薩摩訶薩已，而白之言：『唯願大聖開樓閣門，令我得入。』時彌勒菩薩前詣樓閣，彈指出聲，其門即開，命善財入。善財心喜，入已還閉，見其樓閣，廣博無量，同於虛空。」

3. 《觀普賢菩薩行法經》：「有一菩薩結跏趺坐，名曰普賢，身白玉色，五十種光，光五十種色，以為項光；身諸毛孔，流出金光。其金光端無量化佛，諸化菩薩，以為眷屬，安詳徐步。」

4.此句承上彌勒樓閣中句。

5.此句承上普賢毛孔中句。

6.《莊子・田子方篇》：「吾不知天地之大全也。」

7.古本，古時所刻之書本。指《壇經》。

8.未詳。

9.僧人之尊稱。內有德智，外有勝行，在人之上，故名上人。

10.以木板刻字謂之刊。吳中，江蘇之吳縣也，春秋時為吳國之都，故名。

11.庵與庵通。〇《續傳燈・四・德異傳》：「素軒蔡公，施蓮湖橋庵，請居之，曰休休庵。」《釋氏要覽・上》：「釋名曰：『草為圓屋曰庵。』」〇禪庵，參禪道人所居之庵也。

12.勝士，持戒者之尊稱也。〇《月燈三昧經》：「能淨持戒名勝士。」

13.受用，享受之意。〇《朱子語錄》：「不會經歷許多，事過便去，看易也，卒未得他受用。」

14.謂開《壇經》而一閱。

15.《圓覺經註》：「大者，大外有小可陳，猶是分限，豈為至大。今以圓覺體無邊際，絕諸分限，強名大也。圓者，滿足周滿外，更無一法；覺者，虛明靈照，無諸分別念想。」〇海者，譬喻也，譬大圓覺如海之無邊際，故云大圓覺海。

16.《古今集嗣法論》：參禪學道。貴在乎續佛祖慧命，非榮身之事也。〇智慧為法身之壽命，智慧之命夭傷，則法身之體亡失，故云慧命。

17.元始祖年號，即民國前六百四十八年也。

18.中春，二月也。〇《書・堯典》：「日中星烏，以應中春。」

六祖[1]大師[2]法寶[3]壇[4]經[5]箋註

唐[6]釋[7]門人[8]法海[9]錄

無錫丁福保仲祜箋註

箋註

1.行事為後世所宗仰者稱「祖」。天竺初祖摩訶迦葉，傳至二十八祖達摩大師。達摩於梁武帝時來中國，即為中國禪宗之初祖。二祖名慧可，三祖名僧璨，四祖名道信，五祖名弘忍，六祖名惠能。○《春秋正義》曰：「三傳之義，本皆口傳。後之學者，乃著竹帛，而以祖師之目題之。」○《漢書．外戚傳》曰：「定陶丁姬，易祖師丁將軍之玄孫。」師古註：「祖，始也。丁寬易之始師。」凡創立宗派之人，無論釋家道家，皆曰祖師。○《指月錄．四》：「有期城太守楊衒之，早慕佛乘，問初祖達摩大師曰：『西天五印，師承為祖，其道如何？』祖曰：『明佛心宗，行解相應，名之曰祖。』又問：『此外如何？』祖曰：『須明他心，知其今古，不厭有無，於法無取，不賢不愚，無迷無悟，若能是解，故稱為祖。』又曰：『願師慈悲開示宗旨。』祖知懇到，即說偈曰：『亦不睹惡而生嫌，亦不觀善而勤措，亦不捨智而近愚，亦不拋迷而就悟。達大道兮過量，通佛心兮出度，不與凡聖同躔，超然名之曰祖。』」

2.《瑜伽論》：「能善教誡聲聞弟子一切應作不應作事，故名大師。」又曰：「能化導無量眾生，令苦集滅，故名大師。」又曰：「為摧滅邪穢外道，世出世間，故名大師。」○《資持記．上．一之一》：「大師者，所謂天人之師，即十號之一。」○《四教儀集註．上》：「大師者，群生楷範。」○《正宗記》：「六祖惠能大師，姓盧氏，新興人。辭母直造黃梅東山，既得法，回南海法性寺，開示山法門，后歸寶林寺。一日謂眾曰：『吾於忍大師處受法要並及衣缽，今汝等信根純熟，但說法要，衣缽不須傳也。』次年坐化，塔於曹溪，今南華寺是也。」

3.法寶，為三寶之一。諸佛所說之妙法，可以珍重如世之財寶者然，故名。○《維摩經．佛國品》：「集眾法寶，如海導師。」○《翻譯名義集．五》：「引光明玄曰、至理可尊、名曰法寶。」

4.《漢書音義》：「封土而高曰壇，除地平坦曰場。」

5.經，常也。凡載道義法制之至當不可易之書謂之經。○《壇經》者，其壇為宋朝求那跋陀羅三藏創建，立碑謂「後當有肉身菩薩於此受戒」。而智藥三藏於梁天監元年，植菩提樹一株於此壇畔，預誌謂「後一百七十年，有肉身菩薩於此樹下開演上乘，度無量眾，真傳佛心印之法主」云云。故雖六祖隨緣赴說，不皆在於此壇畔說法，而門弟子歸重肉身菩薩於此壇畔樹下轉上乘法輪之讖，而云《壇經》也。

6.在民國前一千二百九十四年，唐高祖李淵受隋禪，有天下，國號「唐」。

7.《避暑錄話．下》：「晉宋間佛學初行，其徒猶未有僧稱，通曰『道人』，其姓則皆從所授學，如『支遁』本姓『關』，學於『支謙』為『支』；『帛道猷』本姓『馮』，學於『帛尸梨密』為『帛』是也。至道安始言佛氏釋迦，今為弟子，宜從佛氏，乃請皆姓釋。」○《四朝聞見錄．附錄》：「晉王大令保母帖考，王畿云：『或又謂佛之徒稱釋，起於道安。大令時未應有釋老之稱，此又不稽古之甚者。』」《阿含經》云：「四河入海，與海同流鹹；四姓出家，與佛同姓釋。」釋，佛姓也，此土謂佛謂釋久矣。志稱釋老，以佛對老，非謂佛之徒也。《晉書》云：「何充性好釋典，崇修佛寺，是也。」然道安以前比丘，各稱其姓。道安欲令皆從佛姓，初不之信，後得《阿含經》，始信之。爾後此土比丘皆姓釋，如釋慧遠是也。

8.門人、門弟子也。

9.法海、韶州曲江人。《傳燈錄．五》、《五燈會元．二》、《禪宗正宗．一》、《指月錄．四》，皆錄本經〈機緣品〉中一則，此外事跡無考。惟《全唐文．卷九百十五》載：「法海，字文允，俗姓張氏，丹陽人，一云曲江人。出家鶴林寺，為六祖弟子。天寶中，預揚州法慎律師講席。」

10.錄，鈔寫也。《宋史・選舉志》集書吏錄本。

行由品第一[1]

時，大師至寶林[2]，韶州[3]韋刺史[4]與官僚[5]入山[6]請師，出於城中大梵寺[7]講堂[8]，為眾[9]開緣說法[10]。

師升座次[11]，刺史官僚三十餘人、儒宗[12]學士[13]三十餘人、僧[14]尼[15]道[16]俗[17]一千餘人，同時作禮[18]，願聞法要[19]。

箋註

1.述六祖一代之行狀由來，故曰「行由」。

2.時六祖自廣州法性寺至寶林寺，即曹溪南華寺是也。〇法海〈壇經序〉：「先是西國智藥三藏，自南海經曹溪口，掬水而飲，香美，異之。謂其徒曰：『此水與西天之水無別，溪源上必有勝地，堪為蘭若。』隨流至源上四顧，山水回環，峰巒奇秀，嘆曰：『宛如西天寶林山也。』乃謂曹侯村居曰：『可於山建一梵剎。一百七十年後，當有無上法寶於此演化，得道者如林，宜號寶林。』時韶州牧侯敬中以其言具表聞奏，上可其請，賜寶林為額，遂成梵宮，落成於梁天監三年。〇《傳燈錄・五》：「中宗神龍元年十二月十九日，敕改古寶林為中興寺。三年十一月十八日，又敕為法泉寺。」〇宋《高僧傳・八》：「太平興國三年，敕建塔，改為南華寺。又改曰華果寺。」〇《廣東通志・二百二十九》：「南華寺在縣（韶州府曲江縣）南六十里。梁天監元年，天竺國僧智藥建，後為六祖演法道場。唐萬歲通天初，則天皇后錫賚宣詔。元和間，賜塔曰：靈照之塔。其寺為嶺外禪林之冠。」按《指月錄》，曹溪寶林，堂宇湫隘。六祖謁里人陳亞仙，捨宅廣之，即此寺也。六祖傳黃梅衣缽，居此。今衣缽與真身俱存。開寶三年，賜名南華。塔毀，明成化六年建復。國朝康熙五年平藩重建，有降龍塔、伏虎亭、卓錫亭、避難石、曹溪水十二景。

3.府名。隋置州，尋廢，唐復置。元為路，明改府，屬廣東。清因之，今廢，曲江縣其舊治也。

4.名璩。刺史，官名，漢置，其職各代不同。隋唐之刺史，猶清之知府及直隸州知州。○《傳燈錄・五》、宋《高僧傳・八》、《會元・一》，韋璩皆作韋據。

5.官與僚屬也。

6.此山指南華山而言，在曲江縣南六十里。寶林寺即在此山。

7.《廣東通志・二百二十九》：「韶州府曲江縣，報恩光孝寺，在河西。唐開元二年，僧宗錫建，名開元寺，又更名大梵寺。刺史韋宙，請六祖說《壇經》處。宋崇寧三年，詔諸州建崇寧寺。政和中，改天寧寺。紹興三年，專奉徽宗香火，賜額曰報恩光孝寺。」

8.講堂、講經說法之堂舍也。○《無量壽經・下》：「無量壽佛，為諸聲聞菩薩大眾班宣法時，都悉集會七寶講堂，廣宣教道，演暢妙法。」

9.《法華義疏，二》：「四人以上，乃至萬二千人以還，悉名為眾。」

10.猶言啟發人之因緣而為說妙法也。○《法華玄義・六》：「諸法不可示，言辭相寂滅，有因緣故亦可說。」

11.座次，所坐之處也。

12.儒宗，儒者之師也。○《史記》：「叔孫通希世度務，制禮進退，與時變化，卒為漢家儒宗。」○《漢書》：「董仲舒為世儒宗。」。

13.學士，學者也。○《史記》：「天下之學士，靡然鄉風矣。」

14.僧者，僧伽之簡稱，皈依佛教之人也。○《行事鈔》：「四人以上，能御聖法，辨得前事，名之為僧。」

15.出家之女僧也，梵名比丘尼，俗謂之尼姑。

16.崇奉道教之士也。此教奉元始天尊太上老君為教祖，創於東漢張道陵，至晉時稱天師道，後遂名之為道教。

17.在家未奉佛法者之稱也。

18.作禮，作敬禮也。○《佛說阿彌陀經》：「一切世間，天人、阿修羅等，聞佛所說，歡喜信受，作禮而去。」

19.簡約而樞要之法義曰法要。○《梵網經法藏．疏一》：「無非妙軌云法。」《孝經註》：「以一管眾為要。」

大師告眾曰：善知識[1]！菩提[2]自性[3]，本來[4]清淨[5]，但用此心，直了成佛[6]。善知識！且聽惠能行由得法事意[7]。

箋註

1.《法華文句．四》：「聞名為知，見形為識，是人益我菩提之道，名善知識。」○《涅槃經．二十五》：「能教眾生，遠離十惡，修行十善，謂之善知識。」

2.菩提，舊譯名道，新譯名覺。道者，通之義；覺者，覺悟之義。○《名義集．五》：「道之極者稱之曰菩提。」

3.諸法各自不變不改之性也。○《唯識論・十》：「本來自性，清淨涅槃。」○〈六祖金剛經口訣〉：「一切眾生自無始來不能離生滅者，皆為此心所累故。諸佛惟教人了此心。此心了，即見自性；見自性，即是菩提也。」

4.無始以來名本來。

5.遠離身、口、意三業惡行之過失，煩惱之垢染，名清淨。○《探玄記・四》：「三業無過云清淨。」

6.《起信論義記・下》：「眾生真心與諸佛體，平等無二。」又：「眾生真心，即諸佛體，更無差別。故《華嚴》云：『若人欲求知三世一切佛，應當如是觀，心造如來。』」又云：「眾生心佛，還是教化眾生。」○《華嚴經・五十二》：「應知念念常有佛成正覺，何以故？諸佛如來，不離此心成正覺故。」○《傳心法要》：「唯此一心即是佛，佛與眾生更無別異。但是眾生著相外求，求之轉失，使佛覓佛，將心捉心，窮劫盡形，終不能得。不知息念忘慮，佛自現前。此心即是佛，佛即是眾生。為眾生時此心不滅，為諸佛時此心不添，乃至六度萬行河沙功德，本自具足，不假修添，遇緣即施，緣息即寂。若不決定信此是佛，而欲著相修行以求功用，皆是妄想，與道相乖。此心即是佛，更無別佛，亦無別心。此心明淨，猶如虛空，無一點相貌，舉心動念，即乖法體，即為著相。無始已來，無著相佛。修六度萬行欲求成佛，即是次第。無始已來，無次第佛。但悟一心，更無少法可得，此即真佛。」

7.且，助語辭，有寬緩說來之意。

惠能嚴父[1]，本貫范陽[2]，左降[3]流[4]於嶺南[5]，作新州百姓[6]。此身不幸[7]，父又早亡，老母孤遺[8]，移來南海[9]，艱辛貧乏[10]，於市賣柴[11]。

時，有一客買[12]柴，使令送至客店[13]。客收去[14]，惠能得錢，卻出門外[15]，見一客誦經[16]。惠能一聞經語，心即開悟[17]，遂問：「客誦何經？」

客曰：「金剛經[18]。」

復問：「從何所來，持[19]此經典？」

客云：「我從蘄州[20]黃梅縣東禪寺[21]來。其寺是五祖忍大師[22]在彼主化[23]，門人一千有餘。我到彼中禮拜[24]，聽受此經。大師常勸僧俗，但持《金剛經》，即自見性[25]，直了成佛。」

惠能聞說，宿昔有緣[26]，乃蒙一客取銀十兩與惠能，令充老母衣糧[27]，教便往黃梅參[28]禮五祖。惠能安置母畢，即便辭違[29]，不經三十餘日，便至黃梅，禮拜五祖。

箋註

1.父嚴母慈，故稱父曰嚴父。又尊其父云嚴父也。〇《孝經》：「嚴父莫大乎配天。」〇《周易・家人卦》曰：「家人有嚴君焉，父母之謂也。」

2.貫，籍貫也。本貫猶云本籍。〇范陽，地名，唐郡。今直隸大興宛平昌平房山寶坻等縣之地。〇《正宗記・六》：「其本籍范陽。父行瑫，武德中謫官新州。」

3.即左遷，謂降職也。古以右為尊，故謂遷秩為左降。〇《宋史・真宗紀》：「左降官羈管十年以上者，放還京師。」

4.猶放也，為五刑之一。安置遠方。終身不返也，分遠近為三等。〇《尚書・舜典》曰：

「流共工於幽州。」註：遣之遠去，如水之流也。

5.嶺南，五嶺之南也，東際海，西極群蠻，北據五嶺，今屬廣東，治十一縣。

6.新州，即今之新興縣，在肇慶府南一百三十里。詳《大清一統志．三百四十五》。○上古唯貴族有姓，故謂百官之族曰百姓。○《書》：「平章百姓。」註：畿內民庶也，今則通稱國民為百姓矣。

7.《論語》：「不幸短命死矣。」○《說文》：「夭死之事，故死謂之不幸。」

8.耶律楚材詩：「故園屈指八千里，老母行年六十餘。」○《舊唐書．李大亮傳》：「親戚孤遺，為大亮所鞠養。」○〈任昉王文憲文集序〉：「親加吊祭，表存孤遺。」○《孟子．梁惠王．下篇》：「幼而無父曰孤。」

9.移，遷也。○《書》：「移爾遐逖。」○南海，郡名，今改縣，屬廣東粵海道。

10.艱辛，謂艱難辛苦也。○李白詩：「英豪未豹變，自古多艱辛。」○《詩傳》：「三歲之後，始貧乏於衣食。」

11.市，城鎮也。○出貨曰賣，謂以物易錢也。○柴，小木散材，供炊爨之用者也。

12.買，以錢易物也。

13.《孟子》：「便嬖不足使令於前歟，置貨鬻物之處曰店。」

14.客收之客。別本作容，非是。

15.卻，退也。

16.誦經，誦讀經典也。

17.開悟，開智明理也。○《法華經．序品》：「照明佛法，開悟眾生。」

18.此經即《大般若經》中之第五百七十七卷，前後共有六種譯本，互有詳略。最通行者，為羅什譯本。○《三藏法數．二》：「金剛者，金中最剛，故云金剛。」○〈六祖金剛般若經註自序〉云：「《金剛經》者無相為宗，無住為體，妙有為用。自從達摩西來，為傳此經之意，令人悟理見性。只為世人不見自性，是以立見性之法。世人若了見真如本體，即不假立法。此經讀誦者無數，稱讚者無邊，造疏及註解者，凡八百餘家。所說道理，各隨所見。見雖不同，法即無二。宿植上根者，一聞便了。若無宿慧，讀誦雖多，不悟佛意。」

19. 持，執也。

20. 蘄，音其。○《大清一統志．二百六十三》：「蘄州在黃州府東一百八十里。」

21. 《湖廣通志．七十八》：「黃州府黃梅縣，東禪寺在黃梅縣西南一里。」○《名勝志》：「東禪寺號蓮華寺，乃五祖傳衣缽於六祖處，有六祖簸糠池、墜腰石，及吳道子傳衣圖。」

22. 《五燈會元．一》：「五祖大師蘄州黃梅人也，先為破頭山中栽松道者，後遇信大師得法。」

23. 彼指黃梅縣，亦指東禪寺而言。○主化，主持教化也。

24. 禮拜，恭敬之意現於身相者也。

25. 《智度論．三十一》：「性各自有，不待因緣。」又見後。○〈六祖金剛般若經註自序〉云：「經是聖人之語，教人聞之，從凡悟聖，永息迷心。此一卷經，眾人性中本有，不見見者，但讀誦文字，若悟本心，始知此經，不在文字。若能明了自性，方信一切諸佛，從此經出。」

26. 宿昔有緣，猶言前世因緣也。

27. 衣糧，衣食也。

28. 《象器箋》：「參，趨承也，晉謁也。」

29. 辭違，別本作辭親。

祖問曰：「汝何方人[1]，欲求何物？」

惠能對曰：「弟子是嶺南新州百姓，遠來禮師，惟求作佛[2]，不求餘物。」
祖言：「汝是嶺南人，又是獦獠[3]，若為堪作佛[4]？」
惠能曰：「人雖有南北，佛性本無南北[5]，獦獠身與和尚[6]不同，佛性有何差別[7]？」
五祖更欲與語[8]，且見徒眾[9]總[10]在左右，乃令隨眾作務[11]。
惠能曰：「惠能啟[12]和尚，弟子[13]自心常生智慧[14]，不離自性[15]，即是福田[16]。未審和尚教作何務？」
祖云：「這[17]獦獠根性大利[18]！汝更勿言，著[19]槽廠[20]去。」
惠能退至後院，有一行者[21]，差惠能破柴踏碓[22]。經八月餘[23]。

箋註

1.別本人字下有「來到此山禮拜，今向吾邊」十字。

2.作佛，成佛也。盡菩薩之行，斷妄惑，開真覺之謂。○《法華經．譬喻品》：「具足菩薩所行之道，當得作佛。」○《大智度論．十八》：「求佛道者，從初發心作願，願我作佛，度脫眾生，得一切佛法。行六波羅密，破魔軍眾及諸煩惱，得一切智，成佛道。」

3.獦音「葛」，獸名。獠音「聊」，稱西南夷之謂也。○《一統志．八十一》：「肇慶府，秦為南海郡，地屬嶺南道，風俗夷獠相雜。」○〈山谷過洞庭青草湖〉詩：「行矣勿遲留，蕉林追獦獠。」註曰：山谷赴宜州貶所，嶺南多蕉林，其地與夷獠相接。勻會，獠者，短啄犬，獠西南夷。

4.為，何也。○按：意言如何能作得佛。
5.《禪源詮．二》：「一切眾生，皆有空寂真心。無始本來性自清淨，明明不昧，了了常知，盡未來際常住不滅，名為佛性，亦名如來藏。」○《涅槃經．二十七》：「一切眾生，悉有佛性，如來常住，無有變易。」
6.和尚，僧徒稱其師之尊稱，其義為親教師。謂能教人學戒定慧，猶俗家之有業師也。
7.差別不同等也。白居易詩：「一音無差別，四句有詮次。」○《楞伽經》：「若無差別者，一切外道，亦皆是佛，以不生不滅故。」
8.別本作「大師更欲共惠能久語」。
9.弟子之成群者曰徒眾。
10.總，皆也。
11.《會元．三百丈章》：「師凡作務執勞先於眾。」○《廣韻》：「務，事務也，專力也。」
12.啟，白事也。
13.《行事鈔上．三》：「學在我後，名之為弟。解從義生，名之為子。」
14.見後。
15.自性本智，觸處應現，千般萬般，應用不乏，不即不離。○《傳心法要》：「此靈覺性，無始已來，與虛空同壽。又曰：『性即是心，心即是佛，佛即是法。』」
16.《探玄記．六》：「生我福，故名福田。」○《無量壽經淨影疏》：「生世福善，如田生物，故名福田。」○《報恩經》：「眾僧者出三界之福田，謂比丘具有戒體，戒為萬善之根，是故世人歸信，共養種福。如沃壤之田，能生嘉苗，故號良福田。」
17.這，讀若「者」，猶言此也。
18.《輔行．二之四》：能生為根，數習為性。○大音「太」，過也。利，銳也。

19.著，命令詞。

20.○槽廠，養馬小屋。○槽廠別本作「且去後院」。《廣傳燈錄》作槽櫥。《海篇心鏡》曰：「廠，馬屋。槽，馬槽也。」○《正宗記．六》：「尊者知其異人，佯訶之曰：『著槽廠去。』惠能即退，求處碓所，盡力於臼杵間。」○按：槽廠，即後院之碓坊也。

21.行者，禪院之侍者也。○《禪林象器箋．八》：「有髮而依止僧寺，稱為行者。」○《釋氏要覽．上》：「經中多呼修行人為行者。」○《觀無量壽經》：「讀誦大乘，勸進行者。」○《善見律．十一》：「有善男子欲求出家，未得衣鉢，欲依寺中住者，名畔頭波羅沙，未見譯語。」按：即此方行者也。男生八歲毀齒，十六陽氣全，以其有意樂信，忍修淨梵行。故自晉時，已有此名，如東林遠大師下有辭蛇行者。

22.碓音「對」。破柴者，以斧碎柴，使可為爨料之謂也。○踏碓，舂米碓之用足踏者。○《桓譚新論》曰：「宓犧制杵臼之利，後世加巧。因借身踐碓而利十倍，則碓蓋起於杵臼之遺法也。」

23.別本作「八個餘月」。《傳燈錄．三》：「作晝夜不息，經八月。」《正宗記．六》：「作雖歷日月，而未嘗告勞。」

祖一日忽見惠能，曰：「吾思汝之見可用[1]，恐有惡人害汝，遂不與汝言，汝知之否？」

惠能曰：「弟子亦知師意，不敢行至堂前，令人不覺[2]。」

箋註

1.言汝之見地可用。

2.所以不敢朝參暮請，欲使他人不覺惠能將傳五祖之衣鉢而為六祖也。

祖一日喚諸門人總來。吾向汝說：「世人生死事大[1]，汝等終日只求福田[2]，不求出離生死苦海[3]，自性[4]若迷[5]，福何可救[6]？汝等各去自看智慧[7]，取自本心般若之性[8]，各作一偈[9]，來呈吾看。若悟大意[10]，付汝衣法[11]，為第六代祖。火急[12]速去，不得遲滯[13]。思量即不中用[14]！見性之人[15]，言下須見[16]。若如此者，輪刀上陣[17]，亦得見之[18]。」

箋註

1.《楞嚴經．三》：「生死死生，生生死死，如旋火輪。」○《天臺四教儀》：「從地獄至非非想天，雖然苦樂不同，未免生而復死，死已還生，故名生死。」○《銷釋金剛科儀》曰：「百年光景，全在剎那；四大幻身，豈能長久？每日塵勞汩汩，終朝業識茫茫，不知一性之圓明，徒逞六根之貪欲。功名蓋世，無非大夢一場；富貴驚人，難免無常二字。爭人爭我，到底成空；誇會誇能，必竟非實。風火散時無老少，溪山磨盡幾英雄！綠鬢未幾，而白髮早侵；賀者才臨，而吊者隨至。一包膿血，長年苦戀恩情；七尺髑髏，恣意濫貪財寶。出息難期入息，今朝不保來朝。愛河出沒幾時休，火宅憂煎何日了？不願出離業網，只言未有功夫。閻羅王忽地來追，崔相公豈容展限？回首家親都不見，到頭業報自家當。鬼王獄卒，一任欺凌，劍樹刀山，更無推抵。或攝沃焦石下，或在鐵圍山間。受鑊湯則萬死千生，遭剉磕則一刀兩段。飢吞熱鐵，渴飲熔銅，十二時甘受苦辛，五百劫不見頭影。受足罪業，復入輪迴。頓失舊時人身，換卻這迴皮袋。披毛戴角，銜鐵負鞍，以肉供人；用命還債，生被刀砧之苦，活遭湯火之災。互積冤愆，遞相食噉。那時追悔，學道無因。何如直下承當，莫待今生蹉過！」

2.求人天有漏之果，福報盡時，還入三塗。○《竹窗隨筆》：「今生持戒修福之僧，若心地未明，願力輕微，又不求淨土，是人來生多感富貴之報，亦多為富貴所迷。或至造業墮落者，有老僧搖手不之信。予謂：『無論隔世，親見一僧結茅北峰之陰，十年頗著清修，一時善信敬慕，為別刱庵，徙居之，遂致沉溺，前所微得俱喪。見世且然，況來生耶！』問此為誰？予云：『即老兄是。』其人默然。」

3.言生死之苦，如大海然，無邊際也。○《止觀．一》：「動法性山，入生死海。」○〈六祖金剛經口訣〉：「凡夫之人，生緣念有，識在業變，習氣薰染。因生愈甚，故既生之後，心著諸妄，妄認四大，以為我身；妄認六親，以為我有；妄認聲色，以為快樂；妄認塵勞，以為富貴。心目知見，無所不妄。諸妄既起，煩惱萬差。妄念奪真，真性遂隱。人我為主，真識為客，三業前引，百業後隨，流浪生死，無有涯際。生盡則滅，滅盡復生，生滅相尋，至墮諸趣。轉輾不知，愈恣無明。造諸業罟，遂至塵沙劫盡，不復人身。」○《法華經．方便品》：「以諸欲因緣，墜墮三惡道，輪迴六趣中，備受諸苦毒。」○《心地觀經》：「有情輪迴生六道，猶如車輪無始終。」○《觀佛三昧經》：「三界眾生，輪迴六趣，如旋火輪。」○《身觀經》：「循環三界內，猶如汲井輪。」○《華嚴經》：「張大教網，亙生死海，渡人天龍，置涅槃岸。」○《盂蘭盆疏新記》：「苦海者，三界苦道，無有邊底，故喻海也。」○《六祖金剛經註》：「心若清淨，一切妄念不生，能度生死苦海。」○《竹窗隨筆》：「醉生夢死，恆言也，實至言也。世人大約貧賤富貴二種，貧賤者，固朝忙夕忙以營衣食；富貴者，亦朝忙夕忙以享欲樂。受用不同，其忙一也，忙至死而後已，而心未已也。齊此心以往，而復生、而復忙、而復死，死生生死，昏昏蒙蒙，如醉如夢，經百千劫，會無了期。朗然獨醒，大丈夫當如是矣。」○出離生死，即出三界也。○《傳心法要．下》：「問如何是出三界？師云：『善惡都莫思量，當處便出三界。』」

4.上自諸佛菩薩，下至蝡動蠉飛之生類，其品類雖千差萬別，無非以不變之真性為體。若迷於此真性，則為煩惱所覆障，而成生死流轉。若悟此真性，則能出離生死，而得入於涅槃。此其性謂之自性，即本有之自性也。其自性不遷不變，又謂之如來之自性，又名為真如，又謂之自性真如。自性之本佛備於己身，其本佛，謂本有之自性也。

5.《金剛三昧經》：「譬如迷子，手執金錢而不知有，遊行十方。經五十年貧窮困苦專事求索，而以養身，而不充足。其父見子有如是事，而謂子言：『汝執金錢何不取用？隨意所須皆得充足。』其子醒已，而得金錢，心大歡喜，而謂得錢。其父謂言：『迷子，汝勿欣懌。所得金錢，是汝本物，汝非有得，云何可喜？』」按：本物即自性也，若迷自性，猶迷子手執金錢，而不知有也。

6.福者，即從福田求得之人天福報也。雖得福，亦不能救生死輪迴之苦。〇《智度論．三十三》：「福者，善有漏。」〇《增一阿含經．一》：「雖受梵天福猶不至究竟。」〇《百論．上》：「福報滅時，離所樂事。」〇《智度論．十六》：「無色界天，樂定心著不覺，命盡墮在欲界中，受禽獸形。色界諸天，亦復如是。從清淨處墮，還受婬欲，在不淨中。欲界六天，樂著五欲，還墮地獄，受諸苦痛。見人道中，以十善福貿得人身。人身多苦少樂，壽盡多墮惡趣中。」〇《心地觀經．五》：「三界之頂，非非想天，八萬劫盡，還生下地。轉輪聖王，千子圍繞，七寶眷屬，四洲咸伏。壽命報盡，須臾不定。我今亦爾，假使壽年滿一百歲，七寶具足，受諸快樂。琰魔使至，不免無常。」按：據此則知雖享受非非想天轉輪聖王之福報及人間之福壽康寧，亦終不免再入生死大海之苦。

7.《大乘義章．九》：「照見名智，解了稱慧。此二各別，知世諦者名之為智。照第一義者說以為慧，通則義齊。」〇《法華經義疏》：「經論之中，多說慧門鑒空，智門照有。」

8.《智度論．四十三》：「般若者，秦言智慧。一切諸智慧中，最為第一無上無比無等，更無勝者。」〇般若者，圓常之大覺也。一覺有三德：一、實相般若。即般若之理體，本來具於眾生之本心中，離一切虛妄之相之般若實性也，是所證之理體也；二、觀照般若。觀照實相之實智也；三、文字般若，解釋上之二般若之文字，如五部八部及大般若等之般若經是也。按此般若指第一種實相般若而言，下同。

9.偈音「奇」，佛家所唱詞句，謂之偈，華言頌。諸經雖五字、七字，為句不同，皆以四句為一偈也，然亦有變體而不限此例者。

10.《止觀．一》：「大意囊括始終，冠戴初後。」

11.傳正法而更授以師之袈裟也，見《傳燈錄．三》。○《五燈會元．一》：「達摩顧慧可而告之曰：『昔如來以正法眼付迦葉大士，展轉囑累而至於我。我今付汝，汝當護持，並授汝袈裟，以為法信，各有所表，宜可知矣。』可曰：『請師指陳。』祖曰：『內傳法印，以契證心，外付袈裟，以定宗旨。後代澆薄，疑慮競生，云吾西天之人，言汝此方之子，憑何得法，以何證之。汝今受此衣法，卻後難生；但出此衣，並吾法偈，以表明其化無礙。至吾滅後二百年，衣止不傳。法周沙界，明道者多，行道者少；說理者多，通理者少。潛行密證，千萬有餘。』」按此指達摩相傳之衣法也。○《傳心法要》：「自達摩大師到中國，唯說一心，唯傳一法，以佛傳佛，不說餘佛，以法傳法，不說餘法。法即不可說之法，佛即不可取之佛，乃是本源清淨心也。」又云：「祖師直指一切眾生本心本體本來是佛，不假修成，不屬漸次，不是明暗。不是明，故無明；不是暗，故無暗。所以無無明，亦無無明盡，入我此宗門，切須在意。如此見得，名之為法。」

12.火急，言如火之急也。○《北史．齊武帝紀》：「帝特愛非時之物，取求火急，皆須朝徵夕辦。」

13.滯音「彘」。遲，留也。

14.思量，思慮事理而量度之也。○《法華經．方便品》：「是法非思量分別之所能解。」○不中用，即不適於用也。○《史記》：「始皇曰：『吾前收天下書，不中用者盡去之。』」○

《林子壇經訊釋》：「佛之妙義，雖曰不屬之言語文字矣，而其所以發之言語見之文字者，亦非有待於擬議而安排也，故曰思量不中用。」

15.徹見自心之佛性，名見性。〇《悟性論》：「直指人心，見性成佛。」〇《永平道元法語》：「見性，即佛性也，萬法之實相也。亦即眾生之心性也。」又曰：「眾生迷於此性故，輪迴六道。諸佛覺悟此性故，不受六道之苦。」

16.《頓悟入道要門．下》：「師曰：見性者即非凡夫。頓悟上乘，超凡越聖。迷人論凡論聖，悟人超越生死涅槃；迷人說事說理，悟人大用無方；迷人求得求證，悟人無得無求；迷人期遠劫證，悟人頓見。」

17.輪刀上陣者，言舞刀如車輪之轉而入軍陣作戰也。

18.原註：喻利根者。

眾得處分[1]，退而遞[2]相謂曰：「我等眾人，不須澄心用意作偈，將呈[3]和尚，有何所益？神秀[4]上座現為教授師[5]，必是他得。我輩謾[6]作偈頌[7]，枉用心力[8]。」諸人聞語，總皆息心，咸言：「我等已後依止[9]秀師，何煩作偈？」

箋註

1.處分，處置也。〇別本此下有「來經後院」四字。

2.音第，更迭也。

3.將，賫也，持也。又，送也。

4.《宋高僧傳卷．八》：「釋神秀，俗姓李氏，今東京尉氏人也。少覽經史，博綜多聞，既而奮志出塵，剃染受法。後遇蘄州雙峰東山寺五祖忍師以坐禪為務，乃歎伏曰：『此真吾師也。』決心苦節，以樵汲自役而求其道。忍於上元中卒，秀乃往江陵當陽山居焉，四海緇徒，嚮風而靡，道譽馨香，普蒙熏灼。則天太后聞之，召赴都，肩輿上殿，親加跪禮。內道場豐其供施，時時聞道。敕於昔住山置度門寺，以旌其德。時王公已下，京邑士庶，競至禮謁，望塵拜伏，日有萬計。洎中宗孝和帝即位，尤加寵重。中書令張說，嘗問法執弟子禮，退謂人曰：『禪師身長八尺，龍眉秀目，威德巍巍，王霸之器也。』○僧寺有上座一職，在住持之下，為一寺之領袖。又其位最高，上更無人，故名上座，為一切沙門所尊敬者。○《五分律．十八》：「佛言上更無人，名之上座。」

5.教授師，為五種阿闍梨之第三種，教授弟子威儀作法等。○《輔行．四之三》：「宣傳聖言，名之為教；訓誨於義，名之為授。」

6.謾音「瞞」，汗漫也，寬泛也。

7.梵語偈陀，此譯「頌」。梵漢雙舉名偈頌。偈註詳前。

8.勞而無功曰枉。○心力，謂人所以運用其心思之能力也。○《梁書．徐勉傳》：「吾年時朽暮，心力稍殫。」

9.依止者，依賴止住於有力有德之處，而不離也。

神秀思惟[1]：諸人不呈偈者，為[2]我與他為教授師，我須作偈將呈和尚。若不呈偈，和尚如何知我心中見解[3]深淺？我呈偈意，求法即善，覓祖即惡[4]，卻同凡心奪其聖位奚別[5]？若不呈偈，終不得法。大難！大難！

五祖堂前，有步廊[6]三間，擬請供奉[7]盧珍[8]畫「楞伽經[9]變相[10]」及「五祖血脈圖[11]」，流傳[12]供養[13]。

神秀作偈成已，數度[14]欲呈，行至堂前，心中恍惚[15]，遍身汗流，擬呈不得。前後經四日，一十三度呈偈不得。秀乃思惟：不如向廊下書著，從他和尚看見，忽若道好，即出禮拜，云是秀作；若道不堪[16]，枉向山中數年，受人禮拜，更修何道？

是夜三更[17]，不使人知，自執燈，書偈於南廊壁間，呈心所見。

箋註

1.《法華經．譬喻品》：「常思維是事。」〇《漢書．董仲舒傳》：「思惟往古，而務以求賢。」

2.為我之為讀去聲。

3.見解，猶言見地，見到之處也。〇《傳燈錄》：「二子見解，過於鶖子。」

4.求法，求正法也。猶言我呈此偈，為求正法即是善，為奪祖位即是惡。

5.若為覓祖位而呈偈，則心同凡夫，如此則與奪五祖之祖位何別。

6.廊，堂邊廡也。

7.供奉，官名。唐時凡有一材一藝者，得供奉內廷，故有翰林供奉諸名。至宋時，尚有東西頭供奉官。清代之在南書房行走者，亦自稱內庭供奉。

8.《指月錄．四》作處士盧珍。《傳燈錄．三》、《會元．一》又作處士。

9.「棱」與「楞」同。《棱伽經》有四譯本，今存三本：一、宋．求那跋陀羅譯，名《楞伽阿跋多羅寶經》，凡四卷，又名《四卷楞伽》；二、元．魏菩提流支譯，名《入楞伽經》，凡十卷，又名《十卷楞伽》；三、唐．實叉難陀譯，名《大乘入楞伽經》，凡七卷，名《七卷楞伽》。明・釋宗泐註解一：楞伽是城名，華言不可往。其城在南海摩羅山頂，無神通者不可往。佛於此處說法，即佛境界也。以處表法也。

10. 畫《楞伽經》中說法時會處眾等之變相，猶言觀音經變相、地獄變相也。

11. 五祖，謂自初祖達摩大師至五祖弘忍大師也。○血脈，體內流通血液之經絡也，今借此圖以形容嗣續列祖之傳。○五祖血脈圖，謂傳受列祖之奧旨，而記其相承之名也。○《起信註疏・一》：「血脈相承，一向躡前起後。」

12. 流傳，猶傳布也。○《十六國春秋》：「大化流傳。」

13. 猶云奉養也。後世稱獻佛及飯僧，亦曰供養。○《華嚴經》：「諸供養中，法供最重。」

14. 數度，數次也。

15. 恍惚，見不真切也。

16. 不堪，不勝也。○《左傳》：「君將不堪。」

17. 三更，夜間十二時，丙夜也。詳下「五更」註。

偈曰：「身是菩提樹[1]，心如明鏡臺[2]，時時勤拂拭[3]，勿使惹塵埃[4]。」

秀書偈了[5]，便卻歸房，人總不知。秀復思惟：五祖明日，見偈歡喜，即我與法[6]有緣[7]；若言不堪，自是我迷[8]，宿業[9]障[10]重，不合得法。聖意難測[11]！房中思想，坐臥不安，直至五更[12]。

箋註

1. 此譬喻之辭也。○《西域記・八》：「金剛座上菩提樹者，即畢缽羅之樹也。昔佛在世高數百尺，屢經殘伐，猶高四、五丈。佛坐其下成等正覺，因而謂之菩提樹焉。莖幹黃白，枝葉青翠，冬夏不凋，光鮮無變。每至如來涅槃之日，葉皆凋落，頃之復故。」

2.《起信論》：「眾生心者猶如於鏡。」○《性理大全．三十二》：「程子曰：『聖人之心，明鏡止水。』」○鏡奩之大者，上可架鏡，故名鏡臺。○〈庚信賦〉：「鏡臺銀帶，本出魏宮。」○《竹窗隨筆》：「如喻心以鏡，蓋謂鏡能照物，而物未來時，鏡無將迎；物方對時，鏡無憎愛；物既去時，鏡無留滯。聖人之心，常寂常照，三際空寂，故喻如鏡。然取略似而已。究極而論，鏡實無知，心果若是之無知乎，則冥然不靈，何以云妙明真體。」

3.拂拭，謂除其塵埃也。○《南史．殷景仁傳》：「景仁便拂拭衣冠。」

4.《禪源諸詮卷．二》：「故須依師言教，背境觀心，息滅妄念，念盡即覺悟，無所不知。如鏡昏塵，須勤勤拂拭，塵盡明現，即無所不照。」○或曰：「此偈二句譬喻，言體；二句修行，說功。」○金源．史肅詩：「身似臥輪無伎倆，心如明鏡不塵埃。」

5.書，寫也。了，畢也。

6.法字註詳上文「付汝衣法」句下。

7.《觀無量壽經》：「有緣眾生，皆悉得見。」○《報恩經．七》：「佛世尊應現世間，引接有緣。有緣既盡，遷神涅槃。」

8.迷，謂心闇於事理而不悟也。○《大日經．一》：「云何迷心？謂所執異，所思異。」○《大乘入道章．下》：「迷心不悟，一行尚不能依。」

9.宿業，為作於前世善惡之業因也。○《資持記上．三之一》：「宿業所追，致使此生虛喪。」

10.障，煩惱之異名。煩惱能障礙聖道。○《大乘義章．五本》：「能礙聖道，說以為障。」

11.聖，至尊之謂。聖意，聖人之意也。○《後漢書．徐昉傳》：「五經久遠，聖意難明。○

測，度量之也。

12.《漢舊儀》：「夜漏起，中黃門持五夜：甲夜畢傳乙夜，乙夜畢傳丙夜，丙夜畢傳丁夜，丁夜畢傳戊夜，戊夜畢，是為五更。」○《顏氏家訓卷．下》：「曰：或問一夜何故五更？更何所訓？答曰：漢魏以來，謂為甲夜、乙夜、丙夜、丁夜、戊夜，又云一鼓、二鼓、三鼓、四鼓、五鼓，亦云一更、二更、三更、四更、五更。皆以五為節。」

祖已知神秀入門未得[1]，不見自性[2]。天明，祖喚盧供奉來，向南廊壁間繪畫圖相，忽見其偈。報言[3]：「供奉卻不用畫，勞爾遠來。經云：『凡所有相[4]，皆是虛妄[5]。』但留此偈，與人誦持。依此偈修，免墮惡道[6]；依此偈修，有大利益[7]。」令門人：「炷香[8]禮敬[9]，盡誦此偈，即得見性[10]。」門人誦偈，皆歎：「善哉[11]！」

箋註

1.入門未得，言尚未入門。

2.此指五祖平日見神秀不見自性而言。

3.此五祖見偈，與供奉言也。

4.事物之相狀表現於外，而能想像於心者曰相。○《大乘義章．三本》：「諸法體狀，謂之為相。」

5.《六祖金剛經註》：「凡所有相皆是虛妄者。虛則不實，妄則不真。既不真實，相既非相。」又云：「非獨佛身，相即無相。凡所有相，皆是虛妄。色身有相，故言虛妄。」

6.《大乘義章・八末》：「地獄等報，為道所語，故名為道。故地持言，乘惡行往，名為惡道。」○〈普照禪師修行訣〉曰：「且憑世間有為之善，亦可免三途苦輪，於天上人間得殊勝果報，受諸快樂。」

7.《六祖金剛經註》：「希求福利，得福雖多，而於識心見性，了無所得。傳大士云：『寶滿三千界，齊易作福田。性成有漏業，終不離人天。』」

8.炷香，焚香也。

9.禮拜恭敬也。○《普賢・行願品》：「一者禮敬諸佛。」

10.依此偈修，能享人天福報，此是實語。誦偈見性，此是五祖權辭。

11.善哉，稱讚之辭。○《智度論》：「歡喜讚言，善哉善哉。」

祖三更喚秀入堂，問曰：「偈是汝作否？」

秀言：「實是秀作。不敢妄求祖位，望和尚慈悲[1]，看弟子有少[2]智慧否？」

祖曰：「汝作此偈，未見本性，只到門外，未入門內。如此見解覓無上菩提[3]，了不可得[4]。無上菩提，須得言下識自本心，見自本性[5]，不生不滅[6]，於一切時[7]中，念念[8]自見[9]，萬法[10]無滯[11]，一真一切真[12]，萬境[13]自如如[14]。如如之心，即是真實[15]。若如是見，即是無上菩提之自性也[16]。汝且去一兩日思惟，更作一偈，將[17]來吾看。汝偈若入得門，付汝衣法。」

神秀作禮而出。又經數日，作偈不成，心中恍惚[18]，神思不安，猶如夢中，行坐不樂。

箋註

1.與樂名慈，拔苦名悲。○《智度論・二十七》：「大慈與一切眾生樂，大悲拔一切眾生苦。」

2.少，些少也。

3.《寶積經・二十八》：「於無上菩提，堅固不退轉。」

4.黃檗《傳心法要・下》：「問何處是菩提？師云：菩提無是處，佛亦不得菩提，眾生亦不失菩提。不可以身得，不可以心求。一切眾生，即菩提相。云如何發菩提心？師云：菩提無所得。你今但發無所得心，決定不得一法，即菩提心。菩提無住處，是故無有得者。故云：『我於燃燈佛所，無有少法可得，佛即與我授記。』明知一切眾生本是菩提，不應更得菩提。你今聞發菩提心，將謂一個心學取佛去，唯擬作佛。任你三祇劫修，亦只得個報化佛，與你本源真性佛，有何交涉？」

5.《傳心法要・下》：「達摩來此土至梁、魏二國，只有可大師一人，密信自心，言下便會即心是佛，身心俱無，是名大道。大道本來平等，所以深信含生同一真性，心性不異，即性即心；心不異性，名之為祖。所以云『認得心性時，可說不思議。』」○南陽慧忠國師語錄：「未審心之與性，為別不別。師曰：迷即別，悟即不別。曰：經云佛性是常，心是無常。今云不別何也？師曰：汝但依語而不依義。譬如寒月水結為冰，及至暖時，冰釋為水。眾生迷時，結性成心，眾生悟時，釋心成性。」

6.黃檗云：「百種多知，不如無求最為第一。諸學道人，若欲得成佛，一切佛法，總不用學，但學無求無著。無求即心不生，無著即心不滅，不生不滅便是佛也。」又曰：「真心無相，不去不來。生時性亦不來，死時性亦不去，湛然圓寂，心境一如。」

7.自無始以來相續者，名一切時。

8.念念，即剎那剎那也。凡物變化於極短之時間、若心念然者。○《維摩．方便品》：「是身如電，念念不住。」○《寶積經．九十六》：「是身無量過患，微塵積集，生住異滅，念念遷流。」

9.《頓悟入道要門．上》：「問身心以何為見？是眼見、耳見、鼻見、及身心等見？答：見無如許種見。云：既無如許種見，復何見？答：是自性見。何以故？為自性本來清淨，湛然空寂，即於空寂體中能生此見。問：只如清淨體尚不可得，此見從何而有？答：喻如明鑒中雖無像，能見一切像。何以故？為明鑒無心故。學人若心無所染，妄心不生，我所心滅，自然清淨，以清淨故，能生此見。」

10.總該萬有事理之語也。法，自體之義、規則之義。萬有之事理，一一有自體、具規則，故皆名法。

11.《六祖金剛經註》云：「一切萬法，皆從心生。心無所生，法無所住。不住法者，謂照見身心法相空也。」又云：「心無所住，隨處解脫。內外根塵，悉皆銷殞，若一切無心即無所住也。」

12.《三藏法數．四》：「無二曰一，不妄曰真。」○一真，指絕待真理而言。離虛妄謂之真，所謂真如也。真如即自性，念念自見性者，則一切皆離虛妄，故云一真一切真。○《起信論》：「此真如體無有可遣，以一切法，悉皆真故。」

13.一切境界總名萬境。

14.《六祖金剛經註》：「如者萬物一如，不起分別。猶如一月當空，千波現影。影有現滅，月實自如（影喻萬境、月喻自性）。」○《頓悟入道要門論．上》：「如如是不動義。」○黃檗《傳心法要．下》：「菩薩於諸見而不動。」又曰：「恆河沙者，佛說是沙，諸佛菩薩釋梵諸天步履而過，沙亦不喜；牛羊蟲蟻踐踏而行，沙亦不怒。珍寶馨香，沙亦不貪；糞尿臭穢，沙亦不惡。此心即無心之心，離一切相，眾生諸佛更無差別。但能無心，便是究竟，此即如如之一義也。」

15. 離絕法之迷情虛妄，曰真實。〇《大乘義章．二》：「法絕情妄為真實。」

16.《六祖金剛經註》：「學者悟明心地，能行無相無著之行，開發心中智慧光明，離諸塵勞妄念，共成無上菩提。當知此人負荷自性如來阿耨多羅三藐三菩提在於身內也。」

17. 將，持也。〇《詩》：「無將大車。」

18. 恍惚，見不真切也。俗謂記憶不真切而無定見曰恍惚。

復兩日，有一童子[1]於碓坊[2]過，唱誦其偈。惠能一聞，便知此偈未見本性。雖未蒙教授，早識大意，遂問童子曰：「誦者何偈？」

童子曰：「爾這獦獠不知。大師言：世人生死事大，欲得傳付衣法，令門人作偈來看，若悟大意，即付衣法，為第六祖。神秀上座於南廊壁上，書〈無相偈〉。大師令人皆誦，依此偈修，免墮惡道；依此偈修，有大利益。」

惠能曰：「我亦要誦此，結來生緣[3]。上人[4]，我此踏碓八個餘月，未曾行到堂前，望上人引至偈前禮拜。」

童子引至偈前禮拜。惠能曰：「惠能不識字[5]，請上人為[6]讀。」

時有江州[7]別駕[8]，姓張，名日用，便高聲讀。

惠能聞已[9]，遂言：「亦有一偈，望別駕為書。」

別駕言：「汝亦作偈？其事希有[10]。」

惠能向別駕言：「欲學無上菩提，不可輕於初學[11]。下下人有上上智[12]，上上人有沒意智[13]。若輕人，即有無量[14]無邊[15]罪。」

別駕言：「汝但誦偈，吾為汝書。汝若得法，先須度[16]吾，勿忘此言。」

箋註

1.《玄應音義・五》：「童子，是彼土八歲未冠者。童子總名。」○《智度論・二》：「梵語鳩摩羅伽，秦言童子。」○《寄歸傳・三》：「白衣詣比丘所，專誦佛典，求落發，號童子。」○《論語・憲問篇》：「闕黨童子。」疏：未冠者之稱。

2.碓坊，舂米之小房也。

3.來生緣，來世之因緣也。○梁《高僧傳》：「永結來緣。」

4.《釋氏要覽・上・增一經》云：「夫人處世，有過能自改者名上人。」律：缾沙王呼佛弟子為上人。○此上人指童子也。

5.《傳法正宗・記六》：「初大鑒示為負薪之役，混一凡輩，自謂不識文字。及其以道稍顧，雖三藏教文俗間書傳，引於言論，一一若素練習，發演聖道，解釋經義，其無礙大辯，灝若江海，人不能得其涯矣。昔唐相始興公張九齡方為童，其家人攜拜大鑒。大鑒撫其頂曰：『此奇童也，必為國器。』其先知遠見，皆若此類，孰謂其不識世俗文字乎！識者曰：『此非不識文字也，示不識耳。正以其道非世俗文字語言之所及，蓋有所表也。』」

6.為，去聲。

7.江州，今湖北舊武昌府及江西省地。○《一統志卷・五十二》：「九江府，禹貢、荊揚二州之境。隋初廢郡，後改州曰九江郡。唐復為九江。」

8.官名，為州刺史之佐吏。因從刺史行部別乘傳車，故謂之別駕。後世通稱通判為別駕，照漢制也。

9.已，畢也。

10.希有，事之甚少者。〇《嘉祥．法華疏．三》：「曠世所無，故言希有。」

11.初學，謂甫經求學，未克深造之人也。〇《圓覺經．普眼章》：「當知菩薩，不重久習，不輕初學，何以故？一切覺故。」〇《史記．賈生傳》：「雒陽之人，年少初學。」

12.此言最下之人，往往發生有最上之智識。

13.言意智汨沒也。〇《普燈錄．二十八》：「四個沒意智漢，做處總無畔岸。」〇《吳越春秋》曰：「興之原利以沒其意。」註：沒，溺也。〇此言最上之人，往往埋沒其智慧。

14.無量，多大至不可以計量也。〇《攝大乘論．釋八》：「不可以譬類得知為無量。」

15.無邊，廣大無邊際也。〇《法華．常不輕品》曰：「輕賤我故，二百億劫常不值佛、不聞法、不見僧，千千劫於阿鼻地獄受大苦惱。」

16.度，渡也，渡過生死海而登涅槃岸也。

惠能偈曰：「菩提本無樹[1]，明鏡亦非臺[2]，本來無一物，何處惹塵埃[3]？」

書此偈已，徒眾總驚，無不嗟訝[4]，各相謂言：「奇哉！不得以貌取人[5]。何得多時使他肉身菩薩[6]。」

祖見眾人驚怪，恐人損害，遂將鞋擦了偈[7]，曰：「亦未見性[8]。」眾以為然。

箋註

1.《傳燈錄．三》：「無樹作非樹。」《大藏一覽》又作非樹。〇「菩提」註詳上文「覓無上菩提了不可得」下。

2.《傳燈錄．三》、《正宗記．六》、《大藏一覽》，明鏡皆作新鏡。此言心鏡亦無可磨形，實無方圓明暗之影，安有鏡臺之相。

3.卓立無依，靈靈不昧，如鳥飛空，而不住空；似魚游水，而不滯水。從本以來，曾無所礙。〇《傳燈錄．三》、《大藏一覽》皆作「何假拂塵埃」。《正宗記．六》作「何處有塵埃」。《光明藏》作「爭得染塵埃」。《會元．一》、《正脈．一》、《類聚．八》，悉如今偈。

4.讚美而疑怪曰嗟訝。

5.《史記》：「孔子曰：『以貌取人，失之子羽。』」

6.肉身菩薩，謂生身之菩薩也。以父母所生之身，而至菩薩深位之人也。〇《楞嚴經．八》：「是清淨人，修三摩地，父母肉身，不須天眼，自然觀見十方世界。」〇《緣起外記》：「求那跋陀羅三藏曰：『後當有肉身菩薩於此授戒。』又智藥三藏自西竺國來，預志曰：『後一百七十年，有肉身菩薩開演上乘，渡無量眾。』」

7.擦音「察」，摩也。摩滅文字而泯眾疑也。

8.《涅槃經》：「見佛性者、不名眾生，不見佛性是名眾生。」

次日祖潛至[1]碓坊，見能腰石舂米[2]，語曰：「求道之人，為法忘軀[3]，當如是乎？」乃問曰：「米熟也未？」

惠能曰：「米熟久矣，猶欠篩在[4]。」

祖以杖擊碓三下而去，惠能即會祖意[5]。三鼓入室[6]，祖以袈裟[7]遮圍，不令人見，為說《金剛經》，至「應無所住而生其心[8]」，惠能言下大悟[9]「一切萬法[10]不離自性」。遂啟祖言：「何期自性，本自清淨[11]！何期自性，本不生滅[12]！何期自性，本自具足[13]！何期自性，本無動搖！何期自性，能生萬法[14]！」

祖知悟本性，謂惠能曰：「不識本心[15]，學法無益[16]；若識自本心，見自本性，即名丈夫[17]、天人師[18]、佛[19]。」

箋註

1. 不使人見而至，曰潛至。
2. 師墜腰石鐫「龍朔元年盧居士志」八字，此石今存黃梅東禪。
3. 忘軀，不顧身命也。○《大藏一覽・二》：「偈曰：求聞半偈捨全軀。」○《指月錄・四》：「初祖謂二祖曰：『諸佛最初求道，為法忘形。汝今斷臂吾前，求亦可在。』」
4. 篩，師挨切，音「衰」，用具也。編竹為之，有孔，所以分別物質之粗細者。○又，用篩過物曰篩。○五祖以目前事試其行解熟否？六祖答以自所履踐。
5. 會悟五祖之意也。
6. 三鼓，夜十二時也。○《法華經》：「著如來衣，入如來室。」
7. 袈裟，僧衣也。避青黃赤白黑之五正色，而用其他之雜色染之。其衣為長方形，而以諸小片割截而成者也。○《行事鈔・下・一》：「增一云：如來所著衣，名曰袈裟。」○《慧苑音義・上》：「袈裟，具云迦邏沙曳，此云染色衣。西域俗人，皆著白色衣也。」
8. 《六祖金剛經註》：「眾生之心，本無所住，因境來觸，遂生其心。不知觸境是空，將謂世法是實，便於境上住心，正猶猿猴捉月，病眼見花。一切萬法，皆從心生，若悟真性，即無所住。無所住心，即是智慧，無諸煩惱，譬如太空，無有罣礙。有所住心，即是妄念，六塵競起，譬如浮云往來不定。《維摩經》云：『欲得淨土，但淨其心。隨其心淨，即佛土淨。』離卻有無諸法，心如日輪，常在虛空，自然不照而照，豈不是省力的事？到此之時，無棲泊處，即是行諸佛路，便是應無所住而生其心，是你清淨法身阿耨多羅三藐三菩提也。」○《傳心法要卷．上》曰：「你但離卻有無諸法，心如日輪常在虛空，光明自然不照而照，不是省力底事。到此之時，無棲泊處，即是行諸佛行，便是應無所住而生其心。」

9. 破無始之迷妄，開真實之知見，曰大悟。○《觀無量壽經》：「廓然大悟，得無生忍。」

10. 《宗鏡錄．三》：「一切萬法，至理虛玄。」

11. 明州布袋和尚有偈云：「吾有一軀佛，世人皆不識，不塑亦不裝，不雕亦不刻。無一滴灰泥，無一點彩色，人畫畫不成，賊偷偷不得。體相本自然，清淨非拂拭，雖然是一軀，分身千百億。」

12. 《六祖金剛經註》：「眼對色謂之見，耳對聲謂之聞。見聞是根，色聲是塵。色聲未對之時，我性常見常聞，未曾暫滅；色聲相對之時，我性未嘗暫生。此是菩薩了悟真性活潑潑地，洞然同於太虛，所以不曾生滅。凡夫即被妄心所覆，隨六塵轉，即有生滅。故塵起即心起，塵滅即心滅。不知所起滅心，皆是妄念也。若見六塵起滅不生，即是菩提。」按：菩提即自性也。

13. 無欠少曰具足。○《法華經》：「此大良藥，色香美味，皆悉具足。」○《六祖金剛經註》：「性含萬法，本自具足，應用遍知，一即一切。一切即一，去來自由，無所罣礙。此法上至諸佛，下至含識，本無欠少，是名具足相也。」

14. 《傳心法要．上》：「此靈覺性，無始已來，與虛空同壽。未曾生、未曾滅、未曾有、未曾無、未曾穢、未曾淨、未曾喧、未曾寂、未曾少、未曾老，無方所、無內外、無數量、無形相、無色象、無音聲，不可覓、不可求、不可以智慧識、不可以言語取、不可以境物會、不可以功用到。諸佛菩薩，與一切蠢動含靈，同此大涅槃性。性即是心，心即是佛，佛即是法。」

15.《頓悟入道要門．上》：「問：其心似何物？答：其心不青不黃不赤不白、不長不短、不去不來、非垢非淨、不生不滅，湛然常寂。此是本心形相也，亦是本身。本身者，即佛身也。」

16.普照禪師〈修心訣〉：「不識自心是真佛，不識自性是真法。欲求法而遠推諸聖，欲求佛而不觀己心。若言心外有佛，性外有法，堅執此情，欲求佛道者，縱經塵劫，燒身鍊臂，敲骨出髓，刺血寫經，長坐不臥，一食卯齊，乃至轉讀一大藏教，修種種苦行，如蒸沙作飯，只益自勞爾。但識自心，恆沙法門，無量妙義，不求而得。故世尊云：『普觀一切眾生，具有如來智慧德相。』又云：『一切眾生，種種幻化，皆生如來圓覺妙心。』是知離此心外。無佛可成。」

17.丈夫，勇健之人。勇修正道，而不退轉修行者之稱。又丈夫即指調御丈夫言，為佛十號之一也。〇《大智度論．二》：「問曰：女人佛亦化令得道，何以獨言丈夫？答曰：男尊女卑故。女從男故，男為事業主故。復次，女人有五礙：不得作轉輪王、釋天王、魔天王、梵天王、佛。佛以是故不說。復次，若言佛為女人調御師，為不尊重。若說丈夫，一切都攝。譬如王來，不應獨來，必有侍從。如是說丈夫，二根無根及女盡攝，以是故說丈夫。」

18.如來十號之一，天與人之教師，故名天人師。〇《智度論．二》：「佛示導是應作是不應作，是善是不善，是人依教行不捨道法，得煩惱解脫報，是名天人師。問曰：佛能度龍神等墮餘道中生者，何獨言天人師？答曰：度餘道生者少，度天人中生者多。如白色人，雖有黑黶子，不名黑人，黑少故。復次，人中結使薄。厭心易得，天中智慧利。以是故，二處易得道，餘道中不爾。復次，言天則攝一切天，言人則攝一切地上生者。何以故？天上則天大，地上則人大，是故說天則天上盡攝，說人則地上盡攝。復次，人中得受戒律儀，見諦道思惟道及諸道果，或有人言餘道中不得。或有人言多少得。天人中易得多得。以是故、佛為天人師。復次、人中行樂因多，天中樂報多。善法是樂因，樂是善法報，餘道中因報少，以是故，佛為天人師。」

19.《六祖金剛經註》：「諸學者各見自性無相之理，得見本源自心是佛，當知此人功德，無有邊際，不可稱量也。」〈心佛頌〉云：「佛即心兮心即佛，心佛從來皆妄物，若知無佛復無心，始是真如法身佛。佛佛佛，沒模樣，一顆圓光入萬象，無體之體即真體，無相之相即實相，非色非空非不空。不動不靜不來往，無異無同無有無，取難舍難指望，內外圓明到處通。一佛國在一沙中，一粒沙含大千界，一個身心萬個同。知之須會無心法，不染不淨為淨業。善惡千端無有無，便是南無大迦葉。」〇黃檗《傳心法要．上》：「唯直下頓了自心本來是佛，無一法可得，無一行可修，此是無上道，此是真如佛。學道人只怕一念有，即與道隔矣。念念無相，念念無為，即是佛。學道人若欲得成佛，一切佛法總不用學，唯學無求無著。無求即心不生，無著即心不滅，不生不滅即是佛。八萬四千法門，對八萬四千煩惱，只是教化接引門。本無一切法，離即是法，知離者是佛。」

三更受法[1]，人盡不知，便傳頓教[2]及衣缽[3]，云：「汝為第六代祖，善自護念[4]，廣度有情[5]。流布將來，[6]無令斷絕。聽吾偈曰：

「有情來下種[7]，因地[8]果[9]還生，無情亦無種，無性亦無生[10]。」

祖復曰：「昔達摩大師[11]，初來此土，人未之信[12]，故傳此衣，以為信體[13]，代代相承。法則以心傳心[14]，皆令自悟自解[15]。自古佛佛惟傳本體[16]，師師密付本心[17]。衣為爭端[18]，止汝勿傳！若傳此衣，命如懸絲[19]。汝須速去！恐人害汝。」

惠能啟曰：「向甚處去[20]？」

祖云：「逢懷[21]則止，遇會則藏[22]。」

箋註

1.三更，丙夜也。〇法，見前註。

2.頓悟之教，使速疾成佛果也。〇《筆削記．一》：「一直而談，更無委曲，不歷階漸，唯指本源，故稱為頓。」〇〈修心訣〉：「頓悟者，凡夫迷時，四大為身，妄想為心。不知自性是真法身，不知自己靈知是真佛，心外覓佛，波波浪走。忽被善知識，指爾入路，一念迴光，見自本性，而此性地，原無煩惱，無漏智性，本是具足，即與諸佛，分毫不殊，故云頓悟也。」

3.衣與鉢二物，為僧資物之最重大者。禪家以道授受，亦曰授受衣鉢。〇《輔行．一之一》：「預廁禪門，衣鉢傳授者盈耳。」〇《禪宗頌古聯珠通集．第七》死心新曾有偈云：「六祖當年不丈夫，倩人書壁自塗糊，明明有偈言無物，卻受他家一鉢盂。」

4.護念，保護與憶念也。〇嘉祥《法華義疏．九》：「令外惡不侵為護，內善得生為念。」

5.有情，為有情識者、有愛情者，總名動物也。〇《唯識述記．一本》：「梵言薩埵，此言有情。有情識故。又，情者愛也，能有愛生故。流布謂流傳也。」〇《南史》：「時有文章，隨即毀棄，不令流布。」

6.《文選．四十二》：「魏文帝與鍾大理書曰：『流聲將來。』」

7.《六十華嚴經》：「下佛種子於眾生田，生此覺芽，是故能令佛寶不斷。凡有情，一預法會，不能無下種得果之益。」

8.因地者，因下種之地也。

9.《十住毗婆裟論．十二》：「果者從因有，事成名為果。」

10.前二句，譬如眾生下種於田，是當漸生覺芽，而生佛果。後二句，言無情如木石之類，則無佛性。既不下種子於田，則無生佛果之望。

11.《嶺南叢述》曰：「菩提達摩大師者，南天竺國香至王第三子也，姓剎帝利，本名菩提多羅。後遇二十七祖般若多羅，至本國受王供養，知師密跡，謂曰：『汝於諸法，已得通量。夫達摩者，通大之義也，宜名達摩。』因改號菩提達摩（《五燈會元》）。師心念震旦緣熟，行化時，至泛重溟，凡三周寒暑，達於南海，實梁普通八年丁未歲九月二十一日也。廣州刺史蕭昂，具主禮迎接，表聞武帝已。覽奏，遣使齊詔迎請，十月一日至金陵（《傳燈錄》）。後隱於嵩山少林寺，遇毒而卒。其年魏使宋雲於蔥嶺回，見之。門徒發其墓，但有衣履而已（《舊唐書》）。」

12.《詩．小雅》：「庶民弗信。」

13.《禪源諸詮．上》：「六代師資，傳受禪法，皆云內授密語，外傳信衣。衣法相資，以為符印。曹溪以後，不聞此事。」

14.《血脈論》：「三界興起，同歸一心。前佛後佛，以心傳心，不立文字。」○黃檗曰：「不得一法，名為『傳心』，若了此心，即是無心無法。」云：「若無心無法，云何名『傳』？」師云：「汝聞道『傳心』，將謂『有可得』也。所以祖師云：『認得心性時，可說不思議，了了無所得，得時不說知。』」

15.自悟者，依本覺之內熏，不依他教，自然開悟。○解，曉悟也。○禮，相說以解。

16.佛佛者，前佛後佛也。○本體，諸法之根本自性也。○《大日經．七》：「一身與二身乃至無量身，同入本體。」

17.《傳心法要．下》：「從上祖師，唯傳一心，更無二法。指心是佛，頓超等妙二覺之表，決定不流至第二念，始似入我宗門。」

18.《左傳．昭公傳》曰：「鄭鑄刑書。叔向曰：『民知爭端矣。』」

19.命者，支持煖與識，而為生物之元者。○《俱舍論．五》：「命根體即壽，能持煖及識。」○《後漢書．八十一》：「孫福言茂曰：『臣為賊所圍，命如絲髮。』」

20.甚，何也。○姜夔詞：「甚曰歸來？梅花零亂春夜。」

21. 懷即懷集，縣名。明清皆屬廣西梧州府，今屬廣西蒼梧道。
22. 會，即四會，縣名。明清皆屬廣東肇慶府，今屬廣東粵海道。○《會元・一・六祖章》曰：「後傳衣法，今隱於懷集四會之間。」《正宗記》及《傳燈錄》同。

惠能三更領[1]得衣鉢，云：「能本是南中人[2]，素不知此山路，如何出得江口？」

五祖言：「汝不須憂，吾自送汝。」

祖相送直至九江驛[3]。祖令上船，五祖把艣[4]自搖。惠能言：「請和尚坐，弟子合搖艣。」

祖云：「合[5]是吾渡汝。」

惠能曰：「迷時師度[6]，悟了自度[7]，度名雖一，用處不同。惠能生在邊方，語音不正，蒙師傳法，今已得悟，只合自性自度[8]。」

祖云：「如是！如是[9]！以後佛法[10]，由汝大行。汝去三年，吾方逝世[11]。汝今好去，努力[12]向南，不宜速說，佛法難起。」

箋註

1. 領，受也。
2. 肇慶府新興縣，禹貢揚州之南境。秦為南海郡地。六祖新興人，故云南中人，猶言嶺南人也。

3.驛音「亦」。《清・會典》：「腹地為驛，軍報所設為站。」皆為交通遞送之用。○《大明一統志・五十二》：「九江驛即九江府潯陽驛也。」

4.艣，行舟之具所，以撥水而使之前進者也。通作櫓。

5.合，應也。

6.度，與渡通。

7.自度者，先度自身。渡生死海至涅槃岸也。

8.唐釋慧海云：「眾生自度，佛不能度。若佛能度眾生時，過去諸佛如微塵數，一切眾生總應度盡，何故我等，至今流浪生死，不得成佛？當知眾生自度，佛不能度。」見《頓悟入道要門論卷・上》。

9.《勝鬘寶窟・上本》：「印述之辭，如是如是。誠如聖教，如是如是。如汝所說。」

10.此佛法指達摩所傳之禪宗而言。唐圭峰禪師曰：「諸宗始祖，即是釋迦。經是佛語，禪是佛意。諸佛心口，必不相違。諸祖相承，根本是佛親付。」達摩受法天竺，躬至中華，見此方學人，多未得法，唯以名數為解，事相為行。欲令知月不在指，法是我心，故但以心傳心，不立文字。

11.《傳燈錄・三》：「忍大師既付衣法，復經四載，至上元二年逝，壽七十有四。」《正宗記》、《會元》等亦同。

12.努力，勉力也。○《文選・二十七》：「少壯不努力，老大徒傷悲。」○《南史・王僧虔傳》：「況吾不能為汝蔭，正宜各自努力耳。」

惠能辭違祖已，發足南行，兩月中間，至大庚嶺[1]。逐後[2]數百人來，欲奪衣缽。一僧俗姓陳，名惠明[3]，先是四品將軍[4]，性行麤糙[5]，極意參尋[6]，為眾人

先趁[7]及惠能。

惠能擲[8]下衣缽於石上，曰：「此衣表信[9]，可力爭[10]耶？」能隱草莽[11]中，惠明至，提掇不動[12]，乃喚[13]云：「行者！行者[14]！我為法來，不為衣來。」惠能遂出，盤坐[15]石上。

惠明作禮云：「望行者為我說法。」

惠能云：「汝既為法而來，可屏息諸緣[16]，勿生一念[17]，吾為汝說。」明良久[18]，惠能云：「不思善，不思惡[19]，正與麼時[20]，那個[21]是明上座[22]？」

惠明言下大悟，復問云：「上來[23]密語密意[24]外，還更有密意否？」

惠能云：「與汝說者，即非密也。汝若返照[25]，密在汝邊[26]。」

明曰：「惠明雖在黃梅，實未省自己面目[27]。今蒙指示，如人飲水，冷暖自知[28]。今行者即惠明師也。」

惠能曰：「汝若如是，吾與汝同師黃梅，善自護持[29]。」

明又問：「惠明今後向甚處去？」

惠能曰：「逢袁則止，遇蒙則居[30]。」明禮辭[31]。

箋註

1. 大庾嶺，在江西大庾縣南，與廣東南雄縣分界，一名臺嶺，亦名庾嶺，為五嶺之一，當贛、粵之要衝，極險峻。○原註：五祖歸，數日不上堂。眾疑，詣問曰：「和尚少病少惱否？」曰：「病即無，衣法已南矣。」問：「誰人傳授？」曰：「能者得之。」眾乃知焉。

2.即追逐於後者。

3.《傳燈錄．四》：袁州蒙山道明禪師者，鄱陽人，陳宣帝之裔孫也。國亡，落於民間。以其王孫，嘗有署，因有將軍之號。少於永昌寺出家，慕道頗切，往依五祖法會，極意研尋。初無解悟，及聞五祖密付衣法與盧行者，即率同意數十人，躡蹤追逐。至大庾嶺，師最先見，餘輩未及云云。又見宋《高僧傳．八》、《五燈會元．二》。

4.品，官之階級也。舊官制一品至九品，所以別爵秩之高卑也。◯將軍古無專官，惟為將兵者之通稱。

5.麤與粗通，不精也。糙音「操」，米穀雜也。◯《溈山警策》曰：「未聞佛教，一向情存麤糙。」

6.極意，盡意也。◯《史記．樂書》：「李斯曰：『放棄詩書，極意聲色。』」◯參，參究也。尋，追尋也。◯韓愈詩：「由來鈍騃寡參尋。」

7.趁，恥印切，音「稱」。逐也，自後追及之也。◯陸機賦：「舞者趁節以披袂。」

8.擲，直隻切，音「擲」。

9.表，明也。◯《禮》：「君子表微。」◯《一統志．八十》：「南雄府有放鉢石在雲封寺，石高數尺，相傳唐時盧能放鉢其上。宋章〈得象〉詩：石上曾經轉鉢盂，山邊南北路崎嶇，行人見石空嗟歎，還識西來意也無。」

10.力爭，以力相爭也。◯《左傳》：「臣不心競而力爭。」

11.草莽、猶言草茅也。

12.掇音「咄」，拾取也。◯《傳燈錄》作「舉之如山不動」。《正宗記》作「舉其衣鉢，不能動」。

13.喚呼也。

14.有髮而依止僧寺曰行者。
15.盤坐，盤膝而坐，即趺坐也。
16.屏，逐也。息，止也。諸緣者，色香等百種之世相，皆為我心識之所攀緣者之謂也。○《傳燈錄．三．達摩章》云：「師初居少林寺九年，為二祖說法，曰：『外息諸緣，內心無喘，心如牆壁，可以入道。』」○唐．釋慧海云：「萬緣具絕者，即一切法性空是也。法性空者，即一切處無心是。」
17.慧海云：「無念者，一切處無心是；無一切境界，無餘思求是。對諸境色，永無起動，是即無念。」○黃檗云：「一念不起，即十八界空。即身便是菩提華果，即心便是靈智。」
18.良久，謂歷時極久也。○《列子》：「良久告退。」
19.絕善惡之思想也。○《傳心法要．下》：「問『如何是出三界？』師云：『善惡都莫思量，當處便出三界。』」
20.猶言即此時也。《祖庭事苑．一》：「與麼，指辭也，審辭也，問辭也。」
21.那個，俗語，指不思善不思惡而言。
22.上座，僧人之尊稱，在最高之位者。○本來面目，猶言自己之本分也。○《傳習錄》：「不思善不思惡時，認本來面目。」○〈修心訣〉：「諸法如夢，亦如幻化，故妄念本寂，塵境本空，諸法皆空之處，靈知不昧，即此空寂靈知之心，是汝本來面目，亦是三世諸佛、歷代祖師、天下善知識，密密相傳底法印也。若悟此心，真所謂不踐階梯，徑登佛地，步步超三界，歸家頓絕疑。」
23.上來，從上代祖師以來也。
24.密語，以密意而說之語也。○《涅槃經．九》：「如來密語，甚深難解。」○《祕藏記》：「密語者，凡夫二乘不能知。」○密意，於佛意有所隱藏而不顯了真實說之也。○《觀經玄義分》：「佛密意弘深。」

25. 返照者，猶言鑑於前事，而窮明自性之本源也。〇《止觀・二》：「以無住著智，返照觀察也。」

26. 《林子三教正宗統論》：「亦惟在於自性自悟爾。」

27. 自己面目，即本來面目。

28. 《達摩血脈論》：「道元圓成、不用修證，道非聲色、微妙難見，如人飲水，冷暖自知，不可向人說也，唯有如來能知。」

29. 護持，保護之意。

30. 《傳燈錄》：「明遂獨往盧山布水臺，經三載後，始往袁州蒙山，大唱玄化。」〇《指月錄・四》：「後明居袁州蒙山。」〇《一統志・五十七》：「江西袁州府，禹貢揚州之域。隋於宜春縣置袁州，因袁山名也。」

31. 原註：明回至嶺下，謂趁眾曰：「向陟崔嵬，竟無蹤跡，當別道尋之。」趁眾咸以為然。惠明後改道明，避師上字。〇《傳燈錄・四》：「初名惠明，以避師上字，故名道明也。」

惠能後至曹溪[1]，又被惡人尋逐，乃於四會[2]避難獵人隊中，凡經一十五載，時與獵人隨宜說法[3]。獵人常令守網[4]，每見生命盡放之。每至飯時，以菜寄煮肉鍋，或問，則對曰：「但喫肉邊菜。」

箋註

1. 《大清一統志・三百四十一》：「曹溪在曲江縣東南五十里，源出縣界狗耳嶺，西流三十里，合溱水。以土人曹叔良捨宅為寺，故名。」

2.四會，詳上「遇會則藏」註。

3.《維摩經》，維摩詰因以身疾廣為說法。○《法華經》，眾聖之王，說法教化。○《法華．方便品．二》：「諸佛隨宜說法。」註曰：佛道隨三種機，以方便說，故云隨宜。

4.網，佃漁之具，所以羅鳥取魚者。

一日思惟：「時當弘法[1]，不可終遯[2]。」遂出至廣州法性寺[3]。值印宗法師[4]講《涅槃經》[5]，時有風吹旛[6]動。一僧曰「風動」，一僧曰「旛動」，議論不已。惠能進曰：「不是風動，不是旛動，仁者心動[7]。」一眾駭[8]然。印宗延至上席[9]，徵[10]詰[11]奧義[12]，見惠能言簡理當，不由文字[13]。宗云：「行者定非常人！久聞黃梅衣法南來，莫是行者否？」惠能曰：「不敢[14]。」宗於是作禮，告請「傳來衣缽，出示大眾」。宗復問曰：「黃梅付囑，如何指授？」

惠能曰：「指授即無[15]，惟論見性[16]，不論禪定[17]解脫[18]。」宗曰：「何不論禪定解脫？」惠曰：「為是二法[19]，不是佛法。佛法是不二之法[20]。」

宗又問：「如何是佛法不二之法？」

惠能曰：「法師講《涅槃經》，明佛性是佛法不二之法。如高貴德王菩薩[21]白佛言：『犯四重禁[22]，作五逆罪[23]，及一闡[24]提等[25]，當斷善根佛性否[26]？』佛

言：『善根有二，一者常，二者無常。』佛性非常非無常，是故不斷[27]，名為不二。一者善[28]，二者不善[29]，佛性非善非不善，是名不二。蘊之與界[30]，凡夫見二[31]，智者了達[32]其性無二[33]，無二之性即是佛性。」

箋註

1.弘法，弘正法也。〇《無量壽經．上》：「弘宣正法。」

2.遯音「鈍」，隱沒而不出也。言不可永為潛居。

3.廣州，三國吳置，今廣東廣西二省。除舊廉州、瓊州兩府外，皆其地。治番禺，隋時州廢，唐復置，元為廣州路，明改府，清因之為省治。民國廢府，今番禺縣即舊治也。〇《一統志．七十九》：「在府城內西北，舊為乾明、法性二寺，宋合為一，亦改法性寺也。」

4.《傳燈錄．五》：「廣州法性寺印宗和尚者，吳郡人，姓印氏，從師出家，精涅槃大部。唐咸亨元年抵京師，敕居大敬愛寺，固辭，往蘄州謁忍大師，後於廣州法性寺講《涅槃經》。遇六祖能大師，始悟法理，以能為傳法師。」

5.《僧史略》：「僧講：自朱士行魏代講道行經始也。」〇《涅槃經》有南北二譯本，南本三十六卷，北本四十卷。詳後。

6.旛之有長帛下垂者曰旛，為祈福而立之法物也。

7.《法華經．序品》：「四眾龍神，瞻察仁者。中庸，仁者人也。」〇生一念曰心動。〇言仁者心動，打破眾偏見，令入得此宗也。〇《五燈會元．一》：「十八祖伽耶舍多尊者，聞風吹鈴聲。十七祖問曰：『鈴鳴耶？風鳴耶？』舍多曰：『非風鈴鳴，我心鳴耳。』」〇《指月錄．四》：「瑯琊覺云：『不是風兮不是幡，多口闍黎莫可詮，若將巧語求玄會，特地千山隔萬山。』大為智云：『風幡不動人心動，直指分明休懵懂，若將知見巧商量，大似夢中加說夢。』」○《禪宗頌古聯珠通集・第七》：「佛心才云：指出風幡俱不是，直言心動亦還非。夜來一片寒溪月，照破儂家舊翠微。」

8. 駭音「蟹」，驚起也。

9. 上席，坐中之第一位也。

10. 徵音「征」，求也。

11. 詰音「吉」，問也。

12. 《宋史・蔡元定傳》：「講論諸經奧義。」

13. 文字，表詮義理之具也。○《維摩經・觀眾生品》：「言語文字，皆解脫相。」○《頓悟入道要門・下》：「得意者，越於浮言；悟理者，超於文字。法過語言文字，何向數句中求？是以發菩提者，得意而忘言，悟理而遺教，亦猶得魚忘筌、得兔忘蹄也。」

14. 《傳燈錄・五・南陽慧忠章》：「師問大耳三藏曰：『汝得他心通耶？』對曰：『不敢。』」

15. 《林子三教正宗統論》：「惟論見性，斯其為指授也大矣。」

16. 《血脈論》：「若欲見佛，須是見性，性即是佛；若不見性，念佛誦經，持齋持戒，亦無益處。」○黃檗《傳心法要》云：「即心是佛。上至諸佛，下至蠢動含靈，皆有佛性，同一心體。所以達摩從西天來，唯傳一心法，直指一切眾生本來是佛，不假修行。但如今識取自心，見自本性，更莫別求。」

17. 唐釋宗密《禪源諸詮》云：「禪是天竺之語，具云禪那，中華翻為思惟修，亦名靜慮，皆定慧之通稱也。源者，是一切眾生本覺真性，亦名佛性，亦名心地。悟之名慧，修之名定。」又曰：「若頓悟自心，本來清淨，元無煩惱無漏智性，本自具足。此心即佛，畢竟無異，依此而修者，是最上乘禪，亦名如來清淨禪，亦名一行三昧，亦名真如三昧。此是一切三昧根本，若能念念修習，自然漸得百千三昧。達摩門下展轉相傳者，是此禪也。」○按：據此則知頓悟自心，即是見性、即是禪定，非見性之外，別有禪定。

18.解脫者，離縛而得自在之義，即解惑業之繫縛，脫三界之苦果也。○《註維摩經・一》：「肇曰：縱任無礙，塵累不能拘，解脫也。唯識述記一本，解謂離縛，脫謂自在。」○唐釋慧海《入道要門論・下》曰：「云：『何得作佛去？』師曰：『不用捨眾生心，但莫汙染自性。經云：心佛及眾生，是三無差別。』曰：『若如是解者，得解脫否？』師曰：『本自無縛，不用求解。』」○按：據此則知自心即佛。自心即自性，莫汙染自性，即是解脫。非見性之外，別有解脫也。

19.一為見性，一為禪定解脫，故曰二法。

20.只論見性，不論禪定解脫即是不二之法。蓋見性即是禪定解脫，禪定解脫即是見性，故繁言之則為三，簡言之則為一。試以唐釋慧海之言證之。慧海曰：「欲修何法，即得解脫？答：唯有頓悟一門，即得解脫。云何為頓悟？答：頓者，頓除妄念；悟者，悟無所得。問從何而修？答：從根本修。云何從根本修？答：心為根本。云何知心為根本？答：《楞伽經》云『心生即種種法生，心滅即種種法滅』，《維摩經》云『欲得淨土，當淨其心，隨其心淨，即佛土淨』，《遺教經》云『但制心一處，無事不辦』、經云『聖人求心不求佛，愚人求佛不求心，智人調心不調身，愚人調身不調心』。《佛名經》云：『罪從心生，還從心滅。』故知善惡一切，皆由自心。所以心，根本也，若求解脫者，先須識根本。若不達此理，虛費功勞，於外相求，無有是處。《禪門經》云『於外相求，雖經劫數，終不能成；於內覺觀，如一念頃，即證菩提』。問：夫修根本，以何法修？答：惟坐禪，禪定即得。《禪門經》云『求佛聖智，要即禪定，若無禪定，念想喧動，壞其善根』。問：云何為禪？云何為定？答：妄念不生為禪，坐見本性為定。本性者，是汝無生心；定者，對境無心，八風不能動。八風者：利、衰、毀、譽、稱、譏、苦、樂，是名八風。若得如是定者，雖是凡夫，即入佛位，何以故？《菩薩戒經》云『眾生受佛戒，即入諸佛位，得如是者，即名解脫』。」〇有一居士問二祖曰：「今見和尚，已知是僧，未審何名佛法？」祖曰：「是心是佛，是心是法。法佛無二，僧寶亦然。」士曰：「今日始知罪性不在內、不在外、不在中間。如其心然，佛法無二也。」

21. 高貴德王菩薩，為「光明遍照高貴德王菩薩」之略名。〇北涼天竺三藏曇無讖所譯《大般涅槃經》之第二十一至二十六卷，即〈高貴德王菩薩品〉。

22. 四重禁又名四重罪，亦即四波羅夷罪也。一淫戒、二盜戒、三殺人戒、四大妄語戒，廣如《梵網經．心地品》中說。

23. 五逆罪，五逆之罪惡也。〇《阿闍世王問五逆經》：「有五逆罪，若族姓子、族姓女，為此五不救罪者，必入地獄不疑。云何為五？謂殺父、殺母、害阿羅漢、鬥亂眾僧、起惡意於如來所。」

24. 闡音「穿」。

25. 無成佛性者，名一闡提，譯作不信，為不信佛法之義。〇《涅槃經．五》：「無信之人，名一闡提，一闡提者，名不可治。」又十九：「一闡提者，不信因果，無有慚愧，不信業報，不見現在及未來世，不親善友，不隨諸佛所說教戒，如是之人，名一闡提。諸佛世尊所不能治。」

26. 身、口、意三業之善堅固而不可拔者，名根。又，善能生妙果，故亦名根。〇《維摩經．菩薩行品》：「不惜軀命，種諸善根。」註：什曰，謂堅固善心，深不可拔，乃名根也。」〇黃檗曰：「言闡提者，信不具也。一切六道眾生乃至二乘，不信有佛果，皆謂之『斷善根闡提』。」〇《大涅槃經．二十二》：「光明遍照高貴德王菩薩摩訶薩白佛言：『世尊！若犯重禁、謗方等經、作五逆罪、一闡提等有佛性者，是等云何復墮地獄？世尊！若使是等有佛性者，云何復言無常、樂、我、淨？世尊！若斷善根名一闡提者，斷善根時所有佛性，云何不斷？佛性若斷，云何復言常、樂、我、淨？如其不斷，何故名為一闡提耶？』」

27.《大涅槃經．二十二》：「善男子！善根有二種，一者內，二者外。佛性非內非外，以是義故，佛性不斷；復有二種：一者有漏，二者無漏。佛性非有漏非無漏，是故不斷；復有二種：一者常，二者無常。佛性非常非無常，是故不斷。」

28.《菩薩瓔珞經》：「順於理為善，有五善、十善之別。」俱見《法界次第．上之下》、《俱舍論．十六》。

29.不善者，違於理而損害現世及未來世，如五逆、十惡是也。○《勝鬘寶窟．上末》：「十惡破戒違理，名為不善。」○按：善不善說，六祖因佛言善根有二，故推廣說之。

30.蘊，舊譯名陰，蔭覆之義。色心之法，蔭覆真理之謂。新釋名蘊，積集之義。色心之法，大小前後等積集而成自體之謂。○蘊，五蘊也，亦名五陰，即色、受、想、行、識。○《頓悟入道要門．上》：「問：何名五陰等？答：對色染色、隨色受生、名為色陰；為領納入八風，好集邪信，即隨領受中生，名為受陰；迷心取想，隨想受生，名為想陰；結集諸行，隨行受生，名為行陰；於平等體、妄起分別、繫著虛識受生、名為識陰。故云五陰。」○界，即十八界。眼、耳、鼻、舌、身、意為六根內界，色、聲、香、味、觸、法為六塵外界。眼識、耳識、鼻識、舌識、身識、意識為六識中界，見《教乘法數》。

31.《止觀．一》：「凡者常也。」○《法華經》：「凡夫識淺，深著五欲。」○《佛性論》：「凡夫以身見為性。」○《大威德陀羅尼經》：「於生死迷惑流轉，住不正道，故名凡夫。」○《楞伽經．一．雷庵集註》：「愚夫妄相，故說為二。聖人體達，故離有無。」

32.智者，有智慧之人也。○《法華經．藥草喻品》：「我是一切智者。」○了悟事理而通達之者，名了達。○《法華經．提婆品》：「深入禪定，了達諸法。」

33.《傳心法要．下》：「你但知一念不受，即是無受身；一念不想，即是無想身；決定不遷流造作，即是無行身；莫思量卜度分別，即是無識身。」又云：「一念不起，即十八界空，即身便是菩提華果，即心便是靈智，亦云靈臺。」○按：據此即知無念則五蘊空十八界空，故蘊之與界，無二無別。

印宗聞說，歡喜合掌[1]，言：「某甲[2]講經[3]，猶如瓦礫[4]；仁者論義[5]，猶如真金[6]。」於是為惠能薙髮[7]，願事為師。惠能遂於菩提樹下[8]，開東山法門[9]。

「惠能於東山得法，辛苦受盡[10]，僧尼道俗同此一會，莫非累劫[11]之緣！亦是過去生中供養諸佛[12]，同種善根，方始得聞如上頓教得法之因。教是先聖所傳，不是惠能自智。願聞先聖教者[13]，各令淨心[14]，聞了，各自除疑，如先代聖人[15]無別。」

一眾[16]聞法，歡喜[17]作禮而退[18]。

箋註

1.合掌者，合左右掌、合十指，以表吾心專一之敬禮法。○《觀音義疏．上》：「合掌者，此方以拱手為恭，外國以合掌為敬。手本二邊，今合為一，表不敢散誕，專至一心，一心相當故，以此表敬也。」○《法苑．二十八》：「若指合其掌不合者，良由心慢而情散故也。必須指掌相著，不令虛也。」

2.《史記》：「某子甲何為不來乎？」○《魏略》：「許攸呼太祖小字曰：『某甲，卿不得我，不得冀州也！』」

於瓦礫。」

3. 講經，講說經典也。

4. 瓦礫、瓦片與小石，喻其毫不貴重也。○《北史．李安世傳》：「聖朝不貴金玉，所以同於瓦礫。」

5. 《世說》：「隱几安坐，讀書論義自若。」

6. 蓮池大師云：「六祖既受黃梅心印，隱於屠獵傭賤一十六年，後至印宗法師講席，出風旛語，印宗聞而延入，即為剃染，禮請陞座說法，人知六祖之為龍天推出矣，未知印宗之不可及也。其自言『某甲講經，猶如瓦礫；仁者論義，猶如真金』，夫印宗久談經論，已居然先輩大法師矣，而使我慢之情未忘，勝負之心尚在，安能尊賢重道，舍己從人，一至於是乎！六祖固古佛之流亞，而印宗亦六祖之儔類也。聖賢聚會，豈偶然而已哉。」

7. 薙同剃。剃鬚髮、著染衣，佛弟子出家之相也。去憍慢，且為分別外道出家之所為。○《因果經．二》：「爾時太子，便以利劍自剃鬚髮，即發願言：『今落鬚髮，願與一切斷除煩惱及習障。』」○《毘尼母論．三》：「剃髮法，但除頭上毛及鬚，餘處毛一切不聽卻也。所以剃髮者，為除憍慢自恃心故。」○《傳燈錄．五》：「儀鳳元年丙子正月十五日，會諸名德為之剃髮。」○六祖髮塔，在廣州光孝寺佛殿後。六祖初剃髮時，其徒為藏髮於此，蓋髮塚也。

8. 《嶺南叢述．卷三十八》：「廣州光孝寺菩提樹，不花不實，經冬不凋，葉之筋脈，細緻如紗絹。廣人每用此為燈為花為蟬蟲之翼（《天臺志》）。訶林有菩提樹，蕭梁時，智藥三藏自西竺持來，今歷千餘年矣。大可百圍，作三、四大柯，其根不生於根而生於枝，根自上倒垂，以千百計。大者合圍，小者拱把。歲久，根包其幹，惟見根而不見幹，幹已空中無幹，根即其幹。枝亦空中無枝，根即其枝。其葉似柔桑而大，本圓末銳。二月而凋落，五月而生。僧採之，浸以寒泉，至於四旬之久，出而浣濯。滓渣既盡，惟餘細筋如絲，霏微蕩漾，以作燈帷笠帽，輕柔可愛。持贈遠人，比於綃縠，其萎者以之入爨矣（《廣語》）。菩提樹子可作念珠，面有大圈，文如月周羅，細點如星，謂之星月菩提（《粵東筆記》）。嘉慶二年六月二十五夜，颶風吹倒。陳中丞大文命工培護，越年枯萎。寺僧喬菴離相同詣南華接一小枝歸，植舊地，今扶疏猶昔（《光孝寺志》）。菩提果色白者，味甜，五月熟（《雷州府志》）。」

9.宋《高僧傳．八．神秀傳》：「昔魏末有天竺沙門達摩者，得禪宗妙法，自釋迦佛相傳，授以衣鉢為記，隱於嵩山少林寺，尋卒。以法付慧可，可付粲，粲付道信，信付忍。忍與信俱住東山，故謂其法為東山法門。」

10.《書．洪範．正義》：「『辛苦之味入口，猶困阨之事在身』，故謂殃厄勞役事為辛苦，命似懸絲。『今日得與使君官僚』，古時稱刺史曰使君，又凡奉使之官，亦以使君稱之。」

11.累劫，累疊數多之劫量也。世界成壞之時期曰劫。○《無量壽經．下》：「世世累劫，無有出期。」

12.供養者，資養三寶，為奉燈明香華飲食資財等事。○《法華文句．二．下》：「施其依報，名供養。」○《法華經．授記品》：「我此弟子摩訶迦葉，於未來世，當得奉覲三百萬億諸佛世尊，供養恭敬，尊重讚歎，廣宣諸佛無量大法。」

13.《四教集註》：「教者，效也，效之則革凡成聖也。」

14.各淨其心，使無汙染，以還復吾人本具之自性清淨心也。○《宗鏡錄．二十六》：「破妄我而顯真我之門，斥情心而歸淨心之道。」

15.《涅槃經．十一》：「以何等故，名佛菩薩為聖人耶！如是等人有聖法故，常觀諸法性空寂故，以是義故，名聖人；有聖戒故，復名聖人；有聖定慧故、故名聖人；有七聖財所謂信、戒、慚、愧、多聞、智慧、捨、離，故名聖人；有七聖覺故、故名聖人。」

16.一眾，猶云大眾也。

17.《法華經．安樂行品》：「合掌讚佛，聞法歡喜。」

18.《楞嚴經．十》：「皆大歡喜，作禮而退。」

般若品第二[1]

次日，韋使君請益[2]。師升座，告大眾曰：「總淨心念摩訶般若波羅蜜多[3]。」復云：「善知識[4]！菩提般若之智，世人本自有之[5]，只緣心迷[6]，不能自悟。須假大善知識[7]，示導見性[8]。當知愚人智人，佛性本無差別[9]，只緣迷悟不同[10]，所以有愚有智。吾今為說摩訶般若波羅蜜法，使汝等各得智慧。志心[11]諦聽[12]，吾為汝說。

「善知識！世人終日口念般若[13]，不識自性般若，猶如說食不飽[14]。口但說空[15]，萬劫[16]不得見性，終無有益。

箋註

1.《金剛經略疏》：「般若梵語，此云智慧。其體即實相，雖流轉六趣而不損；其用即觀照能炤，破一切而不留。」

2. 請益者，已受教而再問未盡之蘊也。○《禮》：「請益則起。」○《百丈清規．大眾章．七》：「凡欲請益者，先稟侍者通覆住持。」

3. 摩訶般若波羅蜜多，舊稱摩訶般若波羅蜜。○《智度論．十八》：「摩訶秦言大，般若言慧，波羅蜜言到彼岸。」

4.善知識者，謂能了悟一切，知識高出庸眾者。○《華嚴經》：「善知識者，是我師傳。」

5.清涼澄觀國師云：「般若非心外新生，智性乃本來具足。」

6.心迷，一念不覺也。

7.大善知識，偉大之善智識也。善知識如言善友，知識我能知彼之義。

8.示導有三種：一神變示導、二記說示導、三教誡示導。見《般若經．四百六十九》。○雖自證自悟，不假師示，爭得見性。

9.《六祖金剛經註》：「凡夫不見自性，妄識分別，自生高下。諸佛自高，眾生自下。菩薩了悟人法二空，上至諸佛，下至螻蟻，皆有佛性，無所分別。故一切法皆平等，豈有高下也。」又云：「人人具足，個個圓成，本來是佛，與佛無異。」

10.《六祖金剛經註》：「迷則佛是眾生，悟則眾生是佛。」○唐釋慧海云：「佛是是作。迷人向文字中求，悟人向心而覺；迷人修因待果，悟人了心無相；迷人執物守我為已，悟人般若應用見前；愚人執空執有生滯，智人見性了相靈通；乾慧辯者口疲，大智體了心泰。菩薩觸物斯照，聲聞怕境昧心，悟者日用無生，迷人見前隔佛。」

11.志心，專心一意也。

12.諦聽，傾聽也。○白居易：「凝視諦聽殊不足。」○《梵網經．心地品》：「是諸佛子諦聽。」註：將欲為說，誡勸時眾。諦者審也，攝耳聆音，發生聞慧。

13.《六祖金剛經註》云：「只為世人，性無堅固，口雖誦經，光明不生。外誦內行，光明齊等。內無堅固，定慧即亡。口誦心行，定慧均等。」

14.《楞嚴經》：「雖有多聞，若不修行，與不聞等。如人說食，終不能飽。」○〈華嚴偈〉：「於法不修行，多聞亦如是，如人設美膳，自餓而不食。」

15.因緣所生之法，究竟無體，故云空。○《大智度論．五》、有人言觀五陰無我、無我所，是名為空。又二十：「一切諸法從因緣生，無有自性。無自性，故空，空故諸見滅。」又四十六：「須菩提！菩薩摩訶薩摩訶衍，所謂內空、外空、內外空、空空、大空。第一義空，有為空、無為空、畢竟空、無始空、散空、性空、自相空、諸法空、不可得空、無法空、有法空、無法有法空。」又三十五：「般若波羅蜜中皆空，如十八空義中說。」〇口但說空者，口說而心不行也。

16.世界一成一毀曰一劫。萬劫，猶言萬世，極言其時間之長也。

「善知識！摩訶般若波羅蜜是梵語[1]，此言大智慧到彼岸[2]。此須心行[3]，不在口念，口念心不行，如幻如化[4]，如露如電[5]；口念心行，則心口相應[6]。本性是佛，離性無別佛[7]。何名摩訶？摩訶是大。心量廣大[8]，猶如虛空[9]，無有邊畔，亦無方圓大小，亦非青黃赤白，亦無上下長短，亦無瞋無喜[10]、無是無非、無善無惡、無有頭尾。諸佛剎土[11]，盡同虛空[12]。世人妙性本空[13]，無有一法可得[14]。自性真空[15]，亦復如是[16]。

「善知識！莫聞吾說空便即著空[17]。第一莫著空，若空心靜坐[18]，即著無記[19]空。

「善知識！世界[20]虛空，能含萬物色像[21]：日月星宿[22]、山河大地[23]、泉源溪澗[24]、草木叢林[25]、惡人善人、惡法善法[26]、天堂地獄[27]、一切大海[28]、須彌諸山[29]，總在空中。世人性空[30]，亦復如是。

「善知識！自性能含萬法是大，萬法在諸人性中。若見一切人惡之與善，盡皆

不取不捨，亦不染著，心如虛空，名之為大，故曰『摩訶』。

「善知識！迷人口說，智者心行。又有迷人，空心靜坐，百無所思，自稱為大。此一輩人，不可與語，為邪見故[31]。

箋註

1. 天竺之言語，從梵天稟承故，名曰「梵語」。○《西域記．二》：「詳其文字，梵天所制原始垂則，四十七言也。乃至因地隨人，微有改變。語其大較，未異本源，而中印度特為詳，正辭調和雅，與天同音。」○《四教集解．中》：「劫初之時，梵天下生，身有光明。是故天竺言語、書等，皆承於梵，故云梵語。」

2. 大智慧，廣大之智慧，能通達一切之事理者。詳《大智度論．十八》。○彼岸，經中以譬涅槃成佛之所也。○《思益經．一》：「世尊，誰住彼岸？佛言：能知諸道平等者。」

3. 心中念念不忘，即是心行。○龍樹云：「佛法以心為本，以身口為末。」

4. 《摩訶般若經．十喻》：「解了諸法如幻、如焰、如水中月、如虛空、如響、如犍闥婆城、如夢、如影、如鏡中像、如化。」○西俗多工伎，以種種之法，現出象馬人物等，使人實如聞見，以故名幻。幻事雖如實見聞，實無有也。以譬一切諸法之無實。○《智度論．六》：「一切諸行如幻，欺誑小兒，屬因緣，不自在、不久住，是故說諸菩薩知諸法如幻。」○以神仙之通力、天龍之業力，或禁咒禪定等，使種種之物，變化現出，故名化。此化物化事，空而無實也，以譬一切諸法之實無性。○《智度論．六》：「是變化復有四種：欲界藥草寶物幻術能變化諸物；諸神通人力，故能變化諸物；天龍鬼神等得生報力，故能變化諸物；色界生報修定力，故能變化諸物。如化人無生老病死、無苦無樂，亦異於人生。以是故空無實，一切諸法亦如是，皆無生住滅。以是故說諸法如化。」

5.《金剛經》：「一切有為法，如夢幻泡影，如露亦如電，應作如是觀。」〇隋嘉祥大師疏曰：「露喻，青不黃不赤不白、不長不短、不去不來，非垢非淨、不生不滅，湛然常寂，此是本心形相也，亦是本身。本身者，即佛身也。」〇《傳心法要．上》：「本來清淨皎皎地，無方圓、無大小、無長短等相，無漏無為、無迷無悟，了了見，無一物，亦無人，亦無物。大千沙界海中漚，一切聖賢如電拂，一切不如心真實。」

6.虛與空皆為無之別稱，虛無形質，空無罣礙。〇諸法本來性空，非今始不有也，故名性空。〇《無量壽經．下》：「淨慧知本空。」

7.黃檗《傳心法要．上》：「此心即是佛，更無別佛，亦無別心。此心明淨，猶如虛空，無一點相貌。舉心動念，即乖法體，即為著相。無始以來無著相佛，修六度萬行，欲求成佛，即是次第；無始已來無次第佛，但悟一心，更無少法可得，此即真佛。佛與眾生一心無異、猶如虛空、無雜無壞。如大日輪，照四天下。日升之時，明遍天下，虛空不曾明；日沒之時，暗遍天下，虛空不曾暗。明暗之境，自相陵奪；虛空之性，廓然不變。佛及眾生，心亦如此。若觀佛作清淨光明解脫之相，觀眾生作垢濁暗昧生死之相，作此解者，歷河沙劫終不得菩提，為著相故，唯此一心，更無微塵許法可得，即心是佛。如今學道人，不悟此心體，便於心上生心，向外求佛。著相修行，皆是惡法，非菩提道。供養十方諸佛，不如供養一個無心道人，何故？無心者無一切心也。」

8.真空者，對於非有之有為妙有，而云非空之空為真空，是大乘至極之真空也。

9.《資持記．上．之二》：「如是者，指示之辭。」

10.著，執著也。

11.《六祖金剛經註》：「見性之人，自當窮究此理。若人空心靜坐，百無所思，以為究竟，即著空相，斷滅諸法。」

12.無記為三性之一。○《唯識論．五》：「於善不善，不可記別，故名無記。」○《百法問答鈔．三》：「無記性，於善不善，益損事中，無殊勝力用可記別，故名無記也。」○永嘉禪師云：「無記者，雖不緣善惡等事，然俱非真心，但是昏住。」

13.世界者，凡諸有情所依止之國土也。○《楞嚴經．四》：「世為遷流，界為方位，汝今當知，東西南北、東南西北，上下為界，過去現在未來為世。」

14.色者，體色。像者，形態。

15.日為恆星之一，月為衛星之一。星宿，天空之列星也，亦謂之星座。

16.大地猶言全地也。○溫子升文：「大地亡於積水。」

17.泉源，小水之源。○溪，山瀆之無所通者。○澗，山夾水也。

18.叢音「誦」，徂紅切。叢林，大木叢生處也。

19.五戒十善者，世間之善法也。三學六度者，出世間之善法也。淺深雖異，皆順於理而益己之法名善法，不順於理而害人之法名惡法。

20.天堂者，天上之宮殿也。○《佛遺教經》：「不知是者，雖處天堂，亦不稱意。」○《法華文句．四》：「地獄此方語，胡稱泥犁者，秦云無有，無有喜樂、無氣味、無觀無利，故云無有。」○地獄有八大地獄、八寒地獄、十六遊增地獄、十六小地獄、十八地獄、一百三十六地獄之別。

21.據《華嚴經疏．四十四》，大海有十相：一、次第漸深；二、不受死尸；三、餘水入失本名；四、普同一味；五、無量珍寶；六、無能至底；七、廣大無量；八、大身所居；九、潮不過限；十、普受大雨。

22.須彌山名，一小世界之中心也，譯為妙高、妙光、安明、善積、善高。凡器世界之最下為風輪，最上為水輪，其上為金輪，即地輪。地輪上有九山八海，即持雙、持軸、擔木、善見、馬耳、象鼻、持邊。須彌山之八山八海，有鐵圍山、其中心之山，即須彌山也。〇《註維摩經・一》：「肇曰：須彌山，天帝釋所住金剛山也，秦言妙高，處大海之中，水上方高三百三十六萬里。」

23.《大智度論・三十一》：「性空者，諸法性常空，假來相續故，似若不空。譬如水性自冷，假火故熱，止火停久，水則還冷。諸法性亦如是，未生時空無所有，如水性常冷。諸法眾緣和合故有，如水得火成熱。」又云：「性空有二種：一者於十二入中無我無我所，是《聲聞論》中說：『摩訶衍法說，十二入我，我所無故空，十二入性無故空。復次，若無我，無我所，自然得法空。以人著我及我所故，佛但說「無我、無我所」，如是應當知一切法空。若我，我所法尚不著，何況餘法！以是故，眾生空，法空終歸一義，是名性空。』」又三十六：「性空者，一切諸法性，本末常自空，何況現在。因緣常空，何況果報。」又云：「空者性自空，不從因緣生。若從因緣生，則不名性空。」又四十六：「何等為性空？一切法性，若有為法性，若無為法性，是性非聲聞辟支佛作，非佛所作，亦非餘人所作。是性性空，非常非滅故，何以故？性自爾，是名性空。」

24.按：此邪見，非指五見中撥無因果之邪見，乃謂謬妄不合於道之邪見耳。何也？以其著於無記空也。

「善知識！心量廣大[1]，遍周法界[2]，用即了了[3]分明，應用便知一切[4]。一切即一，一即一切[5]，去來自由，心體無滯，即是般若。

「善知識！一切般若智，皆從自性而生，不從外入，莫錯用意，名為真性自用[6]。一真一切真[7]。心量大事[8]，不行小道[9]。口莫終日說空，心中不修此行。

恰似凡人[10]自稱國王[11]，終不可得，非吾弟子。

「善知識！何名般若？般若者，唐言智慧也[12]。一切處所，一切時中，念念不愚，常行智慧，即是般若行。一念[13]愚即般若絕[14]，一念智即般若生。世人愚迷，不見般若。口說般若，心中常愚。常自言『我修般若』，念念說空，不識真空[15]。般若無形相[16]，智慧心即是。若作如是解，即名般若智。

箋註

1.此心量，指如來真證之心量言。離一切之所緣能緣，住於無心者是也。○《楞伽經・三之一》：「觀諸有為法，離攀緣所緣，無心之心量，我說為心量……離一切諸見，及離想無想，無得亦無生，我說為心量。非性非非性，性非性悉離，謂彼心解脫，我說為心量。如如與空際，涅槃及法界，種種意生身，我說為心量。」

2.遍周法界與周遍法界同。○法之所在名法界。○《往生要集・上》：「周遍法界，拔苦眾生。」

3.了了，了然之義，謂曉解也。○《後漢書》：「小而了了，大未必奇。」○《南史》：「彭城王義康，於《尚書》中覓了了令史。」○心體廓然大公，物來順應，則過化存神，而上下與天地同流矣。莊子曰：「至人之用心若鏡，不將不迎，應而不藏也。」

4.即《易・繫辭》感而遂通天下故也，亦即《莊子》得其環中以應無窮也。

5.〈三祖信心銘〉云：「一即一切，一切即一，但能如是，何慮不畢。」見《指月錄・四》。○《筆削記・一》：「一即一切，一切即一，一入一切，一切入一，互為主伴。」○《傳心法要・下》：「若能了知心外無境，境外無心，心境無二，一切即一心，心即一切，更無罣礙。」又曰：「一即一切，一切即一，諸佛圓通，更無增減。流入六道，處處皆圓；萬類之中，個個是佛。譬如一團水銀，分散諸處，顆顆皆圓。若不分時，只是一塊。此一即一切，一切即一。種種形貌，喻如屋舍。捨驢屋入人屋、捨人身至天身，乃至聲聞緣覺菩薩佛屋，皆是汝取捨處，所以有別。本源之性，何得有別。」○永嘉禪師云：「一性圓通一切性，一法遍含一切法，一月普現一切水，一切水月一月攝。諸佛法身入我性，我性同共如來合。」○一與一切融，即其體為無礙也。《華嚴經·第九·初發心菩薩功德品》云：「一切中知一，一中知一切，是為佛教中最究極之說。蓋以萬有之法，在真如法界中，雖現種種之差別相，而其本體中則無絲毫之差別。種種之法，悉為絕對，而與一切法鎔融時，知其一，即知一切。如嘗海水一滴，即能知一切大海水之鹹味也。此妙旨在華嚴、天臺兩家發揮最多。即約觀法而為一空一切空、一假一切假，一中一切中之說。以一心三觀，示一境三諦之圓理。約觀境而傳一心一切心、一陰一切陰、一境一切境等之幽意。更於諸法上說一塵一切塵、一法一切法、一界一切界、一國土一切國土、一相一切相、一色一切色、一毛孔一切毛孔、一眾生一切眾生、一身一切身、一人一切人、一字一切字、一識一切識等。或約修證迷悟等，使明一斷一切斷、一行一切行、一位一切位、一障一切障、一修一切修、一證一切證、一顯一切顯、一欲一切欲、一魔一切魔、一佛一切佛、一入一切入、一成一切成、一智一切智、一理一切理、一究竟一切究竟、一門一切門、一種一切種、一受一切受等。又約破立權實而為一破一切破、一立一切立、一權一切權、一實一切實等到之解釋也。」

6. 不妄名真，不變名性，是吾人本具之心體也。○《楞嚴經·一》：「前塵虛妄相想，惑汝真性。」

7. 真者，離虛妄之義，所謂真如。○《三藏法數·四》：「無二曰一，不妄曰真。」

8. 大事者，總言轉迷開悟。即《法華》所謂佛知見，《涅槃》所謂佛性，《無量壽經》所謂往生極樂也。○《天臺仁王經疏．上》：「大事因緣，為茲出世，顯令眾生，開示悟入佛之知見。《法華》以佛知見為大事，《涅槃》以佛性為大事，《維摩》思益以不思議為大事，《華嚴》以法界為大事。今此般若，以成佛因果為大事。名字雖別，其義一也。」

9. 小道，指空心靜坐等。

10. 恰，適當之辭。凡者，輕微之稱。庸也，凡人即平常之細民也。

11. 國王，前世持十善戒，今生得其果報，得諸天之保護者，又名天子。○《金光明王經．三》：「因集業故，生於人中。王領國土，故稱人王。處在胎中，諸天守護，或先守護，然後入胎，雖在人中，生為人王，以天護故，復稱天子。」

12. 唐時威振四海，兵力及於外國，故外人多稱中國為唐。唐言，即中國言也。○《大乘義章．九》：「照見名知，解了稱慧，此二各別。知世諦者，名之為智。照第一義者，說以為慧，通則義齊。」

13. 一念者，時刻之極短促者也。○《林子壇經訊釋》：「或問何以謂之一念也？林子曰：夫所謂一念者，蓋謂一切處所，一切時中，念念如此，而無復有他念也。猶言心心如此，而無復有他心也，故心心念念，自懺前愆；心心念念，自悔後過；心心念念，去假歸真；心心念念，離假離真；心心念念，棄邪歸正；心心念念，無邪無正；心心念念，見性以為功；心心念念，平等以為德；心心念念，內心識下以為功；心心念念，外行於禮以為德；心心念念，敬上念下，矜恤孤貧；心心念念，和光接物，通達夫礙。凡若此類，是皆一念大旨也。」

14. 愚，蒙昧也。絕，滅也。

15. 《禪源諸詮．上》：「龍樹提婆等菩薩，依破相教，廣說空義，破執有，令洞然解於真空。真空者，是不違有之空也。」

16. 《智度論．十八》：「已知般若體相是無相無得法。」

「何名波羅蜜？此是西國[1]語，唐言到彼岸[2]，解義離生滅[3]。著境生滅起，如水有波浪，即名為此岸；離境無生滅，如水常通流，即名為彼岸，故號波羅蜜[4]。

「善知識！迷人口念，當念之時，有妄有非[5]。念念若行，是名真性。悟此法者，是般若法；修此行者，是般若行。不修，即凡，一念修行，自身等佛。

「善知識！凡夫即佛[6]，煩惱即菩提[7]。前念迷即凡夫，後念悟即佛。前念著境即煩惱，後念離境即菩提。

「善知識！摩訶般若波羅蜜，最尊最上最第一，無住無往亦無來，三世諸佛從中出[8]。當用大智慧，打破五蘊煩惱塵勞[9]。如此修行，定成佛道[10]，變三毒為戒定慧[11]。

箋註

1. 西國，總指則指支那以西之諸國，別指則指印度。
2. 《智度論．十二》：「波羅，秦言彼岸，蜜，秦言到。若能直進不退，成辦佛道，名到彼岸。復次，於事成辦，亦稱到彼岸。天竺俗法，凡造事成辦，皆言到彼岸。」
3. 若以波羅蜜之意義解之，則為離生滅。
4. 〈六祖金剛經註序〉云：「何名波羅蜜？唐言到彼岸。到彼岸者，離生滅義。只緣世人性無堅固，於一切法上，有生來相，流浪諸趣，未到真如之地，並是此岸。要具大智慧，於一切法圓滿，離生滅相，即是到彼岸。亦云：心迷則此岸，心悟則彼岸；心邪則此岸，心正則彼岸。口說心行，即是法身，有波羅蜜；口說心不行，即無波羅蜜也。」

5.妄，不當於實也。○《大乘義章．五．末》：「謬執不真，名之為妄。」○非，不是也，惡也。

6.《血脈論》：「若識得施為運動靈覺之性，即諸佛心。前佛後佛，只言傳心，更無別法。若識此法，凡夫一字不知，亦是佛。」

7.《唯識述記一本》：「煩是擾義，惱是亂義。擾亂有情，故名煩惱。」○《智度論．七》：「煩惱者，能令心煩，能作惱故，名為煩惱。」又四十四：「菩提秦言無上智慧。」

8.三世，過去世、現在世、未來世也。諸佛，一切佛也。○三世諸佛，為出現於三世之一切佛也。○《法華經．方便品》：「三世諸佛，說法之儀式。」○《觀無量壽經》：「三世諸佛，淨業正因。」

9.五蘊，舊譯作五陰。蘊，積集之義。五蘊者，一曰色蘊、二曰受蘊、三曰想蘊、四曰行蘊、五曰識蘊。○《增阿含經．二十七》：「色如聚沫，受如浮泡，想如野馬，行如芭蕉，識如幻法。」○塵勞者，《維摩慧遠疏》曰：「煩惱坌汙，名之為塵。彼能勞亂，說以為勞。」○《圓覺疏鈔》：「經云：塵勞者，塵是六塵，勞謂勞倦，由塵成勞，故云塵勞。」

10.佛道，無上菩提之道也。○《大乘義章．十八》：「菩提胡語，此翻為道。果德圓通，名之為道。又菩提偏在果，故證成佛道，名得佛道。」

11.三素毒者，一貪毒，引取之貪心，以迷心而對於一切順情之境，引取不厭者；二瞋毒，恚忿之瞋心，以迷心而對於一心違情之境，起忿怒者；三癡毒，迷暗之癡心，心性暗鈍，迷於事理之法者是也，亦名無明。○防身之惡曰戒，使散亂之心靜曰定，去惑證理曰慧。○《名義集．四》：「防非止惡曰戒，息慮靜緣曰定，破惡證真曰慧。」○《三藏法數．九》：「如來立教，其法有三：一曰戒律，二曰禪定，三曰智慧。然非戒無以生定，非定無以生慧，三法相資，不可缺。」○《破相論》：「三聚淨戒者，即制三毒心也。制三毒，成無量善法聚。聚者，會也。無量善法，普會於心，故名三聚淨戒。問如經所說，三聚淨戒者，誓斷一切惡，誓修一切善，誓度一切眾生。今唯言制三毒心，豈不文義有乖也！答佛所說，是真實語也。菩薩於過去因中修行時，為對三毒發三誓願，誓持一切淨戒，對貪毒；誓斷一切惡，常修一切善，對瞋毒；誓度一切眾生，故常修慧，對癡毒。由持如是戒、定、慧三種淨法，故能超彼三毒，成一佛道也。誓斷一切惡（攝律儀，戒也），誓修一切善（攝善法，定也），誓度一切眾生（饒益有情，慧也），以上三聚淨戒也。」

「善知識！我此法門[1]，從一般若生八萬四千智慧[2]。何以故？為世人有八萬四千塵勞[3]。若無塵勞，智慧常現，不離自性。悟此法者，即是無念[4]。無憶無著[5]，不起誑妄，用自真如性，以智慧觀照[6]，於一切法[7]不取不捨[8]，即是見性成佛道。

「善知識！若欲入甚深法界[9]及般若三昧者[10]，須修般若行，持誦《金剛般若經》[11]，即得見性[12]。當知此經功德[13]，無量無邊。經中分明讚歎，莫能具說[14]。此法門是最上乘[15]，為大智人說[16]，為上根人說[17]。小根小智人聞[18]，心生不信[19]。何以故？譬如天龍[20]下雨於閻浮提，城邑聚落[21]，悉皆漂流，如漂草葉。若雨大海，不增不減[22]。若大乘人[23]，若最上乘人，聞說《金剛經》[24]，心開悟解，故知本性自有般若之智；自用智慧常觀照[25]故，不假文字。譬如雨水，不從無有，元是龍能興致，令一切眾生、一切草木、有情無情[26]，悉皆蒙潤。百川眾流，卻入大海，合為一體[27]。眾生本性般若之智，亦復如是。

1.《註維摩經．八》：「肇曰：言為世則謂之法，眾聖所由謂之門。」

2.西天之法，凡顯物之多，常舉八萬四千之數，略名八萬四。如〈般舟讚〉：「門門不同八萬四。」○《法華經．藥王品》：「火滅已後，收拾舍利，作八萬四千寶瓶，以起八萬四千塔。」《勝鬘經》：「廣大義者，則是無量，得一切佛法，攝八萬四千法門。」《智度論》：「般若波羅蜜，能除八萬四千病根本。」《止觀．一》：「一一塵有八萬四千塵勞。」又《法華經．見寶塔品》：「持八萬四千法藏、十二部經，為人演說。」又〈妙音菩薩品〉：「與妙音菩薩俱來者，八萬四千人。」又云：「與八萬四千菩薩圍繞。」又云：「是八萬四千菩薩，得現一切色身三昧。」又《智度論．二》：「八萬四千官屬，亦各得道。」則不數枚舉也。

3.八萬四千塵勞，猶言八萬四千煩惱也。塵勞即煩惱之異稱，可以汙吾人之真性者。○《止觀．一》：「一一塵有八萬四千塵勞。」○《破相論》：「無明之心，雖有八萬四千煩惱情欲及恆河沙眾惡，皆由三毒以為根本。此三毒心，自能具足一切諸惡。猶如大樹，根雖是一，所生枝葉，其數無邊。彼三毒根，一一根中生諸惡業，百千萬億倍過於前，不可為喻。」

4.無念，無妄念也，即正念之異名。○《三慧經》：「問曰：何等能知一萬事畢？報曰：一者謂無意無念，萬事自畢；意有間念，萬事皆失。」○古德云：「無念者，心體靈知，湛寂不動，如鏡鑒像，如燈顯物。其像之妍醜，物之纖洪，而鏡與燈不知也。雖曰不知，未嘗毫髮少隱也。其照體本空而能顯物，曾何念慮於其間哉！所謂繁興大用，舉必全真。我常於見聞知覺之頃欲覓念相，如毫髮許，了不可得，而曰無念，非不念也。無念之念，生無生相，住無住相，異無異相，滅無滅相，非思慮計度所知。惟洞徹法源者，頗測其仿佛，未易與纏情縛識者語也。」

5.無著，不執著於事物之念之謂也。

6.以智慧照見事理也。○《法藏心經疏》：「觀照，能觀妙慧。」○〈六祖金剛經口訣〉：「但以自己性智慧，照破諸妄，則曉然自見。」

7.《智度論·二》：「一切法，略說有三種：一者有為法，二者無為法，三者不可說法，此三已攝一切法。」○《楞伽經》：「佛告大慧：一切法者，謂善、不善、無記、有為、無為、世間、出世間、有罪、無罪、有漏、無漏、受、不受。」

8.《楞伽經》：「譬如恆沙，一切魚鱉輪收，魔羅獅子象馬人獸踐踏。沙不念言彼惱亂我，而生妄想。自性清淨，無諸垢汙。如來應供等正覺，自覺聖智恆沙，大力神通自在等沙，一切外道諸人獸等一切惱亂，如來不念面生妄想。如來寂然，無有念想。如來本願，以三昧樂安眾生故，無有惱亂。猶如恆沙，等無有異，又斷念恚故。」

9.法之幽妙者名深，深之極者名甚。○《探玄記·十一》：「超情曰深，深極曰甚。」○《光明文句》：「徹到三諦，故言甚深。」○《清涼觀經疏》：「一真法界，謂寂寥虛曠沖深包博，該括萬有，即是一心。」

10.《大乘義章·二》：「以心合法，離邪亂，故曰三昧。」○《玄應音義·三》：「三昧，正言三摩地，譯云等持。等者，正也，正持心也。持謂持諸功德也，或云正定，謂住緣一境，離諸邪亂也。」○《大智度論·四十三》：「般若不異三昧，三昧不異般若，般若不異菩薩三昧，菩薩三昧不異般若。般若三昧即是菩薩，菩薩即是般若三昧。」又一百卷：「散亂心中，但有智慧，不名三昧。今從師聞已，一心思惟，名為三昧，攝心不散，智慧變成三昧。」○《翻譯名義集》：「三昧此云調直定，又云正定，又云正受。」○遠法師云：「夫稱三昧者何？專思寂想之謂也。思專則志一不分，想寂則氣虛神朗，氣虛則智恬湛照，神朗則無幽不徹。」

11.持誦者，受持或讀誦經典或真言也。○《金剛般若經》，為《大般若經》第二處、第九會、五百七十七卷，具名《金剛般若波羅蜜經》。有三譯本：一秦之羅什譯，一元魏之菩提流支譯，一陳之真諦譯，各一卷。又有三譯：隋之達摩崛多、唐之義淨，及唐之玄奘。合為六譯。

12.〈六祖金剛經自序〉：「金在山中，山不知是寶，寶亦不知是山。何以故？為無性故。人則有性，取其寶用，得遇金師，鏨鑿山破，取礦烹鍊，遂成精金，隨意使用，得象貧苦。四大身中，佛性亦爾。身喻世界，人我喻山，煩惱喻礦，佛性喻金，智慧喻工匠，精進猛勇喻鏨鑿。身世界中，有人我山；人我山中，有煩惱礦；煩惱礦中，有佛性寶；佛性寶中，有智慧工匠。用智慧工匠，鑿破人我山，見煩惱礦，以覺悟火烹煉，見自金剛佛性了然明淨。

13.《勝鬘經寶窟．上本》：「惡盡言功，善滿曰德，又德者得也，修功所得，故名功德也。」

14.《金剛般若波羅蜜經》云：「須菩提，一切諸佛及諸佛阿耨多羅三藐三菩提法，皆從此經出。」又云：「若善男子、善女人於此經中，乃至受持四句偈等，為他人說，而此福德，勝前福德（前福德，指以七寶滿恆河沙數三千大千世界以用布施也）。」。又云：「若復有人，得聞是經，信心清淨，則生實相。當知是人，成就第一希有功德。」又云：「若有善男子、善女人能於此經受持讀誦，即為如來以佛智慧，悉知是人，悉見是人，皆得成就無量無邊功德。」又云：「是經有不可思議不可稱量無邊功德。」又云：「或善男子、善女人，於後末世，有受持讀誦此經，所得功德，我若具說者，或有人聞，心即狂亂，狐疑不信。須菩提，當知是經義不可思議，果報亦不可思議。」按：此即經中讚歎之明文也。○具說，一一詳述也。

15.最上乘，至極之教法也，諸宗各名其宗義。○《法華經．授記品》：「諸菩薩智慧堅固，了達三界，求最上乘。」○《金剛經》：「如來為發大乘者說，為發最上乘者說。」圭峰註曰：最上乘者，一佛乘也。○最上乘者，不見垢法可厭，不見淨法可求，不見眾生可度，不見涅槃可證，不作度眾生心，不作不度眾生心，是名最上乘。○《六祖金剛經註》：「不見垢穢可厭，不見清淨可求。無遺可遺，亦不言無遺；無住不住，亦不言無住。心量廣大，廓若太虛，無有邊際，即是最上乘諸佛地位也。」

16.大智人，為有廣大之智慧，通達一切事理之人也。○《維摩經・佛國品・慧遠疏》：「言大智者，是佛智也。佛慧深廣，故名大智。」

17.上根人者，眼等諸根上利之人也。○《止觀・一・之一》：「為上根性說圓滿修多羅，二乘如啞如聾。」

18.小根人者，其根性只可受小乘教之人也。○《唯識述記一本》：「令小根等漸登聖位。」○聞，聞之也。

19.不信者，心念不澄淨，於三寶之實德不樂欲也。

20.天龍者，諸天與龍神，為八部眾之二眾。○《法華經・普門品》科註云：「龍者是鱗蟲之長，有四種：一、守天宮殿；二、興雲致雨；三、地龍，開決江河者也；四、伏藏龍，守護輪王寶藏者也。」○閻浮提，新稱贍部洲，為須彌山南方大洲之名，即吾人之住處也。

21.城，城郭也。內曰城，外曰郭。邑，都邑也。大曰都，小曰邑。○聚落，即村落也，為人所集居之處。○《周禮》：「四縣為都，四井為邑。」《左傳》：「凡有宗廟先君之主曰都，無曰邑，都曰城。」○聚落，《通鑑綱目・十》云：「人所聚居，故云村落、屯落、陀落。聚落。」○《善見律》云：「有市名聚落。」

22.此喻上根人大智人之容量。

23.《寶積經・二十八》：「諸佛如來正真正覺所行之道，彼乘名為大乘。」

24.〈六祖金剛經口訣〉：「《大般若經》六百卷，皆如來為菩薩果人說佛性，然而其間猶有為頓漸者說，惟《金剛經》為發大乘者說。是故其經先說四生四相，次云凡所有相皆是虛妄。若見諸相非相，即見如來。蓋顯一切法，至無所住，是為真諦。故如來於此經，凡說涉有，即破之以非，直取實相，以示眾生。蓋恐眾生不解佛所說，其心反有所住故也，如所謂佛法即非佛法之類是也。」

25.以智慧照見事理曰觀照。○《肇論》：「觀照般若照事照理故。」○《法藏心經疏》：「觀照能觀妙慧，故不假文字。」《楞伽經》：「大慧！如來不說墮文字法，文字有無不可得故，除不墮文字。大慧！若有說言，如來說墮文字法者，此則妄說，法離文字故。是故大慧，我等諸佛及諸菩薩，不說一字、不答一字，所以者何？法離文字故。」

26.無情，指草木國土而言。○《大論．四十一》：「梵云僕呼善那，此云眾生，謂眾緣所生。」○《釋迦譜．一》：「眾共生世，故云眾生。」○有情指眾生，無情指草木。

27.《法華經．藥草喻品》：「如彼大雲雨，於一切草木叢林及諸藥草，如其種性，具足蒙潤，各得生長。」○《智度論．五十九》：「譬如閻浮提阿那婆達多地四大河流，一大河有五百小川歸之，俱入大海，則失其本，名為一味，無有別異。」○〈涅槃無名論〉：「天地與我同根，萬物與我一體。」○法界觀，情與非情共一體。

「善知識！小根之人聞此頓教，猶如草木，根性小者，若被大雨，悉皆自倒，不能增長[1]。小根之人，亦復如是。元有般若之智，與大智人更無差別，因何聞法不自開悟？緣邪見障重[2]，煩惱根深，猶如大雲覆蓋於日，不得風吹，日光不現[3]。般若之智亦無大小，為一切眾生自心迷悟不同。迷心外見，修行覓佛，未悟自性，即是小根。若開悟頓教[4]，不執外修，但於自心常起正見[5]，煩惱塵勞常不能染，即是見性。

箋註

1.《大智度論．十九》：「求佛道者，隨其諸根利鈍，各得其道。譬如龍王降雨，普雨天下，雨無差別。大樹大草根大，故多受；小樹小草根小，故小受。」○按：今變通言之，故云悉皆自倒，蓋示小根人不堪大受也。

2.《大乘義章．五本》：「能礙聖道，說以為障。」

3.《十地經》曰：「眾生身山有金剛佛性，猶如日輪，體明圓滿，廣大無邊。只為五陰重云所覆，如瓶內燈光，不能顯現。」

4.對漸教而言，頓者，頓极頓速之義。而說迅速成佛之教法，謂之頓教。唐釋慧海曰：「此頓悟門，以無念為宗，妄心不起為旨，以清淨為體，以智為用。頓悟者，不離此生，即得解脫。何以知之？譬如獅子兒，初生之時，即真獅子。修頓悟者，亦復如是。即修之時，即入佛位，如竹春生筍，不離於春，即與母齊，等無有異。何以故？為心空故。修頓悟者，亦復如是。為頓除妄念，永絕我人，畢竟空寂，即與佛齊，等無有異。故云：即凡即聖也。修頓悟者，不離此身，即超三界。經云：『不壞世間而超世間，不捨煩惱而入涅槃。』不修頓悟者，猶如野干隨逐獅子，經千百劫，終不得成獅子。」

5.正見，為八正道之一，離諸邪倒之正觀也。○《勝鬘經》：「非顛倒見，是名正見。」○《四教儀集註．中》：「正以不邪為義。」

「善知識！內外不住，去來自由，能除執心[1]**，通達無礙**[2]**。能修此行，與《般若經》本無差別**[3]**。**

「善知識！一切修多羅[4]**及諸文字，大小二乘**[5]**，十二部經**[6]**，皆因人置**[7]**。**

因智慧性，方能建立。若無世人，一切萬法本自不有[8]。故知：萬法本自人興，一切經書，因人說有。緣其人中有愚有智，愚為小人，智為大人。愚者問於智人，智者與愚人說法。愚人忽然悟解心開，即與智人無別。

「善知識！不悟，即佛是眾生；一念悟時，眾生是佛。故知萬法盡在自心。何不從自心中頓見真如本性[9]？《菩薩戒經》[10]云：『我本元自性清淨[11]，若識自心見性[12]，皆成佛道[13]。』《淨名經》[14]云：『即時豁然[15]，還得本心[16]。』

箋註

1.因事物而執著不離之心，名執心。〇《廣百論釋》：「非唯空有，亦復空空，遍遣執心。」

2.通達者，通於事理而不壅滯之謂也。〇《金剛經》：「若菩薩通達無我法者，如來說名真是菩薩。」〇《往生論註・下》：「無礙者，謂知生死即涅槃，如是等入不二門無礙相也。」

3.《般若經》者，說般若波羅蜜深理經典之總名也。有《大般若經》、《放光般若經》、《摩訶般若波羅蜜經》、《光讚經》、《道行般若經》、《佛母出世三法藏般若波羅蜜多經》、《佛母寶德藏般若波羅蜜經》、《大明度經》、《摩訶般若鈔經》、《勝天王般若波羅蜜經》、《文殊師利所說摩訶般若波羅蜜經》、《文殊師利所說般若波羅蜜經》、《濡首菩薩無上清淨分衛經》、《金剛般若波羅蜜經》、《仁王般若波羅蜜經》、《了義般若波羅蜜經》、《般若波羅蜜多心經》、《開覺自性般若波羅蜜多經》等。

4.修多羅或翻為契經。契理合機名契。貫穿法相，攝持所化，如經之於緯名經。

5.大乘與小乘也。對小機說羅漢道，名小乘。對大機說作佛之道，名大乘。又四部《阿含經》為小乘，《法華經》、《維摩經》等為大乘也。○《法華遊意．下》：「佛教雖復塵沙，今以二義往收，則事無不盡。一者赴小機，說名曰小乘；二者赴大機，說稱為大乘。」

6.十二部經，一切經分為十二類之名也。○《智度論．三十三》：「一、修多羅，此句契經；二、祇夜，譯為應頌，又為重頌；三、伽陀，譯為諷頌，又為孤起頌；四、尼陀那，此譯因緣；五、伊帝目多，此譯本事；六、闍多伽，此譯本生；七、阿浮達摩，新名阿毗達磨；八、阿波那陀，此譯譬喻；九、優婆提舍，此譯論義；十、優陀那，此譯自說；十一、毘佛略，此譯方廣；十二、和伽羅，此譯授記。」以上十二部中，惟修多羅祇夜與伽陀三者，為經文中體裁之上者，其餘九部，不過記載其經文，從別事而立名耳。

7.隨大小機，佛為施設。

8.一切萬法，見前。

9.《唯識論．二》：「真，謂真實，顯非虛妄。如，謂如常，表無變易。謂此真實，於一切法，常如其性，故曰真如。」」○《大乘止觀》：「此心即自性清淨心，又名真如，亦名佛性，亦名法身，亦名如來藏，亦名法界，亦名法性。」○《華嚴．迴向品》云：「真如照明為性。」

10.姚秦羅什，於《梵網經》中最後譯出之〈菩薩心地戒品〉第十，為二卷。題曰「梵網經盧遮那佛說菩薩心地戒品第十」。後於此下卷之中，偈頌已後，所說之戒相，別錄為一卷，以便持誦。臺祖智者名之為《菩薩戒經》。

11.我者，常住於已身之一主宰也。○《唯識論》：「我為主宰。」○自性清淨，即自性清淨心也。吾人本有之心，自性清淨，離一切之妄染者是。

12.《傳心法要．上》：「真心無相，不來不去。生時性亦不來，死時性亦不去。湛然圓寂，心境一如，但能如是直下頓了，不為三世所拘繫便是出世人也。」○按：出世人即識自心見性之人。

13.普照禪師〈修心訣〉云：「不識自心是真佛，不識自性是真法，欲求法而遠推諸聖，欲求佛而不觀已心。若言心外有佛、性外有法，堅執此情，欲求佛道者，縱經塵劫，燒身煉臂，敲骨出髓，刺血寫經，長坐不臥，一食卯齊，乃至轉讀一大藏教，修種種苦行，如蒸沙作飯，只益自勞爾。但識自心，恆沙法門，無量妙義，不求而得。故世尊云：『普觀一切眾生，具有如來智慧德相。』又云：『一切眾生，種種幻化，皆生如來圓覺妙心。』是知離此心外，無佛可成。過去諸如來，只是明心底人；現在諸賢聖，亦是修心底人。未來修學人，當依如是法。願諸修道之人，切莫外求，心性無染，本自圓成，但離妄緣，即如如佛。」

14.《淨名經》，即維摩詰所說經之別名。

15.豁然，《說文》：「豁達也。」

16.《維摩經．三弟子品》：「時維摩詰即入三昧，令此比丘，自識宿命。曾於五百佛所，殖眾德本，迴向阿耨多羅三藐三菩提。即時豁然，還得本心。」

「善知識！我於忍和尚處[1]，一聞言下便悟[2]，頓見真如本性。是以將此教法流行[3]，令學道者頓悟菩提[4]，各自觀心，自見本性。若自不悟，須覓大善知識——解最上乘法者[5]，直示正路。是善知識有大因緣[6]，所謂『化導令得見性』[7]。一切善法，因善知識能發起[8]故。三世諸佛、十二部經，在人性中本自具有[9]。不能自悟[10]，須求善知識，指示方見。若自悟者，不假外求[11]。若一向執謂須他善知識望得解脫者[12]，無有是處。何以故？自心內有知識自悟。若起邪迷，妄念顛倒，外善知識雖有教授[13]，救不可得[14]。若起正真般若觀照[15]，一剎那間[16]，妄念俱滅；若識自性，一悟即至佛地[17]。

箋註

1.忍和尚，即五祖忍大師。

2.一聞，一聞法也。○《宗鏡錄．二》：「上上根人，一聞千悟。」○按：事見上文「三更付法時」。

3.此教法，指達摩以來以心傳心之法。○《釋籤．一》：「弘宣教法。」○流行者，如水之流行，所及者遠也。○《孟子》：「孔子曰：德之流行，速於置郵而傳命。」

4.一類有大心之眾生，聞大乘行大法而直證佛果者，名為頓悟。又速疾證悟妙果者，名頓悟也。○按：此云頓悟菩提，即頓時悟得菩提之義。○「菩提」註見前。

5.《心地觀經．三》：「菩提妙果不難成，真善智識實難遇。」

6.《維摩經．佛國品》註：什曰：力強為因，力弱為緣。肇曰：前後相生，因也；現相助成，緣也。諸法要因緣相假，然後成立。○《止觀．五．下》：「招果為因，緣名緣由。」

7.《演密鈔．五》：「化謂教化，導謂示導。」○《法華經妙．莊嚴王本事品》：「若善男子、善女人，種善根故，世世得善智識。其善智識，能作佛事，示教利喜，令入阿耨多羅三藐三菩提。大王當知善智識者，是大因緣。所謂化導，令得見佛，發阿耨多羅三藐三菩提心。」

8.發起，物之初起也。○《註維摩經．二》：「顯維摩詰辯才殊勝，發起眾會。」

9.《華嚴．出現品》：「無一眾生，而不具有如來智慧，但以妄相執著，而不證得。若離妄相，一切智、自然智、無礙智，即得現前。」

10.譬如人雖自具見分，不依外之光明，不辨諸色相。

11.唐釋慧海云：「貧道聞江西和尚道，汝自家寶藏，一切具足，使用自在，不假外求。我從此一時休去，自己財寶隨身受用，可謂快活。無一法可取，無一法可捨，不見一法生滅相，不見一法去來相。遍十方界，無一微塵許不是自家財寶。」

12.《探玄記．八》：「情無異念，故云一向。」〇《剪燈新話句解．二》：「何一向薄情如是。」註：一向，猶言一偏也。〇《名義集．七》：「肇曰：縱任無礙，塵累不能拘，解脫也。」

13. 教授見前。

14. 不能救其邪迷顛倒。

15.《御錄經海一滴》：「自明證據，則心遍一切，智臨萬境，無物不照，無理不通，是謂正真觀照。」

16.《西域記．二》：時極短者，謂剎那也。〇《楞嚴經．二》：「沉思諦觀，剎那剎那，念念遷間，不得停止。」

17. 普照禪師〈修心訣〉云：「昔異見王問婆羅提尊者曰：『何者是佛？』尊者曰：『見性是佛。』王曰：『師見性否？』尊者曰：『我見佛性。』王曰：『性在何處？』尊者曰：『性在作用。』王曰：『是何作用？我今不見。』尊者曰：『今見作用，王自不見。』王曰：『於我有否？』尊者曰：『王若作用，無有不是；王若不用，體亦難見。』王曰：『若當用時，幾處出現？』尊者曰：『若出現時，當有其八。』王曰：『其八出現，當為我說。』尊者曰：『在胎曰身，處世曰人，在眼曰見，在耳曰聞，在鼻辨香，在舌談論，在手執捉，在足運奔。遍現俱該沙界，收攝在一微塵。識者知是佛性，不識者喚作精魂。』王聞，心即開悟。」〇《四教儀．十》：「佛地機緣若熟，以一念相應慧，頓斷殘習，成佛。」又：「直了上無佛果可求，下無眾生可化，是名為至佛地。」

「善知識！智慧觀照，內外明徹，識自本心。若識本心，即本解脫[1]。若得解脫即是般若三昧。般若三昧即是無念[2]。何名無念？知見一切法，心不染著[3]，是為無念。用即遍一切處，亦不著一切處。但淨本心，使六識[4]出六門[5]，於六塵中

無染無雜[6]，來去自由，通用無滯，即是般若三昧，自在解脫[7]，名無念行[8]。若百物不思，當令念絕，即是法縛[9]，即名邊見。

「善知識！悟無念法者，萬法盡通；悟無念法者，見諸佛境界；悟無念法者，至佛地位。

箋註

1.唐釋慧海云：「若自了了知心不住一切處，即名了了見本心也，亦名了了見性也。只個不住一切處心者，即是佛心，亦名解脫心，亦名菩提心，亦名無生心，亦名色性空。經云：『證無生法忍是也。』汝若未得如是之時，努力努力，勸加用功，功成自會。所以會者，一切處無心即是會。言無心者，無假不真也。假者，愛憎心是也；真者，無愛憎心是也。但無憎愛心，即是二性空。二性空者，自然解脫也。」

2.《頓悟入道要門論．上》：「無念者，一切處無心是。無一切境界，無餘思求是。對諸境色，永無起動，是即無念。」又曰：「得無念者，六根無染故，自然得入諸佛知見。」

3.愛欲之心，浸染外物，執著而不離，名染著。○《新譯仁王經．中》：「愚夫垢識，染著虛妄，為相所縛。」

4.六識：眼識、耳識、鼻識、舌識、身識、意識也。對於六根之色、聲、香、味、觸、法六境，能生見、聞、嗅、味、覺知之了別作用者是也。

5.眼、耳、鼻、舌、身是外五門，內有意門，共六門。

6.六塵見前。○《法華經．序品》：「純一無雜。」○《頓悟入道要門論．上》：「喻如明鑒，鑒中雖無像，而能現萬像。何以故？為鑒明故能現萬像。學人為心無染故，妄念不生，我人心滅，畢竟清淨。以清淨故，能生無量知見。」

7.進退無礙名自在，又心離煩惱之繫縛，通達無礙，名自在。〇《法華經序．品》：「盡諸有結，心得自在。」〇《頓悟入道要門論．上》：「問：『此頓悟門，以何為宗？以何為旨？以何為體？以何為用？』答：『無念為宗，妄心不起為旨，以清淨為體，以智為用。』問：『既言無念為宗，未審無念者，無何念？』答：『無念者，無邪念，非無正念。』云何為邪念？去何名正念？答：『念有念無，即名邪念。不念有無，即名正念。念善念惡，名為邪念。不念善惡，名為正念。乃至苦、樂、生、滅、取、捨、怨、親、憎、愛，並名邪念。不念苦樂等，即名正念。』問：『云何是正念？』答：『正念者，唯念菩提。』問：『菩提可得否？』答：『菩提不可得。』問：『既不可得，云何唯念菩提？』答：『只如菩提，假立名字，實不可得，亦無前後得者。為不可得故，即無有念，只個無念，是名真念。菩提無所念，無所念者，即一切處無心，是無所念。只如上說如許種無念者，皆是隨事方便，假立名字，皆同一體，無二無別。但如一切處無心，即是無念也。得無念時，自然解脫。』」

8.《御錄經海一滴》：「直了自心，無性無念，則在眼曰見、在耳曰聞、在手執捉、在腳運奔。六根門頭，無障無礙；六塵堆裡，無染無雜，謂之無念行。」

9.《圓覺經》：「菩薩不與法縛，不求法縛，即名邊見。邊見，為五見之一（五見：一身見，二邊見，三邪見，四見取見，五戒禁取見），即或為斷見，或為偏於常見一邊之惡見也。」

「善知識！後代得吾法者，將此頓教法門，於同見同行[1]，發願受持[2]，如事佛故，終身而不退者，定入聖位[3]。然須傳授從上以來默傳分付[4]，不得匿其正法[5]。若不同見同行，在別法[6]中，不得傳付，損彼前人，究竟無益。恐愚人不

解，謗此法門，百劫千生，斷佛種性[7]。

「善知識！吾有一〈無相頌〉[8]各須誦取。在家出家[9]，但依此修。若不自修，惟記吾言，亦無有益。

箋註

1.同行，為三善知識之一。同心而行道者之謂也。○《止觀輔行》：「言同行者，已他互同，遞相策發，人異行同，故名同行。」

2.發願，發起誓願也。○《阿彌陀經》：「應當發願，生彼國土。」○受，領受。持，憶持。以信力故受，以念力故持，為法華五種法師行之一也。○《勝鬘寶窟・上本》：「始則領受在心曰受，終則憶而不忘曰持。」

3.三乘聖果之位也。○《華嚴經・二十六》：「願一切眾生，速入聖位。」

4.默傳者，以心傳心，見性成佛。宗門之傳授，在言語之外，故名默。

5.正法，真正之道法也。不差於理，故名正。

6.別法指非禪宗一派而言。

7.佛種，生佛果之種子也。○《探玄記・一》：「菩薩所行，名為佛種。」○《四教集解・中》：「種即能生，性名不改。」○《本業經》元曉疏：「種性者。種，是種類義。性，是體性義。」

8.絕真理之眾相名無相。○《大乘義章・二》：「言無相者，釋有兩義：一、就理彰名。理絕眾相，故名無相；二、就涅槃法相釋。涅槃之法離十相（《涅槃經・三十》：色相、聲相、香相、味相、觸相、生住壞相、男相、女相、是名十相。），故曰無相。」○《大論》曰：「般若波羅蜜，是無相相。」○按〈無相頌〉者，即心地無相之頌也。於一切相，離一切相，即是無相。

9.在家，對出家之稱。即在家而有父母妻子者。○出家，出離在家之生活，修沙門之淨行者。○《釋氏要覽．上》：「《毘婆沙論》云：『家者，是煩惱因緣。夫出家者，為滅垢累，故宜遠離也。』」○《維摩經．弟子品》：「我聽佛言，父母不聽，不得出家。」

「聽吾頌曰[1]：

說通及心通[2]，如日處虛空[3]；唯傳見性法，出世[4]破邪宗[5]。

法即無頓漸[6]，迷悟有遲疾；只此見性門，愚人不可悉。

說即雖萬般，合理還歸一；煩惱暗宅中，常須生慧日[7]。

邪來煩惱至[8]，正來煩惱除[9]；邪正俱不用[10]，清淨至無餘[11]。

菩提本自性[12]，起心即是妄[13]；淨心在妄中[14]，但正無三障[15]。

世人若修道，一切盡不妨；常自見己過，與道即相當[16]。

色類自有道[17]，各不相妨惱[18]；離道別覓道，終身不見道[19]。

波波度一生[20]，到頭還自懊[21]；欲得見真道[22]，行正即是道[23]。

自若無道心[24]，闇行不見道；若真修道人，不見世間過[25]。

若見他人非，自非卻是左[26]；他非我不非[27]，我非自有過[28]。

但自卻非心[29]，打除煩惱破[30]；憎愛不關心[31]，長伸兩腳臥[32]。

欲擬化他人，自須有方便[33]；勿令彼有疑[34]，即是自性現[35]。

佛法在世間，不離世間覺[36]；離世覓菩提，恰如求兔角[37]。
正見名出世[38]，邪見名世間[39]；邪正盡打卻[40]，菩提性宛然[41]。
此頌是頓教[42]，亦名大法船[43]；迷聞經累劫。悟則剎那間[44]。」

箋註

1.《法華玄讚·二》：「頌者，美也，歌也。頌中文字極美麗故，歌頌之故。訖略云偈。」

2.心通即宗通也。宗通者，即自證殊相之相也。說通者，說法逗機之相也。○《楞伽經·三·一切佛語心品》：「爾時大慧菩薩復白佛言：『世尊，唯願為我及諸菩薩說宗通相，若善分別宗通相者，我及諸菩薩通達是相。通達是相已，速成阿耨多羅三藐三菩提，不墜覺相及眾魔外道。』佛告大慧：『諦聽！諦聽！善思念之，當為汝說。』大慧白佛言：『唯，然，受教。』佛告大慧：『一切聲聞緣覺菩薩，有二種通相，謂宗通及說通。大慧！宗通者，謂緣自得勝進相，遠離言說文字妄相，趣無漏界自覺地自相，遠離一切虛妄覺想，降伏一切外道眾魔，緣自覺趣光明輝發，是名宗通相。云何說通相？謂說九部種種教法，離異不異有無等相，以巧方便，隨順眾生。如應說法，今得度脫，是名說通相。大慧！汝及餘菩薩，應當修學。』」○南巢法惠宏德禪師〈證道歌〉註：「宗通者，即悟諸佛之心宗也，乃達摩大師單傳直指之道，不可以智知，不可以識識，惟在當人自證自悟，到無證無悟之地。所以從上諸老遞相出興，向千聖頂額上提持者一著子，俾學者盡得單傳直指之妙，方謂宗通也。然後命掌藏鑰，披閱一代聖教，備知頓漸祕密不定之方，藏通別圓之味，方謂說通也。」

3.《傳心法要·上》：「你但離卻有無諸法，心如日輪常在虛空，光明自然，不照而照，不是省力底事。到此之時，無棲泊處即是行諸佛行，便是應無所住而生其心。」○南巢法惠〈證道歌〉註云：「宗說既通，定慧均等，方為圓明。」

4.諸佛欲濟度眾生，捨淨土而來婆娑世界，謂之出世，即佛出現於世也。餘詳前註。

5.凡不以見性為宗者，曰邪宗。

6.頓漸，頓教與漸教也。此二者以判諸大乘教。

7.慧日者，譬喻佛之智慧，如日能照世之暗冥也。〇《無量壽經．下》：「慧日照世間，清除生死雲。」

8.煩惱至便是邪來。

9.煩惱除便是正來。〇邪來，一念不覺；正來，正念開發。邪正二相，共是取捨之念。

10.《御錄經海一滴》：「邪正煩惱，同一性空，分別假相，妙心現影。譬如彼燃燈時，暗忽消滅。明生時，暗何處去？暗來時，明何處滅？明暗代謝之法，二相共是空中假變，而無真實相。故云『邪正俱不用』。」

11.無念清淨，至達不生滅之地。〇無餘，指無餘涅槃而言。《六祖金剛經註》曰：「無餘者，真常湛寂也。」《法華經》云：「佛當為除斷，令盡無有餘。涅槃者，菩薩心無取捨，如大月輪，圓滿寂靜。」〇《唯識論．十》：「無餘依涅槃，謂即真如出生死苦。煩惱既盡，餘依亦滅，眾苦永寂，故名涅槃。」

12.菩提本自性，性淨本有菩提。非可修相，非可作相。

13.起心者，起他希求之念，實非正念。

14.或云：「本淨明心非別處，惟在眾生妄心中。」

15.障正道，害善心之三障也。三障者：一、煩惱障，如貪欲愚癡等之惑；二、業障，如五逆十惡之業；三、報障，如地獄餓鬼畜生等之苦報。〇此句言但正則盡凡情是正心，別不見障惑所在。

16.自顧自己過愆，即與道相當。
17.《刊定記．四》：「類即流類，即胎卵等四也。」○《華嚴經》：「盡法界、虛空界、十方剎海，所有眾生種種差別、種種生類、種種色身等。」○此句言一切生類，各自俱有大道。
18.本具大道，故無妨亦無惱。
19.道本不離人，若向別處尋道，則終身不能見道矣。
20.波波，猶言奔波也。○岑參詩：「風塵奈爾何，終日獨波波。」○一生，猶言一世。
21.到頭，畢竟之意。懊，懊悔也，懊惱也。
22.真道，真實之道，即無上正真道也。○《瞿醯經．下》：「我行真道，何用咒術事耶。」○《菩薩睒子經》：「使我今疾速成此無上正真佛道。」
23.洒洒落落之境。
24.無道心者，無求佛果之心也。
25.世間有二：一為有情世間，一為器世間。此指有情世間而言。為一切有情棲息之世間，換言之，即人類是也。過，過失也，罪愆也。○黃檗曰：「如今但學無心，頓息諸緣，莫生妄想分別。無人無我、無貪瞋、無憎愛、無勝負，但除卻如許多種妄想。性自本來清淨，即是修行菩提法佛等。」
26.言若見他人有非，即是自己之非，卻是計之左也。
27.意言他人之非，在於他人，而我不以為非。
28.言若以他人之非為非，即為自己之過。
29.卻，止也，退也。此句言「但以自己去盡非薄他人之心」也。
30.《入道要門．下》曰：「若無我者，逢物不生是非。是者我自是，而物非是也。非者我自非，而我非非也。即心無心，是為通達佛道。即物不起見，是名達道。逢物直達知其本源，此人慧眼開。智者任物不任己，即無取捨違順；愚人任己不任物，即有取捨違順。不見一物，名為見道；不行一物，名為行道。」

31. 唐釋慧海曰：「見一切色時，不起染著，不染著者，不起愛憎心，即名見無所見也。若得見無所見時，即名佛眼，更無別眼。若見一切色時，起愛憎者，即名有所見。有所見者，即是眾生眼，更無別眼作眾生眼。乃至諸根，亦復如是。」

32. 此偈自世人若修道下至此，是祖祖相傳之身脈，大須參詳。○《傳心法要．下》：「淨名云：『唯置一床，寢疾而臥，心不起也。如人臥疾，攀緣都息。妄想歇滅，即是菩提。』」

33. 《法華玄讚．三》：「施為可則曰方，善逗機宜曰便。方是方術，便謂穩便，方便之法，名方便。」○此二句言欲化他人，自己須有逗人機宜之方法。

34. 此句言以方便善巧施之於人，須使人實信己語之真，而無疑惑之餘地。所謂打破學人之疑團，勿令摘葉尋枝也。

35. 疑團既打破，即是學人之自性出現。

36. 物物全真，頭頭現成。

37. 愚人誤兔之耳為角，此以喻物之必無也。○《楞嚴經》：「無則同於龜毛兔角。」○《智度論．一》：「有佛法中方廣道人言：『一切法不生不滅，空無所有，譬如兔角龜毛常無。』○同十二：「又如兔角龜毛，亦但有名而無實。」

38. 《勝鬘經》：「非顛倒見，是名正見。」○《華嚴經．三十》：「正見牢固，離諸妄見。」○超出世間而修淨行，謂之出世。○《金剛三昧經．一》：「令彼眾生獲得出世果。」○《智度論．一》：「一人出世，多人蒙慶。」

39. 非正見曰邪見。○註《維摩經．不二品》：「什曰：世間，三界也。」

40. 邪見正見，一齊打掃淨盡也。

41.《原人論註》：「宛然者分明貌，即顯然可見也。」
42. 速疾頓悟而成佛果之法曰頓教。
43. 佛以渡人過生死海，到涅槃岸，譬如船筏，故曰法船。○《付法藏傳・六》：「欲出三界生死大海，必假法船，方得度脫。」
44. 迷聞，聞而不悟也。若了悟，則剎那成佛。○《攝論・六》：「此時長遠，何日成佛？答曰：處夢謂經年，悟乃須臾頃。故雖時無量，攝在一剎那。」○此頌至剎那間四句，總結上文。

師復曰：「今於大梵寺說此頓教[1]，普願法界眾生言下見法成佛。」

時，韋使君與官僚道俗，聞師所說，無不省悟。一時作禮，皆歎：「善哉，何期嶺南有佛出世！」

箋註

1.《傳燈錄・五》：「韶州刺史韋璩請於大梵寺轉妙法輪。」

疑問品第三[1]

一日，韋刺史為師設大會齋[2]。齋訖，刺史請師升座，同官僚士庶肅容再拜，問曰：「弟子聞和尚說法，實不可思議[3]。今有少[4]疑，願大慈悲[5]，特為解說。」

師曰：「有疑即問，吾當為說。」

韋公曰：「和尚所說，可不是達摩大師宗旨乎[6]？」

師曰：「是。」

公曰：「弟子聞達摩初化梁武帝[7]，帝問云：『朕[8]一生造寺度僧，布施設齋[9]，有何功德？』達摩言：『實無功德。』弟子未達此理，願和尚為說。」

箋註

1.此品述韋使君疑問達摩祖無功德語與往生西方等說。○《唯識樞要．明五種問》：「一、不解故問；二、疑惑故問；三、試驗故問；四、輕觸故問；五、為利樂有情故問。」○按今言疑問者，總兼五，別當第二也。

2.大會，大法會也。大會而兼吃齋，故云大會齋。○〈般舟讚〉：「一一大會隨人入。」○齋，戒也，敬也。又，齋食也。就戒律上言，食分時非時。正午以前為正時，正午以後為非時。時則可食，非時則不可食。○《大毘盧遮那經》：「我以佛眼普觀一切眾生大菩提心之正因，唯以持齋為根本。」

3.不可思議者，言理之深妙、事之希奇，不可以心思，不可以言議也。○註《維摩經．一》：「生曰：不可思議者，凡有二種：一曰、理空，非惑情所測；二曰、神奇，非淺識所量。」○《金剛般若經》：「當知此經義不可思議。」

4.少，不多之意。

5.大慈悲，即大慈大悲也。○《觀無量壽經》：「佛心者，大慈悲是。以無緣慈攝諸眾生。」

6.可不是，猶云豈不是。○宗旨，謂正確之意指也。○《行事鈔．上．之一》：「尋討者不識宗旨。」○《神僧傳》：「佛圖澄妙解深經，旁通世論。講說之日，正標宗旨，使始末文言，昭然可了。」今謂人行事之目的所在曰宗旨。

7.《傳燈錄・三・達摩章》曰：「廣州刺史蕭昂具主禮迎接，表聞武帝。帝覽奏，遣使齎詔迎請，十月一日至金陵。帝問曰：『朕即位以來，造寺寫經度僧不可勝記，有何功德？』師曰：『並無功德。』帝曰：『何以無功德？』師曰：『此但人天小果，有漏之因，如影隨形，雖有非實。』帝曰：『如何是真功德？』答曰：『淨智妙圓，體自空寂，如是功德，不以世求。』」

8.朕，我也，古時上下通稱之。秦始皇始作天子之自稱用。

9.《大乘義章・十一》：「言布施者，以己財事分布與他，名之為布。惙己惠人，目之為施。」

師曰：「實無功德。勿疑先聖之言！武帝心邪，不知正法。造寺度僧，布施設齋，名為求福，不可將福便為功德。功德在法身中[1]，不在修福。」

師又曰：「見性是功，平等是德[2]，念念無滯，常見本性，真實妙用[3]，名為功德。內心謙下是功[4]，外行於禮是德；自性建立萬法是功，心體離念是德[5]；不離自性是功，應用無染是德。若覓功德法身，但依此作，是真功德。若修功德之人，心即不輕[6]，常行普敬[7]。心常輕人，吾我不斷，即自無功；自性虛妄不實，即自無德。為吾我自大，常輕一切故。善知識！念念無間是功，心行平直是德；自修性是功，自修身是德。善知識！功德須自性內見，不是布施供養之所求也，是以福德與功德別。武帝不識真理，非我祖師有過。」

箋註

1.《維摩經》慧遠疏：「佛以一切功德法成，故名法身。」○《大乘義章．十八》：「言法身者，解有二義：一顯本法性，以成其身，名為法身；二以一切諸功德法而成身，故名為法身。」○《唯識論．十》：「大覺世尊，成就無上寂默法，故名大牟尼，亦名法身，無量無邊力無畏等大功德法所莊嚴故。」

2.無高下淺深之別名平等。平等對差別而言。宇宙本質，皆同一體，一切法、一切眾生，本無差別，故曰平等。

3.欲行即行，要坐即坐，不思議神力，不可說妙用。

4.《正法念處經．一》：「內心思惟，隨順正法。」

5.《起信論》：「所言覺義者，謂心體離念；離念相者，等虛空界，無所不遍，法界一相，即是如來平等法身。依此法身，說名本覺。」○《法藏疏》：「心體離念者，離於妄念，顯無不覺也。」

6.不輕人也。

7.普，遍也。

刺史又問曰：「弟子常見僧俗[1]念阿彌陀佛[2]，願生西方[3]。請和尚說，得生彼否？願為破疑。」

師言：「使君善聽，惠能與說。世尊在舍衛城中[4]，說西方引化經文[5]，分明去此不遠。若論相說里數，有十萬八千[6]，即身中十惡八邪[7]，便是說遠。說遠為其下根[8]，說近為其上智。人有兩種，法無兩般。迷悟有殊，見有遲疾。迷人念佛

求生於彼，悟人自淨其心，所以佛言『隨其心淨即佛土淨[9]』。使君東方人，但心淨即無罪，雖西方人，心不淨亦有愆[10]。東方人造罪，念佛求生西方；西方人造罪，念佛求生何國？凡愚不了自性，不識身中淨土，願東願西。悟人在處一般[11]，所以佛言『隨所住處恆安樂』[12]。使君心地但無不善[13]，西方去此不遙[14]。若懷不善之心，念佛往生難到[15]。今勸善知識，先除十惡，即行十萬；後除八邪，乃過八千[16]；念念見性，常行平直，到如彈指[17]，便覩彌陀[18]。使君但行十善[19]，何須更願往生？不斷十惡之心，何佛即來迎請？若悟，無生頓法[20]，見西方只在剎那；不悟，念佛求生，路遙如何得達？惠能與諸人移西方於剎那間，目前便見。各願見否？」

箋註

1. 在家之人曰俗人，出家之人曰僧。又三人以上方稱僧。

2. 《鼓音王經》：「阿彌陀佛父名月上轉輪聖王，其母名殊勝妙顏，子名月明。」〇阿彌陀佛有十三號。《無量壽經．上》：「是故無量壽佛，號無量光佛、無邊光佛、無礙光佛、無對光佛、燄王光佛、清淨光佛、歡喜光佛、智慧光佛、不斷光佛、難思光佛、無稱光佛、超日月光佛。」〇《名義集．卷一．諸佛別名篇》曰：「阿彌陀，《清淨平等覺經》翻『無量清淨佛』。」

3. 《佛說阿彌陀經》：「從此西方過十萬億佛土，有佛號阿彌陀，今現在說法。」

4. 世尊，佛之尊號也。以佛具萬德，為世所尊重故也。〇《淨影大經疏》：「佛具眾德，為世欽仰，故號世尊。」〇《佛說十號經》：「天人凡聖世出世間咸皆尊重，故曰世尊。」〇舍衛，在中印度境，憍薩羅國之都城。為別南憍薩羅國，故名。

5.引化，引接化度也。〇經文，經之文句，能詮義理者，即能詮經文所詮之義理。

6.十萬八千，言其成數也。

7.十惡，十不善也。〇《法界次第．上之下》：「十惡者：一、殺生；二、偷盜，新名不與取；三、邪淫，非自己之妻妾而行欲者；四、妄語，新名虛誑語；五、兩舌，新名離間語；六、惡口，新名粗惡語；七、綺語，新名雜穢語，語含婬意者；八、念欲；九、瞋恚；十、邪見。」〇八邪，八正道之反對也。一、邪見；二、邪思惟；三、邪語；四、邪業；五、邪命；六、邪方便；七、邪念；八、邪定也。

8.下根，根性劣者，根機弱者。〇《涅槃經．十四》：「極下根者，如來終不為轉法輪。」

9.《註維摩經．第一佛國品》云：「是故寶積，若菩薩欲得淨土，當淨其心。隨其心淨，則佛土淨。」肇曰：「眾生既淨，則土無穢也。」

10.傑，《廣韻》俗「愆」字，過也。

11.《語錄解義》：「一般，一樣也。」〇《御錄經海一滴》：「能了心無礙，則南北東西，在在處處無往不通，全無別趣觸向，面前寂光妙土，是謂在處一般。」

12.安樂，身安心樂也。〇《文句．八．下》：「身無危險故安，心無憂惱故樂。」

13.心者，萬法之本。能生一切諸法，故名心地。〇《心地觀經．八》：「三界之中，以心為主。能觀心者，究竟解脫。不能觀者，究竟沉淪。眾生之心，猶如大地。五穀五果，從大地生。如是心法，生世出世，善惡五趣，有學無學，獨覺菩薩，及於如來。以此因緣，三界唯心。心名為地。」

14.圜悟禪師云：「赤肉團上，人人古佛家風。毘盧頂門，處處祖師巴鼻。若也恁麼，反照凝然。一段光明，非色非心，非內非外，行棒也打他不著，行喝也驚他不得。直得淨裸裸、赤洒洒，是個無生法忍。不退轉輪，截斷兩頭。歸家穩坐，正當恁麼時，不須他處覓，只此是西方。」

15.往生，往生西方極樂國土。○六祖言不善之人，雖念佛，難於往生。

16.蓮池大師《正訛集》云：「《壇經》以十惡八邪，譬十萬八千。人遂謂西方極樂世界，去此十萬八千，此訛也。十萬八千者，五天竺國之西方也。極樂去此，蓋十萬億佛剎。夫大千世界為一佛剎，十萬億剎，非人力所到，非鬼力神力天力所到。惟是念佛人，一心不亂，感應道交，到如彈指耳，豈震旦詣乎天竺，同為南瞻部之程途耶，然則六祖不知西方歟！曰：壇經是大眾記錄，非出祖筆。如六經四子，亦多漢儒附會，胡可盡信。不然，舉近況遠，理亦無礙。如在市心，以北郊喻燕京，以南郊喻白下，則借近之五天喻遠之極樂，欲時人易曉耳。何礙之有！」

17.彈指，時之名。○《戒疏．二．下》：「僧祇云：『二十念為瞬，二十瞬為彈指。』」

18.彌陀，阿彌陀之略，如來之名也。

19.十善者：不殺生、不偷盜、不邪淫、不妄語、不綺語、不惡口、不兩舌、不貪欲、不瞋恚、不愚癡也。

20.《大智度論．七十三》：「無生忍者，乃至微細法不可得，何況大！是名無生。得是無生法，不作不起諸業行，是名得無生法忍。」○唐釋慧海曰：「不住一切處心者，即是佛心，亦名解脫心，亦名菩提心，亦名無生心，亦名色性空。經云：『證無生法忍』是也。」○唐釋慧海曰：「頓者，頓除妄念。悟者，悟無所得。」

眾皆頂禮云[1]：「若此處見，何須更願往生？願和尚慈悲，便現西方，普令得見。」

師言：「大眾[2]！世人自身是城，眼、耳、鼻、舌是門，外有五門，內有意門。心是地，性是王，王居心地上。性在王在，性去王無。性在身心存，性去身心壞。佛向性中作，莫向身外求[3]！自性迷即是眾生，自性覺即是佛，慈悲即是觀音[4]。喜捨名為勢至[5]，能淨即釋迦[6]，平直即彌陀[7]。人我是須彌[8]，邪心是海水，煩惱是波浪，毒害是惡龍[9]，塵勞是魚鱉，貪瞋是地獄，愚癡是畜生[10]。善知識！常行十善，天堂便至。除人我，須彌倒；去邪心，海水竭；煩惱無，波浪滅；毒害忘，魚龍絕。自心地上覺性如來[11]，放大光明[12]，外照六門清淨[13]，能破六欲諸天[14]。自性內照，三毒即除，地獄等罪，一時消滅，內外明徹，不異西方。不作此修，如何到彼？」

箋註

1. 頂禮者，五體投於地，以吾頂禮尊者之足也。〇《歸敬儀．下》：「經律文中，多云頭面禮足，或云頂禮佛足者。我所貴者，頂也；彼所卑者，足也。以我所尊，敬彼所卑者，禮之極也。」
2. 《智度論》：「大眾者，除佛餘一切聖賢也。世人自色身是城。色身，自四大、五塵等之色法而成身，故名色身。」〇《楞嚴經．十》：「由汝念慮，使汝色身。」
3. 《血脈論》：「若知自心是佛，不應心外覓佛。佛不度佛，將心覓佛，但是外覓佛者，盡是不識自心是佛。」又王銘云：「慕道真士，自觀自心，知佛在內，不向外尋。」
4. 諸佛菩薩，以愛念給一切眾生之心，曰慈悲。〇顯教以觀音為阿彌陀佛之弟子，密教以觀音為阿彌陀佛之化身。〇《達摩多羅禪經．下》：「修行者若欲廣修慈心，先當繫心所緣，漸習令無量。滅除過惡心，不諍競，亦無怨結，無恚清淨。謂於親、中、怨三種，九品眾生，無量無數，安處十方，盡三分際，淳一樂行。唯除國土世界，於眾生世界周普總緣，成就遊行者，修慈方便，先等心思惟，總緣一切眾生，令心堅固，滅除瞋恚而起慈心，是名總觀慈無量三昧。如是總觀，猶為瞋恚所縛者，當於上親修別相慈，次於中親、下親、中人、怨家，次第修習九品慈心，漸離瞋恚，心生愛念，與種種樂具。與是樂已，然後於一切眾生起法饒益心，修三種慈：廣大慈、極遠慈、無量慈。捨除瞋礙，住仁愛心，隨其所應功德善根，一切佛法皆悉與之。謂與種種法樂，修種種慈。先與出家樂，次與禪定正受樂，次與菩提樂，次與寂滅樂。彼修行者，本曾所更及所未更，種種樂具，自得、他得、清淨善根，乃至無上寂滅，究竟無為，隨其修行，意所想念，無量法樂等，與眾生相現在前。樂想起已，一一觀察，以相自證，便得決定。猶如明鏡，因物像現。慈三昧鏡，亦因樂事，種種樂相，悉現在前。或時修行為瞋恚所亂，作是思惟：『我從本來，由是瞋恚，多所殺害，興諸罪逆，入於惡道，於大地獄還受苦毒。或作蜂蠆、蜈蚣、毒蛇、惡龍、害鬼、羅剎，如是種種害毒之類，今不除滅，復見燒迫。』以是方便，能止瞋恚。又復思惟：『罵者、受者，彼我無常，須臾不住，二俱過去。惡聲已滅，後起二人無故共諍。又今二人念念即滅，虛妄無實，誰罵誰受？何為顛倒與空共鬥？計我耳根後虛妄顛倒煩惱業起，彼人舌根，亦復如是，因緣生滅，誰罵誰聞？』修行如是思惟時，瞋恚縛解，能修慈心，離垢清淨。如佛說：『修慈者於四念處能得決定，修習增廣，成就無量法門，勝妙道果，不復退還。』是則三種方便大慈。若已離欲，更修淨妙離欲慈心，深心饒益，增廣無量，得真實果。因此功德具足，所願究竟涅槃。所以者何？一切諸佛說慈為無畏，慈為一切功德之母，慈為一切功德鑽燧，慈能消滅凶暴諸惡，是故修行當勤方便，修離欲大慈。悲無量者，慈境界怨親中人，悲亦如是。次第修習，如佛言曰：『饒益眾生，說名慈心；除不饒益，說名悲心。』若先於眾生起饒益心，以種種樂，具悉施與之，然後觀眾生，唯見受樂，是名慈心。若先觀眾生受無量苦，起除不饒益心，然後見眾生除不饒益；除不饒益已，受種種樂，非與樂也，是名悲心。見淨相是慈，見虛空相是悲；樂行是慈，苦行是悲，是則差別。謂修行者見諸眾生凶暴諍怒、殘賊殺害，共相逼迫，無有覆護。如是見已，而起悲心為作覆護。又見眾生，斬截身、首、耳、鼻、肢體，苦痛無量，無能救者，修行已見，而起悲心。又修行住悲心時，見五趣眾生，苦痛熾然，無量燒迫，深起悲心，興救護想。如是修行悲無量善根生時，無量功德相現。若見此眾生受無量苦而不起悲，是則極惡無善根人。如是大悲，一切諸佛，本所修習。由是究竟一切智海。行者若能具足修習，當知不久心到是處。」

5.喜捨，亦名淨捨、淨施，喜施財寶也。○勢至，即大勢至菩薩也。菩薩之大智，至一切處，故名。○《存覺之報恩記》：「勢至顯事父母之恩厚，寶瓶之中，納前生父母之遺骨。」○《法華義疏》云：「大勢至者，所經之處，世界振動，惡道休息也。」○黃檗〈傳心法要〉：「觀音當大悲，勢至當大智。」○《達摩多羅禪經．下》：「喜無量者，謂修行於慈境界，以六思念等諸善功德無量佛法，及自身成就戒、定、智慧，一切功德，饒益眾生，自樂他樂，盡皆與之。見一切眾生得法樂已，其心歡喜。其心歡喜，則憂慼滅；憂慼滅已，一向欣悅，踴躍歡喜，念言快哉，永使安樂。於一切眾生歡喜時，見有樂相輕微明淨成就此相，名為喜無量三昧，如佛說修習喜等乃至識處。捨無量者，捨怨親已等緣中品，此唯是眾生，無有差別。雖慈悲喜，唯作眾生行近境界近相。是故世尊說捨，種種捨各自有相，捨無量不與彼同。謂平等清淨離苦樂相，捨相似相現，是名捨無量三昧。」

6.釋迦，指釋迦牟尼佛而言。○《魏書．釋老志》：「所謂佛者，本號釋迦文者（文即牟尼之訛略），釋言能仁。謂德充道備，堪濟萬物也。釋迦前有六佛，釋迦繼六佛而成道，處今賢劫。文言將來有彌勒佛，方繼釋迦而降世。釋迦即天竺迦維衛國王之子。天竺其總稱，迦維別名也。初釋迦於四月八日夜，從母右脅而生。既生，姿相超異者三十二種。天降嘉瑞以應之，亦三十二，其本起經說之備矣。」〇《頓悟入道要門論．上》：「問：《維摩經》云：欲得淨土，當淨其心，云何是淨心？答：以畢竟淨為淨。云：何是畢竟淨為淨？答：無淨無無淨，即是畢竟淨。問：云何是無淨無無淨？答：一切處無心是淨。得淨之時，不得作淨想，即名無淨也；得無淨時，亦不得作無淨想，即是無無淨也。」

7.唐沙門慧海語錄：「法明曰：阿彌陀佛有父母及姓否？師曰：阿彌陀姓憍尸迦，父名月上，母名殊勝妙顏。曰：出何教文？師曰：出《陀羅尼集》。」〇平，即平等。直，即心直。〇《大般若經》：「平等平等，無所分別。何以故？自相皆空，都無分別。因無分別，行六度梵行等無相功德，謂圓滿一切相智，及餘無量諸佛功德。若菩薩見乞丐及旁生，起是念云『如來是福田，我應施與，及供養恭敬。旁生等非福田故，不應施與所須資具』。是菩薩起如是念者，即非菩薩。所以者何？求趣無上菩提，要淨自心。福田方淨，故見乞者不應作是念，應作是念：我發菩提心者，非為己利，原為盡十方遍法界，一切極苦有情之所依怙，豈以分別高下，應以平等施而攝益之。」〇《維摩經．佛國品》：「直心是菩薩淨土。」又〈菩薩品〉：「直心是道場。」註：肇曰：直心者，謂質直無諂，此心乃是萬行之本。什曰：直心，誠實心也。發心之始，始於誠實。〇《楞嚴經》：「汝今欲研無上菩提，直發明性，應當直心訓我所問。十方如來，同一道故。出離生死，皆以直心，心言直故，如是乃至終始地位，中間永無諸委曲相。」

8.人身常有一主宰為實體，自此實體，生出人我之相，人我之見。自此執見，復生出種種之過失。〇須彌，即須彌山之略。《釋氏要覽》云：「《長阿含》並《起世因本經》等云：四洲地心即須彌山，梵音正云蘇迷盧，此名妙高山。此山有八山，遶外有大鐵圍山，周圍迴繞，並一日月晝夜回轉照四天下，名一國土。」

9.惡龍，造惡之龍神也。〇《仁王經．下》：「惡鬼、惡龍。」〇《仁王經良賁疏》：「惡鬼疾疫，惡龍旱澇，虛妄是鬼神。」《釋摩訶衍論》：「鬼並及神云何差別？障身為鬼，障心為神。」

10.畜生，牛馬豬羊等也。○《大乘義章．八．末》：「言畜生者，從主畜養以為名也。」

11.覺性，離一切迷妄之覺悟自性也。

12.自瑩名光，照物名明。○《探玄記．三》：「光明亦二義：一是照暗義，二是現法義。」○《往生論．下》：「佛光明，是智慧相也。」

13.上文云：「但淨本心，使六識出六門，於六塵中無染無雜。」○眼、耳、鼻、舌、身為外五門，意為內一門，合為六門。已見上。

14.六欲諸天，欲界六重之天也，亦名六欲天：一、四王天，有持國、廣目、增長、多聞之四王；二、忉利天，亦譯三十三天；三、夜摩天，又譯時分，彼天中時唱快哉快哉；四、兜率天，亦譯喜足，於五欲之樂，生喜足心；五、樂變化天，於五欲之境。自樂變化；六、他化自在天，使五欲之境，變化自在。見《智度論．九》、《俱舍論．八》。

大眾聞說，了然見性，悉皆禮拜，俱歎：「善哉！」唱言：「普願法界眾生[1]，聞者一時悟解。」

師言：「善知識！若欲修行，在家亦得，不由在寺。在家能行，如東方人心善；在寺不修，如西方人心惡。但心清淨，即是自性西方。」

韋公又問：「在家如何修行？願為教授。」

師言：「吾與大眾說〈無相頌〉[2]，但依此修，常與吾同處無別。若不作此修，剃髮出家[3]，於道何益？頌曰：

「心平何勞持戒[4]？行直何用修禪[5]？
恩則孝養父母[6]，義則上下相憐[7]；
讓則尊卑和睦[8]，忍則眾惡無喧[9]。
若能鑽木取火[10]，淤泥定生紅蓮[11]。
苦口的[12]是良藥，逆耳必是忠言[13]。
改過必生智慧[14]，護短心內非賢[15]。
日用常行饒益[16]，成道非由施錢。
菩提只向心覓，何勞向外求玄？
聽說依此修行，天堂只在目前[17]。」

箋註

1.《菩薩瓔珞本業經・上》：「於一法界，有三界報。一切有為法，若凡若聖，若見著，若因若果，不出法界。唯佛一人，在法界外。」

2.即下文之頌。

3.剃鬚髮、染衣，為佛弟子出家之相也。且去憍慢，且別於外道之出家，是三世諸佛之儀式。

4.心平，即心平等義。○持戒，為六度之一。受持戒律而不犯也。○《法華經・譬喻品》：「持戒清潔，如淨明珠。」○按：此言，戒律本備止惡防非。假令在家，心若平等，何勞具戒如比丘！

5.《論語》：「斯民也，三代之所以直道而行也。」○《智度論》：「一切禪定攝心，皆名為三摩提。秦言正心行處，是心從無始以來，常曲不端。得此正心行處，心則端直。譬如蛇行常曲，入竹筒中則直，此即制心之說也。」○《維摩經．佛道品》：「直心是菩薩道場。」○按：惟見性者，方能無妄念。無妄念方是直心。故唐釋慧海曰：「妄念不生為禪，坐見本性為定。」

6.孝養父母者，盡孝道以供養父母也。○《觀無量壽佛經》：「欲生彼國者，當修三福：一者孝養父母……（下略）義則上下相憐。憐者，扶持其患難饑寒。」《林子壇經訊釋》：「〈無相頌〉曰『心平何勞持戒，行直何用修禪』。夫不曰持戒，而曰心平，豈不以心平則自有至戒者在乎？不曰修禪，而曰行直，豈不以行直則自有真禪者在乎？由是觀之，則釋氏修為之功，殆無出於此矣。」又曰：「因則孝養父母。」

7.夫知所孝養，乃所以為仁也。豈有仁而遺其父母者乎？知所相憐，乃所以為義也，豈有義而忘其上下者乎？由是觀之，則釋氏立本之教，概可見於此矣。若或戒矣，而心有未平；禪矣，而行有未直，父母且不知所以仁之，上下且不知所以義之，此其大本已失，而曰「能依法修行以見性」者，豈其然哉！

8.克恭克讓，則和睦相親。

9.不報無道，則喧爭自息。

10.修行不怠，如鑽火，則必定見性。○〈華嚴經頌〉云：「如鑽燧求火，未出而數息，火勢隨止滅。」○《大智度論》：「譬如鑽燧求火，一生勤著，不休不息，乃可得火。」

11.紅蓮，赤色之蓮華也。○《維摩經．佛道品》：「譬如高原陸地，不生蓮華，卑濕淤泥，乃生此華。如是煩惱泥中，乃有眾生起佛法耳。」

12.的，的確也。

13.忠言，忠直之言也。○《孔子家語》：「良藥苦口利於病，忠言逆耳利於行。」

14. 除我執，故生智慧。
15. 短，絀也，陋也。○短長猶善惡也。短指過咎而言，護短猶怙惡也。
16. 饒益豐於利人也。○《法華經・譬喻品》：「饒益諸子等與大車。」
17. 唯心淨土，自性彌陀，故云西方只在目前。○按：此偈歸束到西方只在目前者，六祖正為迷人不行孝義忍讓，而口誦佛名，冀帶惡業往生西方故耳。西方極樂世界，豈有不孝義忍讓之人哉？《阿彌陀經》云：「得與如是諸上善人俱會一處，可知未能孝義忍讓者，心未調伏，何能往生？」故六祖痛發之，使人覓菩提於本心，為往生之基也。

師復曰：「善知識！總須依偈修行，見取自性，直成佛道。法不相待，眾人且散。吾歸曹溪，眾若有疑，卻來相問。」時，刺史官僚，在會善男信女，各得開悟，信受奉行[1]。

箋註

1. 信受奉行者，信受教命而奉行也。○《往生論註・下》：「經始稱『如是』，彰信為能入；末言『奉行』，表服膺事已。」

定慧品第四[1]

師示眾云：「善知識！我此法門，以定慧為本[2]。大眾勿迷言『定慧別』。定慧一體[3]，不是二。定是慧體，慧是定用。即慧之時定在慧，即定之時慧在定。若

識此義，即是定慧等學[4]。諸學道人[5]！莫言『先定發慧』、『先慧發定』各別！作此見者，法有二相。口說善語，心中不善，空有定慧，定慧不等。若心口俱善，內外一如，定慧即等。自悟修行，不在於諍，若諍先後，即同迷人，不斷勝負，卻增我法，不離四相[6]。

「善知識！定慧猶如何等？猶如燈光[7]，有燈即光，無燈即暗。燈是光之體，光是燈之用。名雖有二，體本同一。此定慧法，亦復如是[8]。」

箋註

1.禪定，體也，寂而常照。智慧，用也，照而常寂。體用不二，謂之定慧。〇《禪源諸詮集序．上》：「禪是天竺之語，具云禪那，此云思維修，亦云靜慮，皆定慧通稱也。」〇《佛祖通載．卷九》：「唐宣宗問薦福辨禪師：『如何是戒定慧？』答曰：『防非止惡，名戒；六根涉境不隨緣，名定。心境俱空，照鑒為慧。』」

2.調攝亂意名定，觀照事理名慧，又名止觀。〇《六波羅蜜多經．八》：「佛果大菩薩，定慧為根本。」

3.《起信筆削記．五》：「禪者具云禪那，此云靜慮，即慧之定。般若此云智慧，即定之慧。故此與第五是自性定慧本自一法，但約體用義分異爾。」

4.《涅槃經北本．三十一》：「善男子！十住菩薩智慧力多，三昧力少，是故不得明見佛性；聲聞緣覺三昧力多，智慧力少，以是因緣不見佛性；諸佛世尊定慧等故，明見佛性。」

5.學道人，修學道行之人也。《菩薩瓔珞經》：「佛子莊嚴二種法身，是人名學行人。」

6.《金剛經》：「若菩薩有我相、人相、眾生相、壽者相，則非菩薩。」〇《六祖金剛經註》：「有我相者，倚恃名位權勢，財寶藝學，攀高接貴，輕慢貧賤愚迷之流。人相者，有能所心，有知解心，未得謂得，未證謂證，自恃持戒，輕破戒者。眾生相者，謂有苟求希望之心，言正行邪，口善心惡。壽者相者，覺時似悟，見境生情，執著諸相，希求福利。有此四相，即同眾生，非菩薩也。」又曰：「實無有法者，謂初悟人尚有微細四相也。但少有悟心，是我相。見有智慧，能降伏煩惱，是人相。見降伏煩惱，竟是眾生相。見清淨心可得，是壽者相。不除此念，皆是有法，故云實無有法發阿耨多羅三藐三菩提心。」又曰：「始即令諸學人先除粗重四相，如大乘正宗分中說也；次即令見自性之後，復除細微四相，如究竟無我分中說也。此二分中，即皆顯出理中清淨四相。若於自性無求無得，湛然常住，是清淨我見；若見自性本自具足，是清淨人見，於自心中本無煩惱可斷，是清淨眾生見；自性無變無異，無生無滅，是清淨壽者見。」

7. 燈，與鐙通。

8.《破相論》：「覺之明了，喻之為燈。是故一切求解脫者，身為燈臺，心為燈炷。增諸戒行，以為添油。智慧明達，喻如燈火常燃。如是真正覺燈，而照一切無明癡暗。」

師示眾云：「善知識！一行三昧者[1]，於一切處行住坐臥[2]常行一直心是也[3]。《淨名經》云[4]：『直心是道場[5]，直心是淨土[6]。』莫心行諂曲，口但說直！口說一行三昧，不行直心。但行直心，於一切法勿有執著。迷人著法相，執一行三昧，直言『常坐不動，妄不起心，即是一行三昧』。作此解者，即同無情，卻是障道因緣。

「善知識！道須通流，何以卻滯？心不住法，道即通流；心若住法，名為自縛[7]。若言常坐不動是，只如舍利弗[8]宴坐林中[9]，卻被維摩詰訶[10]。善知識！又

有人教坐，看心觀靜[11]，不動不起，從此置功。迷人不會，便執成顛[12]，如此者眾。如是相教，故知大錯。」

箋註

1.《三藏法數・四》：「一行三昧者，惟專一行，修習正定也。」○《大智度論・四十七》：「云何名一行三昧？住是三昧，不見諸三昧此岸、彼岸，是名一行三昧。」

2.行、住、坐、臥即四威儀。○《觀念法門》：「問不行住坐臥，一切時處，若晝若夜。」

3.《維摩經・佛國品》：「直心是菩薩淨土。」○《註維摩經・一》：「肇曰『直心者，謂質直無諂，此心乃是萬行之本。』什曰：『直心，誠實心也。發心之始，始於誠實。』」○《普觀記》：「言直心者，離屈曲故，謂以此心直緣真如。由此方便，發起正智也。」

4.《淨名經》即《維摩經》。

5.《維摩經・四》：「光嚴童子白佛言：『憶念我昔出毗耶離大城時，維摩詰方入城，我即為作禮，而問言：「居士從何所來？」答我言：「從道場來。」我問道場何所是？答曰直心是道場。』」

6.《維摩經・四》：「寶積，當知直心是菩薩淨土。」○此云直心是道場、是淨土，大師略菩薩二字言也。

7.法縛，同法執，纏著於法也。○《圓覺經》：「菩薩不與法縛，不求法縛。」○《菩提心論》：「二乘之人，雖破人執，猶有法執。」

8.舍利弗，亦名舍利子，佛之大弟子也。○《嘉祥法華疏・一》：「從母立名，母以眼似舍利鳥眼，故名母名舍利。其母於眾女人中聰明第一，以世人貴重其母，故呼為舍利子。」

9.《義記．二本》：「宴，猶嘿也。嘿坐樹下，名為宴坐。」

10.《維摩經．弟子品》：「告舍利弗，汝行詣維摩詰問疾。舍利弗白佛言：『世尊，我不堪任詣彼問疾。所以者何？憶念我昔，曾於林中宴坐樹下。時維摩詰來謂我言：「唯，舍利弗，不必是坐為宴坐也。」』」

11.《宗鏡錄．九十七》：「崛多三藏歷村，見秀大師弟子，獨坐觀心。師問作什麼？對曰：『看靜。』師曰：『看者何人？靜者何物？』其僧無對。問此理如何？師曰：『何不自看？何不自靜？』」又出《傳燈錄．五．西域崛多三藏章》。○按：靜當作淨。壇經敦煌本作「看心看淨」。唐人寫經，淨、靜不分。《神會語錄》亦作「看心看淨」。詳〈坐禪品〉註。

12.顛，癡顛病也。

師示眾云：「善知識！本來正教[1]無有頓漸[2]，人性自有利鈍。迷人漸修，悟人頓契；自識本心，自見本性，即無差別。所以立頓漸之假名。

「善知識！我此法門，從上以來，先立無念為宗[3]，無相為體[4]，無住為本[5]。無相者，於相而離相[6]；無念者，於念而無念；無住者，人之本性。於世間善惡好醜，乃至冤之與親，言語觸刺欺爭之時，並將為空，不思酬害[7]。

箋註

1.所說契於正理、名正教。

2.頓漸，頓教與漸教也，用以判別諸大乘教者。餘見前。

3.無念即正念也。○《頓悟入道要門論．上》：「無念者，一切處無心是；無一切境界，無餘思求是；對諸境色，永無起動，是即無念。無念者，是名真念也；若以念為念者，即是邪念，非為正念。何以故？經云：『若教人六念，名為非念。』有六念名為邪念，無六念者即真念。經云：『善男子！我等住於無念法中！得如是金色三十二相，放大光明，照無餘世界，不可思議功德，佛說之猶不盡，何況餘乘能知也？』得無念者，六根無染故，自然得入諸佛知見；得如是者，即名佛藏，亦名法藏，即能一切佛一切法。何以故？為無念故。經云：『一切諸佛等，皆從此經出。』問：『既稱無念，入佛知見復從何立？』答：『從無念立，何以故？經云：「從無住本，立一切法。」』」

4.《大智度論．八十八》：「諸法實相，是一切法無相，是無相中不分別是佛是畜生。若分別，即見取相，是故等觀。」〇《破相論》：「真如佛性，非是凡形，煩惱塵垢，本來無相，豈可將質礙水洗無為身？」

5.《維摩經．六觀眾生品》：「文殊師利又問顛倒想孰為本？答曰：『無住為本。』」〇《宗鏡錄．八》：「文殊師利云：『從無住本，立一切法。』肇公釋云：『無住即實相異名，實相即性空異名。』」

6.《傳心法要》云：「學道人若學得知要訣，但莫於心上著一物。言：『佛真法身猶若虛空』，此是喻『法身即虛空，虛空即法身』。常人謂『法身遍虛空處，虛空中含容法身』，不知『法身即虛空，虛空即法身』也。若定言有虛空，虛空不是法身；若定言有法身，法身不是虛空；但莫作虛空解，虛空即法身；莫作法身解，法身即虛空。虛空與法身無異相，佛與眾生無異相，生死與涅槃無異相，煩惱與菩提無異相，離一切相即是佛。」

7.《中阿含經》：「時諸比丘數共鬥諍，於是世尊說偈曰：『若以諍止諍，至竟不見止，唯忍能止諍，是法當尊貴。』」〇《莊嚴經論》：「尸利毱多因設火坑並毒食害佛不得，悔過號泣。世尊告言：『汝勿憂怖。』即說偈言：『起我我無諍，久捨冤親心，右以旃檀塗，左以利刃割。於此二人中，其心等無異。』」

「念念之中，不思前境。若前念今念後念[1]，念念相續不斷[2]，名為繫縛[3]。於諸法上，念念不住，即無縛也。此是以無住為本[4]。

「善知識！外離一切相，名為無相[5]。能離於相，則法體清淨[6]。此是以無相為體。

「善知識！於諸境上，心不染，曰『無念』。於自念上，常離諸境，不於境上生心[7]。若只百物不思，念盡除卻；一念絕即死，別處受生；是為大錯。學道者思之！若不識法意，自錯猶可，更勸他人；自迷不見，又謗佛經[8]。所以立無念為宗。

「善知識！云何立無念為宗？只緣口說見性迷人[9]，於境上有念，念上便起邪見[10]，一切塵勞妄想[11]從此而生。自性本無一法可得[12]，若有所得，妄說禍福，即是塵勞邪見，故此法門立無念為宗。

箋註

1. 前念今念後念者，已往之念、現在之念與未來之念也。
2. 《起信論》：「一切眾生，不名為覺。從本以來，念念相續，未曾離念故。」
3. 繫縛，煩惱之異名。煩惱能纏縛身心，而使不得自由。〇《正法念》云：「如繩繫飛鳥，雖遠攝即還。眾生業所牽，當知亦如是。苟非覺悟，何有解期。」

4.《頓悟入道要門論・上》：「汝若欲了了識無所住心時，正坐之時，但知心莫思量一切物。一切善惡，都莫思量。過去事已過去，而莫思量，過去心自絕，即名無過去事；未來事未至，莫願莫求，未來心自絕，即名無未來事；現在事已現在，於一切事，但知無著。無著者，不起憎愛心，即是無著，現在心自絕，即名無現在事。三世不攝，亦名無三世也。心若起去時，即莫隨去，去心自絕。莫住時，亦莫隨住，住心自絕。即無住心，即是住無住處也。」

5.《大智度論・七十》：「諸法空者，即是無有男女長短好醜等相，是名無相相。」

6.法體，有為無為諸法之體性也。○《八宗綱要・上》：「三世實有，法體恆有。」

7.唐有源律師來問慧海曰：「和尚修道還用功否？」師曰：「用功。」曰：「如何用功？」師曰：「飢來吃飯，睏來即眠。」曰：「一切人總如是同師用功否？」師曰：「不同。」曰：「何故不同？」師曰：「他吃飯時，不肯吃飯，百種需索；睡時不肯睡，千般計較，所以不同也。」律師杜口。按：吃飯百種需索、睡時千般計較，即是境上生心。

8.佛經，佛所說之經典也。

9.口說見性迷人者，口中說見性而不實行之迷人也。

10.邪見，見前註。

11.《大乘義章・五本》：「謬執不真，名之為妄。所取不實，故曰妄想。」

12.《起信論》：「一切眾生，本來常住。人於涅槃菩提之法，非可修相，畢竟無得。」○《傳心法要・下》：「菩提者，不可以身得。身無相故，不可以心得。心無相故，不可以性得。性即便是本源自性天真佛故，不可以佛更得佛，不可以無相更得無相，不可以空更得空，不可以道更得道。本無所得，無得亦不可得，所以道無一法可得。只教你了取本心，當下了時，不得了相，無了無不了相，亦不可得。」

「善知識！無者，無何事？念者，念何物？無者，無二相，無諸塵勞之心。念者，念真如本性。真如即是念之體，念即是真如之用[1]。真如自性起念，非眼耳鼻舌能念。真如有性，所以起念；真如若無，眼耳色聲當時即壞。

「善知識！真如自性起念，六根雖有見聞覺知[2]，不染萬境，而真性常自在。故經云[3]：『能善分別[4]諸法相[5]，於第一義而不動[6]。』」

箋註

1.《中庸》：「喜怒哀樂之未發。」即真如之體也；「發而皆中節。」即真如之用也。《莊子》：「至人之用心若鏡。」即真如之體也；「不將不迎，應而不藏。」即真如之用也。《大易・繫辭傳》：「無思也，無為也，寂然不動。」即真如之體也；「感而遂通天下之故。」即真如之用也。

2.根，能生之義。眼根對於色境而生眼識，乃至意根對於法境而生意識名根。○《大乘義章・四》：「六根者，對色名眼，乃至第六對法名意，此之六、能生六識，故名為根。」○《筆削記・六》：「心散亂時，眼所見色，乃至意所知法等六塵。聞，謂耳鼻；覺，謂舌身；知，即是意。攝六盡。」○《淨名經・六不思議品》：「不可見聞覺知。」肇註：六識，略為四名：見聞，眼耳識也；覺，鼻舌身識也；知，意識也。

3.《維摩經・佛國品》。

4.分別有三：一自性分別；二計度分別；三隨念分別。○按：此即第二之計度分別，謂思量推度，種種差別之事也。

5.殊別之相可見於外者，名為法相。○《大乘義章・二》：「一切世諦有為無為，通名法相。」○《維摩經．佛國品》：「善解法相，知眾生根。」

6.《楞伽經．二》：「第一義者，聖智自覺所得，非言說妄想覺境界。」○又〈二之下〉：「究竟不成就，則度諸妄想，然後智清淨，是名第一義。」○唐譯《楞伽經》：「第一義者，是聖樂處。因言而入，非即是言。」○《大智度論．四十六》：「第一義名涅槃。」

坐禪品第五[1]

師示眾云：「此門坐禪[2]，元不看心，亦不看淨[3]，亦不是不動。若言看心，心原是妄，知心如幻，故無所看也。若言看淨，人性本淨，由妄念故蓋覆真如。但無妄想，性自清淨[4]，起心看淨，卻生淨妄；妄無處所，看者是妄。淨無形相，卻立淨相，言是工夫[5]。作此見者，障自本性[6]，卻被淨縛[7]。

「善知識！若修不動者，但見一切人時，不見人之是非善惡過患，即是自性不動[8]。善知識！迷人身雖不動，開口便說他人是非長短好惡，與道違背[9]。若看心看淨，即障道也[10]。」

箋註

1.《悟性論》：「不憶一切法，乃名為禪定。若了此言者，行住坐臥，皆是禪定。」○《御錄經海一滴》云：「坐禪雖標三業不動，然一切處心不動，則語默動靜無往不禪。若謂坐是禪，而其他非禪，則是非祖師門中正禪。」

2. 坐禪，坐而修禪，息慮凝心，以究明心性之術也。達摩來此，法始盛於中國，與從前之四禪、八定不同。

3. 俗本皆誤作「著心著淨」。敦煌唐寫本《神會語錄》：「問何不看心？答看即是妄，無妄即無看。問何不看淨？答無垢即無淨，淨亦是相，是以不看。」〇按：北宗皆教人凝心入定，住心看淨，起心外照，攝心內證。故南宗以不看心、不看淨辟之。

4. 《禪源諸詮．上》：「一切眾生，皆自空寂，真心無始，本來自性清淨。」

5. 工夫亦作功夫。工謂工程，夫謂役夫。〇言是工夫者，迷人以為做工夫也。

6. 為工夫所障。

7. 淨相是妄，故被淨縛。《高子遺書．一》：「心即精神，不外馳，即內凝。有意凝之，反梏之矣。」

8. 《高子遺書．一》：「當得大忿懥、大恐懼、大憂患、大好樂而不動，乃真把柄也。」

9. 《湯子遺書》云：「每見朋友中，自己吝於改過，偏要議論人過，甚至數十年前偶誤，常記在心，以為話柄。獨不思士別三日，當刮目相待？舜跖之分，只在一念轉移。若向來所為是君子，一旦改行，即為小人矣；向來所為是小人，一旦改圖，即為君子矣。豈可一眚便棄，阻人自新之路？更有背後議人過失，當面反不肯盡言，此非獨朋友之過，亦自己心地不忠厚、不光明。此過更為非細。」

10. 為看所障。

師示眾云：「善知識！何名坐禪？此法門中，無障無礙，外於一切善惡境界[1]心念[2]不起，名為坐；內見自性不動，即於第一義而不動，名為禪。

「善知識！何名禪定？外離相為禪，內不亂為定。外若著相，內心即亂；外若離相，心即不亂。本性自淨自定，只為見境思境即亂，若見諸境心不亂者，是真定也。

「善知識！外離相即禪，內不亂即定。外禪內定，是為禪定。《菩薩戒經》云：『我本性元自清淨[3]。』善知識！於念念中，自見本性清淨[4]。自修、自行，自成佛道[5]。」

箋註

1.境者，境地。界者，界限。○《無量壽經．上》：「比丘白佛：『斯義弘深，非我境界。』」

2.心念，心識之思念也。

3.《高子遺書．一》：「但自默觀吾性本來清淨無物，不可自生纏擾；吾性本來完全具足，不可自疑虧欠；吾性本來蕩平正直，不可自作迂曲；吾性本來廣大無垠，不可自為局促；吾性本來光明照朗，不可自為迷昧；吾性本來易簡直截，不可自增造作。」

4.《御錄經海一滴》：「非是脫塵垢而得淨相。佛及眾生本然性空，謂之清淨。深達此理，則念念禪定，事事空行，常住無間，那伽大定。故云『於念念中，自見本性清淨』也。」

5.佛所得之無上菩提，謂之佛道。○《法華經．序品》：「恆沙菩薩，種種因緣而求佛道。」又〈方便品〉：「是諸世尊，皆說一乘法，化無量眾生，令入於佛道。」

懺悔品第六[1]

時，大師見廣韶[2]洎[3]四方士庶駢[4]集山中聽法，於是升座告眾曰：「來！諸善知識！此事須從自性中起。於一切時，念念自淨其心，自修其行，見自己法身，見自心佛，自度自戒，始得不假到此。既從遠來，一會於此，皆共有緣。今可各各胡跪[5]，先為傳『自性五分法身香』[6]，次授『無相懺悔』[7]。」眾胡跪。

師曰：「一、戒香[8]，即自心中，無非、無惡、無嫉妒[9]、無貪嗔[10]、無劫害[11]，名戒香；二、定香[12]，即覩諸善惡境相，自心不亂[13]，名定香；三、慧香[14]，自心無礙，常以智慧觀照自性[15]，不造諸惡；雖修眾善，心不執著；敬上念下，矜恤孤貧，名慧香；四、解脫香[16]，即自心無所攀緣，不思善，不思惡，自在無礙，名解脫香；五、解脫知見香[17]，自心既無所攀緣善惡，不可沉空寂[18]，即須廣學多聞[19]，識自本心，達諸佛理，和光接物[20]，無我無人，直至菩提，真性不易[21]，名解脫知見香。善知識！此香各自內薰[22]，莫向外覓！

箋註

1. 梵云懺摩，此云悔過。梵漢兼舉，故云懺悔。○此篇所說，凡有五節：一、自性五分法身香；二、無相懺悔；三、自心四弘誓願；四、自性三寶歸戒；五、自性一體三身佛也。○懺悔有多品，如理懺、事懺、無生懺、取相懺、作法懺、大懺悔、莊嚴懺悔、無相懺悔等。此品所云之懺悔，指無相懺悔也。

2.廣，廣州。韶，韶州也。

3.洎音「忌」，及也。

4.駢音「便」。

5.《慧琳音義．三十六》：「胡跪，右膝著地，豎左膝危坐，或云互跪也。」〇《歸敬儀》：「佛法順右，即以右膝拄地，右腿在空，右指拄地。又左膝上戴，左指拄地，使三處翹翹，曲身前就。故得心有專至，請悔方極。」

6.五分法身，以五種功德法而成佛身也。〇《行宗記．一上》：「五分法身者，戒定慧，從因受名。解脫，解脫知見，從果受號。由慧斷惑，斷惑惑無之處名解脫。出纏破障，返照觀心，名解脫知見。」〇五分法身香者，即一、戒香；二、定香；三、慧香；四、解脫香；五、解脫知見香。〇《維摩經．方便品》：「佛身者，即法身也，從無量功德智慧生，從戒定慧解脫解脫知見生。」註，肇曰：五分法身也。

7.《止觀．七》：「懺名陳露先惡，悔名改往修來。」〇《慧苑音義．下》：「懺悔，謂懺摩，此云請忍。忍，謂請前人忍受我悔罪。」

8.《破相論》：「佛在世日，令諸弟子以智慧火燒如是無價寶香，供養十方諸佛。今時眾生，不解如來真實之義，唯將外火燒於世間沉檀熏陸質礙之香，希望福報，云何可得乎？又達摩曰：『戒香，能斷諸惡，能修諸善。』」

9.《筆削記．五》：「嫉，謂妒忌也。」〇害賢曰嫉，害色曰妒。

10.《法界次第．上》：「引取之心，名之為貪。違忿之心，名之為嗔。」

11.《南山戒疏．二之上》：「不白而取曰劫。」〇《觀音疏記》：「乖慈名害。」

12.達摩云：「深信大乘，心無退轉。」

13.言自心本不散亂。《起信論》：「以知法性常定，體無亂故，隨須修行禪波羅蜜。」

14. 達摩云：「常於身心內自觀察。」
15. 觀照，見前註。
16. 達摩云：「能斷一切無明結縛。」又曰：「自覺覺他，覺智明了，則名解脫。」
17. 達摩云：「觀照常明，通達無礙。」○解脫知見，謂己實知解脫。即后得智也。○由解生定，由定生慧，由慧得解脫。由解脫得解脫知見。
18. 沉空者，大乘之菩薩二阿僧祇劫之終，於第七地專修無相觀。上可無菩薩之求，下可無眾生之度，於是鈍根怯弱之菩薩，著此空相，發自他之大行，名七地沉空難。
19. 《維摩經．菩薩品》：「多聞是道場。」
20. 《老子》：「和其光，同其塵。」○駱賓王〈螢火賦〉：「不貪熱以苟進，每和光而曲全。」○蘇延詩：「善物遺方外，和光繞道邊。」○《莊子》：「接於物而生時者也。」
21. 真性註見前。
22. 內薰者，眾生心內，有本覺之真如薰習無明，使以妄心，厭生死之苦，求涅槃之樂，名內薰。佛菩薩之教法及自己之修行，名外薰。

「今與汝等授『無相懺悔』，滅三世罪[1]，令得三業清淨[2]。善知識！各隨我語一時道[3]：『弟子等，從前念今念及後念，念念不被愚迷染；從前所有惡業愚迷等罪[4]，悉皆懺悔，願一時銷滅[5]，永不復起。弟子等！從前念今念及後念，念念不被憍誑染[6]；從前所有惡業、憍誑等罪，悉皆懺悔，願一時消滅、永不復起。弟子等！從前念今念及後念、念念不被嫉妒染[7]。從前所有惡業、嫉妒等罪，悉皆懺悔，願一時消滅，永不復起。

「善知識！已上是為無相懺悔，云何名懺？云何名悔？懺者，懺其前愆[8]。從前所有惡業，愚迷憍誑嫉妒等罪，悉皆盡懺，永不復起，是名為懺。悔者，悔其後過。從今以後，所有惡業，愚迷、憍誑、嫉妒等罪，今已覺悟，悉皆永斷，更不復作，是名為悔，故稱懺悔。凡夫愚迷，只知懺其前愆，不知悔其後過；以不悔故，前罪不滅，後過又生。前罪既不滅，後過復又生，何名懺悔？

「善知識！既懺悔已，與善知識發『四弘誓願』[9]，各須用心正聽[10]：

「自心眾生無邊誓願度，自心煩惱無邊誓願斷；自性法門無盡誓願學，自性無上佛道誓願成[11]。」

箋註

1.《寶積經．九十四》：「三世，所謂過去、未來、現在。云何過去世？若法生已滅，是名過去世；云何未來世？若法未生未起，是名未來世；云何現在世？若法生已未滅，是名現在世。」

2.三業者：一、身業，身所作；二、口業，口所說；三、意業，意所思。

3.一時道，即一時說道。猶云一時唱言。

4.乖於理而行，名惡；作身口意之三事，名業。○《四十華嚴經．四十》：「我昔所造諸惡業，皆由無始貪瞋癡。」

5.銷與消通，盡也。

6.《唯識論．六》：「憍誑者，心懷異謀，多現不實邪命事故，此即貪癡一分為體。」按：

憍誑者，唯識二十隨煩惱中之二也。

7.害賢曰嫉，相忌曰妒。〇《唯識論．六》：「嫉妒者，聞見他榮，深懷憂戚，不安穩故。瞋恚一分為體。」

8.《玉篇》：「愆，去乾切。過也，失也。」《說文》作𡨦，又俗作僁。

9.《天臺法界次第．下》：「今菩薩善達四諦、十二因緣，憐愍一切，同於子想，故能為眾生久處生死，發心荷負一切，共入涅槃。是以必須大誓莊嚴，要心不退也。此四通言弘誓願者，廣普之緣，謂之為弘；自制其心，名之曰誓；志求滿足，故云願也。」〇《心地觀經．七》：「一切菩薩，復有四願，成就有情，住持三寶，大海劫終不退轉。云何為四？一者，誓度一切眾生；二者，誓斷一切煩惱；三者，誓學一切法門。四者，誓證一切佛果。」

10.唐《華嚴經．十四》：「云何用心，能獲一切勝妙功德？」

11.以上四誓願，即四弘誓願也。

「善知識！大家豈不道[1]『眾生無邊誓願度』？恁麼[2]道，且不是惠能度[3]。善知識！心中眾生，所謂邪迷心、誑妄心、不善心、嫉妒心、惡毒心，如是等心，盡是眾生。各須自性自度，是名真度。何名自性自度？即自心中邪見煩惱愚癡眾生，將正見[4]度。既有正見，使般若智打破愚癡迷妄眾生，各各自度。邪來正度，迷來悟度，愚來智度，惡來善度，如是度者，名為真度。又，煩惱無邊誓願斷，將自性般若智除卻虛妄思想心是也。又，法門無盡誓願學，須自見性，常行正法[5]，是名真學。又，無上佛道誓願成，既常能下心，行於真正，離迷離覺，常生般若，除真除妄，即見佛性，即言下佛道成。常念修行，是願力法！

「善知識！今發四弘願了，更與善知識授『無相三歸依戒』[6]。善知識！歸依覺，兩足尊[7]；歸依正，離欲尊[8]；歸依淨，眾中尊[9]。從今日去，稱覺為師，更不歸依邪魔外道[10]！以自性三寶常自證明。勸善知識，歸依自性三寶[11]。佛者，覺也[12]；法者，正也[13]；僧者，淨也[14]。自心歸依覺，邪迷不生，少欲知足[15]，能離財色，名兩足尊。自心歸依正，念念無邪見[16]，以無邪見故，即無人我貢高[17]貪愛執著，名離欲尊。自心歸依淨，一切塵勞愛欲境界，自性皆不染著，名眾中尊。若修此行，是自歸依。凡夫不會，從日至夜，受三歸戒。若言歸依佛，佛在何處？若不見佛，憑何所歸？言卻成妄。

箋註

1.大家，大眾之意。

2.恁音「衽」。恁麼，猶言如斯。

3.且不是惠能度者，眾生自性自度也。○《頓悟入道要門論．上》：「眾生自度，佛不能度。若佛能度眾生時，過去諸佛如微塵數，一切眾生，總應度盡。何故我等至今，流浪生死，不得成佛？當知眾生自度，佛不能度。努力努力，自修，莫倚他佛力。經云：『夫求法者，不著佛求。』」

4.正見者，明知苦寂滅道之理也。○《悟性論》：「凡迷者迷於悟，悟者悟於迷。正見之人知心空無，即超迷悟。無有迷悟，始名正解正見。」○《法界次第》中：「見四諦分明，故云正見。」○《頓悟入道要門論．上》：「問云何正見？答：『見無所見，即名正見。』」

5.《新婆沙論．百八十三》：「正法有二種：一、世俗正法，謂名句文身，即經律論也；

二、勝義正法，謂聖道，即無漏、根、力、覺支、道支也。」○正法，真正之道法也。理無差，故云正。法為三寶中之法寶，以教理，行果四者為體。○《無量壽經．上》：「弘宣正法。」

6.《大乘義章．十》：「歸投依服，故曰歸依。」○《法界次第．上之上》：「歸以反還為義，依者憑也。」○《勝鬘經》：「一切法常住，是故我歸依。」

7.福慧兩足故。

8.離邪曰正，即正法。離欲垢塵染故。

9.無汙染曰淨，淨於眾物中最尊故。

10.邪，邪道，不明佛法者。魔，魔道，妨害佛法者。○《傳燈錄》：「心外求法，名為外道。」《俱舍玄義》：「學乖諦理，隨目妄情不返內覺，稱為外道。」○《法事》：「不取佛言，名外道。」○外道六師各有十五弟子，合六師而為九十六也。其六師一為富蘭那迦葉；二、末伽黎翟賒梨子；三、刪闍耶毗羅胝子；四、阿耆多翅舍欽婆羅；五、迦羅鳩馱迦旃延；六、尼乾陀若提子。○按：此處外道，總指異端而言。

11.一切之佛陀，佛寶也。佛陀所說之教法，法寶也。隨其教法而修業，僧寶也。自性三寶，即各自具有之一體三寶也。了法為佛，遠離為法，無為為僧也。○按三寶有同體，別相、住持等異。今即同體三寶也，或名云一體三寶、自體三寶、自性三寶等，名稱有別耳。性自靈覺即佛寶，性本寂滅即法寶，性無乖諍即僧寶，是名同體自性三寶也。

12.佛者，具滿自覺、覺他之二行，為十界最高之聖者。○《般若燈論》曰：「何名佛？於一切法不顛倒、真實覺了、故名佛。」○按：此言自性即覺為佛。

13.法者，一切皆有法，即道也。故以講道為說法。○《要覽》中，梵語達磨，華言法，以轉持為義，謂轉物生解，住持自性故。○按：此言自性即正為法。

14.僧者，僧伽之略，三寶之一，譯作眾。凡三人以上之比丘和合一處而修道者曰僧。○《別行疏鈔・二》：「一味清淨性體，僧也。」○《般若燈論》：「四果人，謂與戒、定、慧、解脫、解脫知見、和合，故名僧也。」○按：此言即淨為僧。

15.《要覽・下・躁靜篇》云：「獅子吼菩薩問曰：『少欲知足，有何差別？』佛言：『少欲者，不求不取。知足者，得少不悔恨。』」

16.邪見註見前。

17.貢獻也。貢高，獻己學問勢力等高於人也。

「善知識！各自觀察，莫錯用心。經文[1]分明言『自歸依佛』，不言『歸依他佛』。自佛不歸，無所依處。今既自悟，各須歸依自心三寶[2]。內調心性，外敬他人，是自歸依也。

「善知識！既歸依自三寶竟，各各志心[3]，吾與說『一體三身自性佛』[4]，令汝等見三身，了然自悟自性。總隨我道：『於自色身[5]歸依清淨法身佛[6]，於自色身歸依圓滿報身佛[7]，於自色身歸依千百億化身佛[8]。』

箋註

1.《華嚴經・淨行品》：「自歸依佛，當願眾生體解大道，發無上心。」

2.《頓悟入道要門論・下》：「心是佛，不用將佛求佛；心是法，不用將法求法。佛法無二，和合為僧，即是一體三寶。經云：『心佛與眾生，是三無差別。』身口意清淨，名為佛出世，三業不清淨，名為佛滅度。」○按：此即自心三寶之說也。

3.心之所之為志，志心猶言留心也。

4.經論所說佛身有二身乃至十身，雖開合多途，可以三身括之。如臺宗所立法報應三身、法相宗所立自性受用變化三身、《最勝王經》所說之法應化三身、大小乘通用之法報化三身等是也。又《悟性論》云：「飛騰十方，隨宜救濟者，化身佛也。斷惑修善，雪山成道者，報身佛也。無言無說，湛然常住者，法身佛也。」若論至理，一佛尚無，何得有三？此言三身者，但據人智有上、中、下耳。

5.父母所生之身為色身。

6.《妙句．九》：「法身如來，名毗盧遮那，此翻遍一切處。」

7.《妙句．九》：「報身如來名盧舍那，此翻淨滿。」

8.《梵網經．心地品》：「我今盧舍那，方坐蓮華臺，周匝千華上，復現千釋迦。一華百億國，一國一釋迦，各坐菩提樹，一時成佛道。如是千百億，盧舍那本身。」

「善知識！色身是舍宅[1]，不可言歸。向者三身佛，在自性中，世人總有。為自心迷，不見內性；外覓三身如來，不見自身中有三身佛。汝等聽說！今汝等於自身中見自性有三身佛。此三身佛，從自性生，不從外得。何名『清淨法身佛』？世人性本清淨，萬法從自性生[2]。思量一切惡事，即生惡行；思量一切善事，即生善行。如是諸法在自性中，如天常清，日月常明，為浮雲蓋覆[3]，上明下暗。忽遇風吹雲散，上下俱明，萬象皆現。世人性常浮游[4]，如彼天雲。善知識！智如日、慧如月[5]，智慧常明，於外著境[6]，被自念浮雲蓋覆自性，不得明朗。若遇善知識，聞真正法，自除迷妄，內外明徹，於自性中萬法皆現[7]。見性之人，亦復如是，此名清淨法身佛。

1.客館曰舍。舍宅云者，言色身如旅行之館舍也。

2.《彌陀經疏鈔．二》：「稱理則自性能生萬法。」〇《傳心法要．下》：「心生則種種法生，心滅則種種法滅，故知一切諸法皆由心造，乃至人天地獄六道修羅盡由心造。」

3.《十地經》云：「眾生身中有金剛佛，猶如日輪，體明圓滿，廣大無邊。只為五陰重雲覆，如瓶內燈光，不能顯現。」

4.浮游，猶言周流也。〇《莊子》：「浮游不知所求。」〇《淮南子》：「忘肝膽，遺耳目，猶浮游無方之外。」

5.《事類摘錄．第四》：「慧日普照，智月常圓。」〇《無量壽經．下》：「慧日照世間，清除生死雲。」〇《法華．普門品》：「慧日破諸暗。」

6.著境，執著於六塵境也。

7.《林子三教正宗統論》：「夫佛豈無法邪！若迷若妄，不即自除。而性中萬法，豈能自現。」

「善知識！自心歸依自性，是歸依真佛。自歸依者[1]**，除卻自性中不善心**[2]**、嫉妒心**[3]**、吾我心**[4]**、誑妄心**[5]**、輕人心**[6]**、慢他心**[7]**、邪見心**[8]**、貢高心**[9]**，及一切時中不善之行。常自見己過**[10]**，不說他人好惡**[11]**，是自歸依。常須下心**[12]**，普行恭敬，即是見性通達，更無滯礙，是自歸依。**

箋註

1. 按：以下九十六字，或云「在前三歸戒末是自歸依也」之下。
2. 妄念遷流之心。
3. 嫉妒，見前註「諂曲心」。《筆削記・六》：「諂謂罔冒，曲謂違理。」
4. 《大智度論・四十八》：「但住吾我心中，憶想分別覺觀心說。」
5. 《唯識論・六》：「七、誑心，所為獲利譽，矯現有德，詭詐為性。」
6. 不敬重人之心。
7. 慢者，恃己高舉於他為性。
8. 《筆削記・六》：「邪見者，亦名惡見，即身邊等五見也。」
9. 誇功之心。
10. 罪己則無尤。
11. 終日不見己過，便絕聖賢之路；終日喜談人過，便傷天地之和。〇《湯子遺書》：「不見己過，是心不存。一檢點來，喜怒哀樂，多不中節。視聽言動，多不合禮。自己克治不暇，何敢責備他人？」
12. 下心，謙下其心也。

「何名『圓滿報身』？譬如一燈能除千年暗，一智能滅萬年愚。莫思向前，已過不可得；常思於後，念念圓明，自見本性。善惡雖殊，本性無二。無二之性，名為實性[1]，於實性中，不染善惡，此名『圓滿報身佛』。自性起一念惡，滅萬劫善因；自性起一念善，得恆沙惡盡[2]。直至無上菩提，念念自見，不失本念，名為

『報身』。

「何名『千百億化身』？若不思萬法，性本如空，一念思量，名為『變化』[3]。思量惡事，化為地獄[4]；思量善事，化為天堂[5]；毒害，化為龍蛇[6]；慈悲，化為菩薩[7]；智慧，化為上界[8]；愚癡，化為下方[9]。自性變化甚多，迷人不能省覺[10]。念念起惡，常行惡道，回一念善，智慧即生，此名『自性化身佛』。

「善知識！法身本具，念念自性自見，即是報身佛。從報身思量[11]，即是化身佛。自悟自修自性功德[12]，是真歸依。皮肉是色身，色身是宅舍，不言歸依也。但悟自性三身，即識[13]自性佛。吾有一〈無相頌〉，若能誦持，言下令汝積劫迷罪，一時消滅。」

箋註

1.《筆削記・一》：「實性即是真如也。」○《唯識論・八》：「二空所顯，圓滿成就諸法實性，名圓成實。」○實性即諸法實性。○《仁王經》中，諸法實性，清淨平等，非有非無。○《仁王經・良賁疏》：「諸法實性者，諸法性也。」

2.恆沙，恆河中之沙數也，以喻數量之多。○《起信論》：「過恆沙等上煩惱，依無明起。」○《筆削記・四》：「意明煩惱，數過河沙等。」○《智度論・七》：「問曰：『如閻浮提中種種大河，亦有過恆河者。何故常言恆河沙等？』答曰：『恆河沙多，餘河不爾。復次，是恆河是佛生處、游行處。弟子現見，故以為喻。復次，諸人經書皆以恆河為福德吉河，若入其中洗者，諸罪垢惡，皆悉除盡，以人敬事此河皆共識知，故以恆河沙為喻。復次，餘河名字屢轉，此恆河世世不轉，以是故以恆河沙為喻，不取餘河。』」

3.《荀子註》：「改其舊質，謂之變。馴致於善，謂之化。」○又互相生滅之義，自有而無謂之變，自無而有謂之化。○《易》曰：「四時變化，而能久成。」

4.《悟性論》：「無妄想時，一心是一佛國；有妄想時，一心是一地獄。」○《宗鏡錄．第五》：「心能作佛，心作眾生，心作天堂，心作地獄。」○地獄，如八大地獄、八寒地獄、十六遊增地獄、十六小地獄等。

5.天堂，天上之宮殿也。○《佛遺教經》：「不知足者，雖處天堂，亦不稱意。」

6.毒害，很毒之計畫，可以害人者。○王維詩：「安禪制毒龍。」又劉禹錫詩：「獨向昭潭制毒龍。」皆謂禪家降伏其心也。○《佛遺教經》：「心之可畏，甚於毒蛇。」○按：佛經每以金及人身之四大喻毒蛇，此處則以心喻毒龍毒蛇也。

7.菩薩即菩提薩埵。○《淨名疏．一》：「菩提為無上道，薩埵名大心，謂無上道大心。此人發大心為眾生求無上道，故名菩薩。安師云：『開士始士，又翻云大道心眾生，古本翻為高士。既異翻不定，須留梵音。』今依《大論釋》，菩提名佛道，薩埵名成眾生。用諸佛道成就眾生，故名菩提薩埵。又菩提是自行，薩埵是化他，自修佛道，又用化他，故名菩薩。」《天臺戒疏義．上》：「天竺梵音摩訶菩提質帝薩埵，言菩薩，略其餘字，譯云『大道心成眾生』。菩薩以慈悲為心，吾人一念慈悲，即一念是菩薩，念念慈悲，即念念菩薩，故云慈悲化為菩薩也。」

8.上界指諸天。

9.下方指三塗。

10.省覺，省察而覺悟也。

11.此思量二字，指發出智慧而言。

12.《彌陀經疏鈔．二》：「功德者，無漏性功德也。又，功指其行之善，德指其心之善。」

○按：自悟自修自性功德者，自悟自性功德，自修自性功德也。功德，為自性中所本有，須待修悟耳。

13. 識，認識也。

「頌曰[1]：

迷人修福不修道[2]，只言修福便是道[3]。

布施供養福無邊[4]，心中三惡元來造[5]。

擬將修福欲滅罪，後世得福罪還在[6]。

但向心中除罪緣，各自性中真懺悔[7]。

忽悟大乘真懺悔，除邪行正即無罪[8]。

學道常於自性觀，即與諸佛同一類[9]。

吾祖唯傳此頓法，普願見性同一體[10]。

若欲當來覓法身[11]，離諸法相心中洗[12]。

努力自見莫悠悠[13]，後念忽絕一世休[14]！

若悟大乘得見性，虔恭合掌至心求[15]。」

師言：「善知識！總須誦取，依此修行！言下見性[16]，雖去吾千里，如常在吾邊。於此言下不悟，即對面千里，何勤遠來[17]？珍重好去[18]！」一眾聞法，靡不開悟[19]，歡喜奉行。

箋註

1.按古本以「今迷人修福」等二十句頌，載記前般若第二末說通心、通頌處，亦無別頌。茲順現世流行之本置此。

2.迷人，暗於事理之人也。〇修福不修道，如梁武之造殿度僧等事得人天福報者。

3.永嘉真覺大師〈證道歌〉：「住相布施生天福，猶如仰箭射虛空。勢力盡，箭還墜，招得來生不如意。」註：古德云：「人天福報為三生冤，人罕知之。良由世人因其福力，不明其本，就上增添。以此世福，恣情娛樂。臨命終時，福盡業在，返墮惡道，受種種苦，故云『招得來生不如意』也。」〇《傳心法要・上》：「道無方所，名大乘心，此心不在內外中間，實無方所。第一不得作知解，只是說汝如今情量盡處為道。情量若盡，心無方所。此道天真，本無名字，只為世人不識，迷在情中，所以諸佛出來說破此事，恐汝諸人不了，權立道名，不可守名而生解，故云『得魚妄筌』。身心自然，達道識心，達本源故，號為『沙門』。」〇《莊子》：「東郭子問於莊子曰：『所謂道惡乎在？』莊子曰：『無所不在。』東郭子曰：『期而後可？』莊子曰：『在螻蟻。』曰：『何其下也？』曰：『在稊稗。』曰：『何其愈下耶？』曰：『瓦甓。』曰：『何其愈甚耶？』曰：『在屎溺。』」按：禪宗之青青翠竹即是法身，郁郁黃華無非般若，亦此意也。

4.《名義集・四》：「檀那，秦言布施。布施有二種，一者財施、二者法施。」

5.貪、瞋、癡三毒，又云三惡，或云種惡。現前惡、不返惡、謂之三惡。又，欲、恚、害謂之三惡覺。又地獄、餓鬼、畜生謂之三惡道。〇《林子壇經訊釋》：「布施供養，豈不是人天小果邪！心中三惡，不自懺悔，縱滿三千大千世界七寶，以用布施，得福雖多，終成有漏。然而古人亦有言曰：『先須作福，福至心靈，而契機悟性，蓋亦有在於此矣。』或問：『何也？』林子曰：『夫心既靈矣，顧有機之不能契，而性之不能悟邪。』」

6.有因必有果，造福善力強，先報其善，不善業仍在，終當報也，故云罪還在。

7.心中既無罪緣，洒洒落落，是真懺悔。○餘詳前註。

8.《頓悟入道要門論．下》：「人問：『一心修道，過去業障得消滅否？』師曰：『不見性人，未得消滅。若見性人，如日照霜雪。又見性人，猶如積草等須彌山，只用一星之火，業障如草、智慧似火。』曰：『何得知業障盡？』師曰：『現前心通前後生事，猶如對見前佛後佛，萬法同時。經云：「一念知一切法是道場，成就一切智故。」』」

9.學道即觀自性。觀自性者，即是佛一類，故云同一類。○〈永嘉證道歌〉：「恆沙諸佛體皆同。言圓明法性，我與諸佛體皆同也。」○〈六祖金剛經口訣〉：「昔我如來，以大慈悲心，憫一切眾生迷錯顛倒流浪生死之如此，又見一切眾生本有快樂自在性，皆可修證成佛。欲一切眾生盡為聖賢生滅，不為凡夫生滅，猶慮一切眾生無始以來流浪日久，其種性已差，未能以一法速悟，故為說八萬四千法門，門門可入，皆可到真如之地。每說一法門，莫非丁寧實語。欲使一切眾生各隨所見法門入自心地，到自心地，見自性佛，證自身佛，即同如來。」○長沙景岑招賢禪師語錄：「問：『如何是文殊？』師曰：『牆壁瓦礫是。』曰：『如何是觀音？』師曰：『音聲語言是。』曰：『如何是普賢？』師曰：『眾生心是。』曰：『如何是佛？』師曰：『眾生色身是。』曰：『河沙諸佛體皆同，何故有種種名字？』師曰：『從眼根返源名文殊，耳根返源名觀音，從心返源名普賢。文殊是佛妙觀察智，觀音是佛無緣大慈，普賢是佛無為妙行。三聖是佛之妙用，佛是三聖之真體。用則有河沙假名，體則總名一薄伽梵。』」

10.心佛眾生本無差別，為心迷故，眾生不能與佛同。今有此祖祖相傳之頓法，苟能見性則時時在覺無迷。佛覺眾生覺，故同一體。○永嘉真覺大師〈證道歌〉註：「一性如來體自同者，迥出外道六十二種異見，即與般若涅槃妙心冥合，故云體自同也。」

11.佛之真身曰法身，即指佛之本性而言。

12.諸法一性而相殊，殊別之相由外可見，名法相，又謂法定之形相也。

13.努力、強勤貌。〈菩薩戒序〉云：「強健時，努力勤修善。」○《詩》：「悠悠旆旌。」註：閒暇貌。○莫悠悠者，言不可閒暇也。

14.前念今念已過去，後念忽絕，言已死也，故曰一世休。休，終止也。唐人詩：「他生未卜此生休。」

15.虔，身心端嚴純一也。○《御錄經海一滴》：「以上二十句頌，別本在前般若第三說通心通之處，甚不可也。或云以上二十句，押韻字似亦後人所強為。」

16.在此偈文言下見性也。

17.《四十二章經》：「佛言：『佛子，離吾數千里，憶念吾戒，必得道果。在左右雖常見吾，不須吾戒，終不得道。』」

18.《僧史略．上》：「臨去辭曰珍重者，相見已畢，情意已通，囑曰珍重，猶言善加保重，請加自愛，宜保惜也。」又《要覽》中〈禮數篇〉云：「釋氏相見將退，口云珍重，如此方俗云安置也。」

19.《法華經．序品》：「照明佛法，開悟眾生。」○《八十華嚴經．四》：「開悟一切愚暗眾生。」

機緣品第七[1]

師自黃梅[2]得法，回至韶州曹侯村，人無知者[3]。時有儒士劉志略[4]，禮遇[5]甚厚。志略有姑為尼[6]，名無盡藏，常誦《大涅槃經》。師暫[7]聽即知妙義，遂為

解說，尼乃執卷問字。師曰：「字即不識，義即請問。」尼曰：「字尚不識，焉能會義？」師曰：「諸佛妙理，非關文字[8]。」尼驚異之，遍告里中耆德云[9]：「此是有道之士[10]，宜請供養。」有魏[11]武侯玄孫[12]曹叔良及居民，競來瞻[13]禮。

時寶林古寺，自隋末兵火已廢[14]，遂於故基重建梵宇[15]，延師居之。俄成寶坊[16]。師住九月餘日，又為惡黨尋逐。師乃遁[17]於前山，被其縱火焚[18]草木，師隱身挨[19]入石中得免。石今有師趺坐[20]膝痕及衣布之紋[21]，因名「避難石」。師憶五祖懷會止藏之囑[22]，遂行隱於二邑[23]焉。

箋註

1. 機謂根機，緣謂勝緣。機有利鈍，緣有勝劣，機緣相感，自性開發。故以機緣名篇。○按：古本無此篇題，別本或作參請〈機緣第六〉，今從流行本也。
2. 「黃梅」見前註。
3. 別本云，師去時至曹侯村，住九月餘。然師自言，不經三十餘日，便至黃梅。此求道之切，豈有逗留？作去時者，非是。○按《傳燈》、《會元》、《正宗記》等，以為未得法已前之事。今本則以為得法之後，至韶州逢劉志略。茲依今本。
4. 《萬姓統譜．五十八》：「志略，唐劉志道之子也。」
5. 禮遇，以禮相待也。
6. 父之姊妹曰姑。○尼者，出家之女子，梵語比丘尼。比丘之語通男女，而尼音則示女性也。
7. 暫，須臾之間也。
8. 《傳心法要》：「裴相公問師曰：『山中四、五百人，幾人得和尚法？』師云：『得者莫測其數。何故？道在悟，豈在言說。言說只是化童蒙耳。』」

9.年高德優之人曰耆德。○《周禮》：「八十曰耆。」○《周雅釋詁》：「耆，長也。」○《周語》：「耆艾修之。」註：耆艾，師傅也。

10.《書》：「惟有道會孫周王發。」○杜甫詩：「先生有道出羲皇。」○韓愈〈諍臣論〉：「或問諫議大夫陽城於愈，可以謂有道之士乎哉。」

11.魏一作晉

12.魏武侯，《魏志．第一》云：「太祖武帝，姓曹氏，諱操，字孟德，追謚為武皇帝。或去曹氏玄孫有士仕晉封侯者，故作晉武侯玄孫。○按：玄孫，乃系孫之誤。系與𢆯字體相近。故改系為𢆯。後又改𢆯為玄，故有此誤。系孫即遠孫。《舊唐書》：「柳宗元後魏侍中濟陰公之系孫。」

13.仰視曰瞻。

14.《帝王姓系．四》：「隋都長安，始文帝辛丑，簒後周，即帝位，終恭帝戊寅，三主共三十八年而滅。」

15.梵宇，謂佛寺也。江總文：「我開梵宇，面壑臨丘。」

16.俄，頃也。時之至短速者曰俄頃。○《翰墨大全．集一》：「給孤長者，布黃金地為伽藍，故寺宇號為寶坊。」○按：《大集經．一》：「爾時如來示現無量神通力，漸漸至彼七寶坊中。」又云：「諸大菩薩俱共發，來至娑婆世界大寶坊中。」蓋欲界、色界中間有大寶坊，佛於此說《涅槃經》後，稱寺宇謂寶坊，即據此為美稱也。

17.遁，隱避也。

18.縱，放也。

19.挨，強進也。

20.趺坐，結跏趺坐也。〇《聲論》云：「以兩足趺加致兩髀，如龍盤結。」〇《慧琳音義·八》：「結跏趺坐略有二種：一曰吉祥，二曰降魔。凡坐皆先以右趾壓左股，後以左趾壓右股，此即左壓右，手左在上，名曰『降魔坐』，諸禪宗多傳此坐。依持明藏教瑜伽法門，即傳吉祥為上，降魔坐有時而用。其吉祥座，先以左趾壓右股，後以右趾壓左股，令二足掌仰於二股之上，手亦右壓左，仰安跏趺之上，名為『吉祥坐』。如來昔在菩提樹下成正覺時，身安吉祥之坐，手作降魔之印。故如來常安此坐轉妙法輪。」〇嘉祥《法華義疏·二》：「結跏趺坐是諸佛常坐之法，作此坐者，身端而心正也。」

21.常人聞石有趺坐痕，則起疑，謂為怪事。以意度之，師固未嘗留痕於石也。石上今有膝痕者，殆後人重其德，或鐫其蹟於石上，如儒者所云『愛其甘棠』之意耶。然佛家多不可思議之事，慎勿以常人之見測度之。

22.見上文。

23.二邑，即懷集四會二縣。詳見上文註中。

僧法海，韶州曲江人也。初參祖師，問曰：「即心即佛[1]，願垂指諭。」

師曰：「前念不生即心[2]，後念不滅即佛[3]；成一切相即心[4]，離一切相即佛[5]。吾若具說，窮劫不盡，聽吾偈曰：

「即心名慧[6]，即佛乃定[7]；定慧等持[8]，意中清淨。
悟此法門，由汝習性[9]；用本無生[10]，雙修是正[11]。」

法海言下大悟以，偈讚曰：

「即心元是佛[12]，不悟而自屈[13]；我知定慧因[14]，雙修離諸物[15]。」

箋註

1.唐釋慧海《入道要門．下》：「有行者問：『即心即佛，哪個是佛？』師云：『汝疑那個不是佛？指出看。』無對。師曰：『達即遍境是，不悟永乖疏。』」○《傳燈錄》：「明州大梅法常禪師問：『如何是佛？』祖云：『即心是佛。』師言下契，直入大梅山住二十年。祖令一僧去問：『和尚見馬祖，得個什麼，便住此山？』師云：『馬祖向我道，即心是佛。』僧云：『馬祖近日佛法又別？』師云：『作麼生別？』僧云：『近日又道非心非佛。』師云：『這老漢惑亂人去。任他非佛非心，我只即佛即心。』僧回舉似祖，祖曰：『梅子熟也。』」

2.前念已過去，不可沾戀而再使之生，以全此心之清淨圓明，即離一切相也。

3.心體湛然，應用自在，故後念不可滅也。後念若滅，已如槁木死灰之無情，不可作佛。

4.經云：「一切唯心造。」又曰：「心生則種種法生。」故知一切皆由心造。

5.如今但學無心，頓息諸緣，莫生妄想分別。無人無我、無貪瞋、無憎愛、無勝負、離一切相，即是本來清淨佛。

6.不起一念即定，此名即心，是心常能照境謂之慧，同體異名也。

7.離一切相，即佛乃定。定是慧體，其名雖異，其本來則一也。

8.等持，別本作「等等」。《傳燈》、《會元》、《正脈》，皆作「等持」，即定慧均等修持之謂也。○《涅槃經》：「定慧等學，明見佛性。」○《頓悟入道要門論．下》：「僧問：『如何定慧等學？』師曰：『定是體，慧是用，從定起慧，從慧歸定，如水與波，一體更無前後，名定慧等學。』」○《小止觀．上》：「《法華經》云：『佛自住大乘，如其所得法，定慧力莊嚴，以此度眾生。』當知此之二法，如車之雙輪、鳥之兩翼，若偏修習，即墮邪倒。故經云：『若偏修禪定福德，不學智慧，名之曰愚；偏學智慧，不修禪定福德，名之曰狂。』狂愚之過，雖小不同，邪見輪轉，蓋無差別。若不均等，此則行乖圓備，何能疾登極果！故經云：『聲聞之人，定力多故，不見佛性；十住菩薩，智慧力多，雖見佛性，而不明了。』諸佛如來定慧力等，是故了了見於佛性。」

9.習性，研習修成之性也。◯《地持經》：「習種性者，從先來修善所得，是名習種性。」

10.定體起用名為慧。慧，寂而常照。定，照而常寂。寂，故無生無滅也。無生無滅之所起用，用亦無生無滅，故能照而常寂，是乃本來一體正法也。

11.雙修，定慧雙修也。◯〈修心訣〉：「曹溪云：『心地無亂自性定，心地無癡自性慧。』若悟如是，任運寂知，遮照無二，則是為頓門行者雙修定慧也。」

12.前念不生，後念不滅，成一切相，離一切相，無二無別。

13.不悟者，自己屈辱自佛。

14.言我今始知定慧之正因。

15.雙修定慧，則離一切相。

僧法達，洪州[1]人。七歲出家，常誦《法華經》[2]。來禮祖師，頭不至地[3]。祖訶[4]曰：「禮不投地[5]，何如不禮？汝心中必有一物，蘊習[6]何事耶？」

曰：「念《法華經》已及三千部。」

祖曰：「汝若念至萬部，得其經意，不以為勝[7]，則與吾偕行。汝今負[8]此事業，都[9]不知過。聽吾偈曰：

「禮本折慢幢[10]，頭奚不至地；有我罪即生[11]，亡功福無比[12]。」

師又曰：「汝名什麼[13]？」

曰：「法達。」

師曰：「汝名法達，何曾達法[14]？」復說偈曰：

「汝今名法達，勤誦未休歇[15]；空誦但循聲[16]，明心號菩薩[17]。
汝今有緣[18]故，吾今為汝說；但信佛無言[19]，蓮花從口發[20]。」

達聞偈，悔謝[21]曰：「而今而後，當謙恭一切。弟子誦《法華經》，未解經義，心常有疑。和尚智慧廣大，願略說經中義理。」

師曰：「法達！法即甚達，汝心不達。經本無疑，汝心自疑。汝念此經，以何為宗？」

達曰：「學人根性暗鈍，從來但依文誦念[22]，豈知宗趣[23]！」

箋註

1.洪州，隋置，旋廢。唐復置。南唐建為南都。宋初復為洪州，旋改為隆興府。今江西南昌縣，即舊時州治也。

2.《法華經》即《妙法蓮華經》，七卷，二十八品，姚秦天竺沙門鳩摩羅什譯。明釋智旭云：「此經乃如來究竟極談，具明施設一代時教所以然之線索。如家業之有總帳簿，如天子之有九鼎也。非精研智者大師玄義文句，不能盡此經之奧，仍須以荊溪尊者釋籤妙樂輔之。」

3.頭至地者，以我所貴之首，接彼所賤之足。五體投地，表至敬也。

4.音「呵」。《說文》：「大言而怒也。」

5.《法苑珠林．二十八．致敬篇．儀式部》云：「既知一心合掌之儀，即須五體投地禮之。」〇按法達禮六祖，頭不至地，蓋是乖慢之禮，非如法行禮。故大師訶禁其無禮之慢心，實為法中之誡勗，後學宜知。

6. 蘊，蘊蓄。習，積習。

7. 不以為可勝人，則無慢心矣。

8. 《孟子》朱註：「負，任在背。」〇《前漢書・高祖紀・上》自負註，應劭曰：「負，恃也。」

9. 都，一概也。

10. 幢，幢幡也。〇《筆削記・一》：「破邪見幢樹。」〇《正法寶淨影雙卷經疏》：「我慢高勝，如幢上出。」〇慢心之高舉，譬如幢之高聳，故曰慢幢。

11. 《止觀・七》：「為無智慧故，計言有我。以慧觀之，實無有我。我在何處？頭足支節，一一諦觀，了不見我。」〇《原人論》：「形骸之色，思慮之心，從無始來，因緣力故，念念生滅，相續無窮。如水涓涓，如燈焰焰，身心假合，似一似常。凡愚不覺，執之為我。寶此我故，即起貪、瞋、癡等三毒。三毒擊意，發動身口，造一切業。〇按：「我慢」為「有我中」之一，以法達恃誦《法華經》三千部而慢人，故以生罪之說折之。

12. 亡與無通。無功與有我對待。舊刻本及藏經本皆作「亡」，俗刻本改為「忘」，非是。無功則成無漏因，故曰「福無比」。〇功指一切之有為功德而言，誦經特其中之一端而已。法達以誦《法華經》三千部自以為功，故以無功之說折之。〇《金剛經》：「若福德有實，如來不說得福德多。以福德無故，如來說得福德多。」

13. 什麼，不知而詢問之詞也。〇《傳燈錄》在此作「什麼」。

14. 若實達於法，行住坐臥，出息入息，皆真誦經。今徒勞於文句，故知未達真妙法也。

15. 休歇，止息也。

16. 《破相論》：「若心無實，口誦空名，三毒內臻，人我填臆。」〇但循聲，言心實未誦也。

17. 不但循聲讀誦，且將經義明白在心，即號菩薩。或云「明心見性，方號菩薩」也。

18. 緣，宿緣也。

19. 《血脈論》：「至理絕言，教是言語，實不是道。道本無言，言說是妄。」〇《莊子》：「無言，終身言未嘗言，終身不言未嘗不言。」

20. 《法華合論．一》：「眾生難見者自心，習見者蓮華，指其習見之象，示其難見之妙，故以經名妙法蓮華。」〇《法華句解．一》：「蓮華者，上根人觀之，即是自性。法華三昧，更非他物。中下之機，則作引物譬喻本有覺性清妙理也。」妙玄云：「問：『蓮華定是法華三昧之蓮華？定是華草之蓮華？』答：『定是法蓮華。法蓮華難解，故以草華為喻。利根即名解理，不假譬喻，但作法華之解。中下未悟，須譬乃知。以易解之蓮華，喻難解之三昧蓮華。』」〇《戒環要解》：「一稱經名，則蓮華出口。一能隨喜，則法香在身。」〇此言法達果信佛未嘗有所說法，離言說相而忘誦經之功，則可以誦《妙法蓮華經》矣，故曰「蓮華從口發」。

21. 悔謝，懺悔謝罪也。

22. 《破相論》：「在口曰誦，在心曰念。」

23. 《起信論．法藏疏》：「當部所崇曰宗，宗之所歸曰趣。」

師曰：「吾不識文字，汝試取經誦一遍，吾當為汝解說。」法達即高聲念經，至〈譬喻品〉，師曰：「止[1]！此經元來以因緣出世[2]為宗。縱說多種譬喻[3]，亦無越於此。何者因緣？經云：『諸佛世尊，唯以一大事因緣，出現於世[4]。』一大事者，佛之知見也[5]。

「世人外迷著相，內迷著空。若能於相離相，於空離空，即是內外不迷。若悟

此法，一念心開，是為開佛知見。

「佛，猶覺也[6]，分為四門：開『覺知見』、示『覺知見』、悟『覺知見』、入『覺知見』。若聞開示，便能悟入[7]，即覺知見，本來真性而得出現。

「汝慎勿錯解經意，見他道開示悟入，自是佛之知見，我輩無分[8]。若作此解，乃是謗經毀佛也。彼既是佛，已具知見，何用更開？汝今當信佛知見者，只汝自心，更無別佛。蓋為一切眾生，自蔽光明，貪愛塵境，外緣內擾，甘受驅馳[9]，便勞他世尊，從三昧[10]起，種種苦口[11]，勸令寢息[12]，莫向外求，與佛無二，故云開佛知見。吾亦勸一切人，於自心中、常開佛之知見。世人心邪、愚迷造罪。口善心惡，貪嗔嫉妒，諂佞我慢[13]，侵人害物，自開眾生知見。若能正心[14]，常生智慧，觀照自心，惡行善，是自開佛之知見。汝須念念開佛知見，勿開眾生知見。開佛知見，即是出世；開眾生知見，即是世間。汝若但勞勞執念[15]以為功課者[16]，何異犛牛愛尾[17]？」

箋註

1. 止，使之止於〈方便品〉，不再誦下文之〈譬喻品〉也。
2. 出世，佛出世也。
3. 縱說，盡憑而說之意。○《法華文句》：「譬，比況也。喻，曉訓也。」
4. 《法華經．方便品》：「我以無數方便種種因緣，譬喻言辭，演說諸法，是法非思量分別之所能解。唯有諸佛，乃能知之。所以者何？諸佛世尊唯以一大事因緣故出現於世。舍利弗！云何名諸佛世尊，唯以一大事因緣故，出現於世？欲令眾生開佛知見，使得清淨故，出現於世；欲示眾生佛之知見故，出現於世；欲令眾生悟佛知見故，出現於世；欲令眾生入佛知見道故，出現於世。舍利弗！是為諸佛以一大事因緣故，出現於世。佛告舍利弗：『諸佛如來但教化菩薩，諸有所作，常為一事。唯以佛之知見，示悟眾生。』」○《法華指掌疏．一下》：「唯，猶獨也。以，猶為也。言諸佛所為，無二無三，故曰唯以一事。此事非小，故曰唯以一大事。因此生悲，緣此感佛，故曰唯以一大事因緣。因緣湊合，佛乃出興，故曰唯以一大事因緣故，出現於世。」

5.《法華要解》：「佛知見者，徹了實相真如真見也。在法名一佛乘，在因名一大事，在果名一切種智，故曰『諸佛因一大事故出興』，為一佛乘故法，欲令眾生開佛見知，而究竟皆得一切種智也。此真知見，生佛等有，本來清淨。唯人以妄塵所染，無明所覆，而自迷失。」《中峰廣錄．一》曰：「佛知見者，乃破生死根塵之利具也。」○《法華文句．四》：「佛以一切種智知。佛以佛眼見，開此智眼，乃名佛知見。」○《法華玄義．九》：「靈知寂照，名佛知見。」

6.《智度論．七十》：「佛名為覺。於一切無明睡眠中最初覺，故名為覺。」

7.《法華經．方便品》：「令眾生開佛知見者，即開覺知見也；欲示眾生佛知見者，即示覺知見也；令眾生悟佛知見者，即悟覺知見也；令眾生入佛知見道者，即入覺知見也。」○《法華合論．三》：「佛不言以佛知見授之眾生，而言欲令眾生開佛知見，示佛知見，悟佛知見，入佛知見者，則知眾生本自有之，不從他以得之也。雖不從他以得之，必籍善知識為之緣。以方便為開示，而使之悟入也。」○《法華要解》云：「開，破無明之封蔀。示，指所迷之真體。悟，豁然洞視。入，深造自得，而證一切種智，是為佛知見道也。」又以四門配釋四位、四智、四教等者，詳《天臺文句》、《文句記》及《法華科註》等。

8.按此小乘劣慧之機，每興佛知見我輩無分之歎者。如《法華．信解品》云：「猶處門外，止宿草庵，自念貧事，我無此物，又如窮子即受教敕，領知珍寶是也。」

9. 驅馳，驅車馬而馳逐也。○《詩・皇華篇》：「載馳載驅。」○按：此言為塵勞所驅馳也。
10. 三昧見前註。○《法華・方便品》：「爾時世尊從三昧安詳而起，告舍利弗：『諸佛智慧，甚深無量，其智慧門，難解難入，一切聲聞辟支佛所不能知。』」
11. 《法華・方便品》：「如來能種種分別，巧說諸法，言辭柔軟，悅可眾心。」○苦口，猶云苦言。《法華經・信解品》：「如是苦言，汝當勤作，又以軟語，若如我子。」
12. 寢，止也。○寢息者，止其貪愛也。
13. 我慢者，自恃高貴而慢他之謂也。○《法華經・方便品》：「我慢自矜高，諂曲心不實。」
14. 大學，所謂修身，在正其心。
15. 勞，疲也，勤也。《說文》：「劇也。」勞勞，言勞之至也。
16. 功，功令。課，課程。每日限定時間作事，謂之功課。
17. 犛音「毛」。○《法華・方便品》：「見六道眾生，貧窮無福慧，入生死險道，相續苦不斷，深著於五欲，如犛愛尾。以貪愛自蔽，盲瞑無所見。」○犛牛黑色，背有長毛，尾粗大，毛尤長，頗自愛護。人取尾毛以為冠纓。

達曰：「若然者，但得解義，不勞誦經耶！」

師曰：「經有何過？豈障汝念？只為迷悟在人[1]，損益由己[2]。口誦心行，即是轉經[3]；口誦心不行，即是被經轉[4]。聽吾偈曰：

「心迷法華轉[5]，心悟轉法華[6]。誦經久不明[7]，與義作讎家[8]。
無念念即正[9]，有念念成邪[10]。有無俱不計[11]，長御白牛車[12]。」

達聞偈，不覺悲泣，言下大悟，而告師曰：「法達從昔已來，實未曾轉法華，

乃被法華轉。」再啟[13]曰：「經云：『諸大聲聞乃至菩薩，皆盡思共度量，不能測佛智[14]。』今令凡夫但悟自心，便名佛之知見；自非上根[15]，未免疑謗。又經說三車，羊鹿牛車與白牛之車[16]，如何區別？願和尚再垂開示[17]。」

師曰：「經意[18]分明，汝自迷背。諸三乘人，不能測佛智者，患在度量[19]也！饒伊[20]盡思共推，轉加懸遠[21]。佛本為凡夫說，不為佛說，此理若不肯信者，從他退席[22]。殊不知坐卻白牛車[23]，更於門外覓三車[24]。況經文明向汝道：『唯一佛乘[25]，無有餘乘。若二若三，乃至無數方便，種種因緣譬喻言詞，是法皆為一佛乘故。』汝何不省？三車是假[26]，為昔時故[27]；一乘是實[28]，為今時故[29]。只教汝去假歸實。歸實之後，實亦無名[30]。應知所有珍財[31]，盡屬於汝，由汝受用[32]，更不作父想[33]，亦不作子想[34]，亦無用想[35]，是名持《法華經》。從劫至劫，手不釋卷[36]，從晝至夜，無不念時也[37]。」

達蒙啟發[38]，踴躍歡喜[39]，以偈讚曰：

「經誦三千部[40]，曹溪一句亡[41]。未明出世旨[42]，寧歇累生狂[43]？

羊鹿牛權設[44]，初中後善揚[45]。誰知火宅內[46]，元是法中王[47]。」

師曰：「汝今後方可名念經僧也。」達從此領玄旨[48]，亦不輟誦經[49]。

箋註

1. 在人之人，非指他人言，亦指迷悟人之自己也。

2.損益猶言增減。

3.轉，轉誦也，即誦滿一遍又一遍，次第遍遍誦下之意。

4.被經轉，為經所轉也。

5.但執誦文字語句者，則為法華所轉。

6.《楞嚴經》：「若能轉物，即同如來。」〇《中庸註》：「誠能動物，即轉物之義。」

7.法達誦《法華經》三千部，不明此經之宗旨。

8.此言與法華經義相違也。仇家，冤家也。〇《起信論》：「或為知友，或為冤家。」

9.無念無作而念經，即為正心念經。

10.有有無之念，則為邪心被經轉。

11.不計，不涉計較也。

12.駕馭車馬曰御。〇《法華科註》：「白即是諸色之本，而與本淨無漏相應。體具萬德，如膚之充。煩惱不染，如色之潔。」〇《華嚴合論》：「門前三駕，且受權乘。露地白牛，方明實德。」

13.再啟，再開問也。

14.《法華經．方便品》：「假使滿世間，皆如舍利弗，盡思共度量，不能測佛智。」〇《唯識．十》：「如來實心，等覺菩薩尚不知故。」

15.眼等諸根上利者，曰上根。

16.羊車喻聲聞，鹿車喻緣覺，牛車喻菩薩，白牛之車喻一佛乘。

17.開示者，啟發之而示以佛道也。

18.經意，指《法華經》方便、譬喻二品之意。

19.度，入聲，量之也。

20. 饒伊，猶言盡他。
21. 懸遠，吊遠也。
22. 《法華．方便品》：「爾時世尊告舍利弗：『汝已殷勤三請，豈得不說？汝今諦聽，善思念之，吾當為汝分別解說。』說此語時，會中有比丘、比丘尼、優婆塞、優婆夷五千人等，即從座起，禮佛而退。所以者何？此輩罪根深重，及增上慢，未得謂得，未證謂證，有如此失，是以不住。世尊默然，而不制止。」○聽從也，從教也，從他即聽他也。
23. 《法華經．譬喻品》：「爾時長者各賜諸子等一大車，其車高廣，眾寶莊校，周匝欄盾，四面懸鈴。又於其上，張設幰蓋，亦以珍奇雜寶而嚴飾之。寶繩交絡，垂諸華纓，重敷婉筵，安置丹枕，駕以白牛，膚色充潔，形體姝好。有大筋力行步平正，其疾如風。」○按：佛之知見，即在人人之自性中，故以坐白牛車喻之。
24. 《法華經．譬喻品》：「羊車、鹿車、牛車，今在門外、可以遊戲。」
25. 《法華經．方便品》：「舍利弗！如來但以一佛乘故，為眾生說法，無有餘乘若二若三。舍利弗！一切十方諸佛法亦如是。舍利弗！過去諸佛以無量無數方便種種因緣譬喻言辭，而為眾生演說諸法，是法皆為一佛乘故。」○按：一佛乘，即人人自己之佛性，亦即佛之知見也，亦即人人自坐之白牛車也。
26. 《法華．方便品》：「佛以方便力，示以三乘教，眾生處處著，引之令得出。」又云：「以假名字，引導於眾生。」
27. 為實施權。
28. 《涅槃經》：「一切眾生所得一乘。一乘者，名為佛性。以是義故，我說一切眾生悉有佛性。」
29. 開權顯實。

30.歸一佛乘實相而見之，即無一佛乘實相之名。無妙法之相，此祖門下之眼，而非不見性者之所知也。故《法句經》云：「森羅及萬象，一法所印，一亦不為一。」

31.所有珍財，眾生本具之寶藏也。

32.《法華．譬喻品》：「是大長者，財富無量，種種庫藏悉皆充溢。今此幼童皆是吾子，愛無偏黨。我有如是七寶大車，其數無量，應當等心，各各與之。」○受用、享受之意。○《朱子語錄》：「不會歷許多，事過便去，看易也，卒未得他受用。」

33.父，指長者，喻諸佛如來也。

34.子指諸窮人，喻一切眾生。

35.《法華．信解品》云：「宜加用心，無令偏失。」又曰：「悉以付之，恣其所用。」○按：此言既得珍寶，則父想子想用想，三想一齊捐除。

36.轉如是經無有究盡。

37.自己有一乘法，故無不念時也。○《妙玄．第八》：「手不執卷，常讀是經。口無言聲，遍誦眾典。佛不說法，常聞梵音，心不思維，遍照法界。」

38.《論語．述而篇》：「不憤不啟，不悱不發。」

39.《法華科註．二》：「內解在心，名歡喜。喜動於形，名踊躍。」○《左傳》：「距躍三百，曲踊三百。」

40.一遍為一部，法達共讀三千遍《法華經》。

41.往日恃誦經三千部有大功德、今日至曹溪於一句之下亡所恃也。

42.出世旨，出興於世間之旨，即一大事因緣也。言佛乘此一大事因緣來此世間度人者。

43.寧，安能之意。累生，多生也。

44.佛不得已而設此羊鹿牛三乘。

45.《法華・序品》：「演說正法初善中善後善，其義深遠，其語巧妙，純一無雜，具足清白梵行之相。」○揚，演說而舉揚之也。
46.火宅，火作方燒之宅。○《法華・譬喻品》：「三界無安，猶如火宅。」
47.元，本來也。○《法華・信解品》：「法王法中久修梵行，今得無漏無上大果。」○〈證道歌〉：「法中王，最高勝。」註曰：王中法王位過百王之上，故云法中王也。○按：此言迷於火宅內者，一悟本來，即是法中王也。
48.玄旨，深奧之義理也。○張蠙詩：「靜室談玄旨。」
49.輟音「拙」。止也，已也。

僧智通，壽州安豐人[1]，初看《楞伽經》[2]約千餘遍，而不會三身四智[3]。禮師求解其義。

師曰：「三身者，清淨法身，汝之性也；圓滿報身，汝之智也；千百億化身，汝之行也[4]。若離本性，別說三身，即名有身無智[5]；若悟三身無有自性，即名四智菩提[6]。聽吾偈曰：

「自性具三身[7]，發明成四智[8]；不離見聞緣，超然登佛地[9]。
吾今為汝說，諦信[10]永無迷。莫學馳求者[11]，終日說菩提[12]！」

通再啟曰：「四智之義，可得聞乎？」

師曰：「既會三身，便明四智，何更問耶[13]？若離三身，別談四智，此名有智無身；即此有智，還成無智[14]。」復說偈曰：

「大圓鏡智性清淨[15]，平等性智心無病[16]，
妙觀察智見非功[17]，成所作智同圓鏡[18]。
五八六七果因轉[19]，但用名言無實性[20]，
若於轉處不留情[21]，繁興永處那伽定[22]。」

通頓悟性智，遂呈偈曰：

「三身元我體[23]，四智本心明[24]；身智融無礙[25]，應物任隨形[26]。
起修皆妄動[27]，守住匪真精[28]；妙旨因師曉[29]，終亡染汙名[30]。」

箋註

1. 智通見《傳燈錄．五》、《會元．二》、《正脈．一》、《禪林類聚．八》。○唐之壽州，今之壽縣，屬安徽淮泗道，安豐縣故城，在今壽縣西南。

2. 楞伽註見前。

3. 不會，不明白也。○永嘉〈證道歌〉：「三身四智體中圓。」註云：三身四智者，乃覺性功用得名也。所言三身者，法身、報身、化身也；四智者，大圓鏡智、平等性智、妙觀察智、成所作智也。詳後。

4. 《頓悟入道要門論．上》：「問：『東四智成三身者，幾個智共成一身？幾個智獨成一身？』答：『大圓鏡智獨成法身，平等性智獨成報身，妙觀察智與成所作智共成化身，此三身亦假立名字分別，只令未解者看。若了此理，亦無三身應用。何以故？為體性無相，從無住本而立，亦無無作本。』」

5. 四智不離本性，若離本性而說三身，故曰有身無智。

6.三身從一自性而生，非三身中各有一自性也。○《大乘莊嚴論》：「轉八識成四智，束四智成三身，故既悟三身之無有自性，即明三身由四智而成也。」○四智菩提，即四智之智慧也。

7.言各人自性中皆有三身。

8.《頓悟入道要門論．上》：「問：『轉八識成四智，束四智成三身，幾個識共成一智？幾個識獨成一智？』答：『眼耳鼻舌身，此五識共成成所作智。第六是意，獨成妙觀察智；第七心識，獨成平等性智；第八含藏識，獨成大圓鏡智。』」

9.言不必不聞不見，屏絕外緣，已能直入佛地。

10.諦，審實不虛義。信，更無疑念也。

11.莫學，猶言勿效。馳求，向外馳求也。○《血脈論》：「馳求覓佛，元來不得。」

12.此言莫學向外馳求，不向自性中求，雖終日說菩提，而終不得菩提也。

13.轉八識成四智，束四智成三身。三身既會，未有不明四智者，故曰何更問耶。

14.試以造屋喻之。四智如材料，三身如房屋。若離三身而別談四智，猶離房屋而但講材料，此名有材料而無房屋。雖有此材料，還與無材料相同。

15.自性清淨，喚為鏡智。○唐釋慧海云：「湛然空寂，圓明不動，即大圓鏡智。」○《三藏法數．十四》：「一、大圓鏡智，謂如來真智，本性清淨，離諸塵染，洞徹內外，無幽不燭，如大圓鏡，洞照萬物，無不明了，是名大圓鏡智。」

16.唐釋慧海曰：「能對諸塵，不起愛憎，即是二性空。二性空，即平等性智。」○《三藏法數．十四》：「二、平等性智，謂如來觀一切法，與諸眾生皆悉平等，以大慈悲心，隨其根機，示現開導，令其證入，是名平等性智。」○有隔礙相，則為有病。若無隔礙，萬法流通，更無滯著，故為無病。

17.唐釋慧海云：「能入諸根境界，善能分別，不起亂想，而得自在。即是妙觀察智。」○

《三藏法數．十四》：「三、妙觀察智，謂如來善能觀察諸法圓融；次第，後知眾生根性樂欲，以無礙辯才，說諸妙法，令其開悟，獲大安樂，是名妙觀察智。」○按：六識、七識，歷歷事行，練磨純熟，應機接物，任運不涉計度，頓時觀察明了，不假功成，故云非功也。

18.應所成辦，喚為所作智。○唐釋慧海云：「能令諸根隨事應用，悉入正受，無二相者，即是成所作智。」○《三藏數．十四》：「四、成所作智，謂如來為欲利樂諸眾生，故普於十方世界，示現種種神通變化，引諸眾生，令入聖道，成本願力所應作事，是句成所作智。」

19.五者，八識中之前五識也。如眼之能見色、耳之能聞聲、鼻之能辨臭、舌之能別味、身之能知冷熱，對於色、聲、香、味、觸之五塵，有能起五種識之性也。○八者，八識中之第八識也，又名阿賴耶識，又名藏識。凡為世間萬物之本之種子，皆收藏於此識之中也。前五識及第八識，皆屬於果。○六者，八識中之第六識也，因前五識之感覺，而起分別判斷之作用，故名曰意識。○七者，八識中之第七識也。名曰末那識。因六識分別五塵好惡，而由此識傳送相續執取，故又謂之我見識。第六識及第七識，皆屬於因。○果因轉者，即憨山大師所謂六七二識因中先轉、五八一體至果乃圓也。

20.《人天眼目．下》註：但用名言無實性，轉名不轉體也。○《傳燈錄．五》註：但轉其名，而不轉其體也。○此言轉八識成四智，在文字上則謂之轉。在實性（又名自性，又名自心、自本性、真如）上則無所謂轉也。迷則為識，悟則為智，在實性固無所改變也。

21.心迷則為識，心悟則為智，一悟悟至極處，不再退轉，即所謂不留情也。

22.〈起信論法藏序〉：「雖復繁興鼓躍，未始動於心源。」○《筆削記．一》：「繁，多也。興，起也。繁，則染淨多途。興，則新新生起。」○欲長保其壽，俟彌勒佛出世，以此為願力者，名曰那伽定。○《人天眼目．下》註云：那伽定者，此曰龍定。龍常靜思念攝，故有定力，能現大變。佛有四威儀而常在定，故喻龍也。原註：如上，轉識為智也。教中云：「轉前五識為成所作智，轉第六識為妙觀察智，轉第七識為平等性智，轉第八識為大圓鏡智。雖六七因中轉，五八果上轉，但轉其名，而不轉其體也。」按已上六十七字，考《大藏經》刻本及明刻本，均作小字。惟近刻本誤作大字，與《壇經》原文相混。非是。故仍作小字而冠原註二字以別之。

《憨山大師夢遊集．一》：「示周賜孺曰：『周子請益法相宗旨。』老人因揭六祖識智頌曰：『大圓鏡智性清淨，平等性智心無病，妙觀察智見非功，成所作智同圓鏡，五八六七果因轉，但轉名言無實性，若於轉處不留情，繁興永處那伽定。』」此八句、發盡佛祖心髓，揭露性相根源。往往數寶算沙之徒，貪多嚼不爛，概視此為閒家具，曾無正眼覷之者，大可憫也。咸謂六祖不識字、不通教，何以道此？殊不知佛祖慧命，只有八個字包括無餘，所謂「三界唯心，萬法唯識」。以唯心故，三界寂然，了無一物；以唯識故，萬法縱然。蓋萬法從唯識變現耳。求之自心自性，了不可得。所以佛祖教人，但言「心外無片事可得」，即黃梅夜半露出「本來無一物」，即此一語，十方三世諸佛、歷代祖師，盡在里許擘不破，故衣鉢止之。即二派五宗，都從此一語衍出，何曾有性相之分耶！及觀識智頌，略為註破。若約三界唯心，則無下口處，因迷此心變而為識，則失真如之名。但名阿賴耶識，亦名藏識，此識乃全體真如所變者，斯正所謂生滅與不生滅和合而成，乃真妄迷悟之根，生死凡聖之本。《楞伽》云：「藏識海常住，境界風所動，洪波鼓冥壑，無有斷絕時。」既云藏識即阿賴耶，而又云常住，則本不動也，然所動者非藏識，特境界風耳。偈云：「前境若無心亦無。」是則取境界者非藏識，乃生滅心耳。此生滅心強名七識，其實是八識之動念，而謂生機。若此機一息，前境頓空，而六識縱能分別，亦無可寄矣。若前五識原無別體，但是藏識應緣之用，獨能照境，不能分別，故曰同圓鏡。其分別五塵者非五識，乃同時意識耳。故居有功，若不起分別，則見非功矣。由是觀之，藏識本真，故曰性清淨。其過在一念生心，是為心病。有生則有滅惟此生滅，如水之流，非水外別有流也。但水不住之性，見有流相，有流則非湛淵之水明矣。故《楞伽》二種生住滅，謂相生住滅，流註生住滅。此二种生滅，總屬藏識。生滅不滅，則前七識生；生滅若滅，則唯一精真，其真如之性自茲復矣。復則識不名識而名智，故曰心無病。六祖大師所頌，約轉八識而成四智。大圓鏡智，藏識所轉；平等性智，七識所轉；妙觀察智，六識所轉；成所作智，前五識轉，以妄屬藏識之用，故真亦同圓鏡。然六七二識，因中先轉。五八一體，至果乃圓。如此觀之，識本非實，而妄有二用，故曰但轉名言而已，換名不換體也。且此體不在禪定修行，唯在日用一切。聖凡同時轉之，唯在留情、不留情之間，故有聖凡、迷悟之別。周子有志於此，諦向日用轉處著眼，試定當看。

23. 往時求三身於身外，今依師教，忽知三身元是在我體內。

24. 昔以為得菩提後方可得四智，今乃知四智本於自心。心悟則轉八識已成四智。

25. 身、三身；智、四智。三身以四智為體，四智以三身為用。體用合一，故曰無礙。

26. 《金光明經．四天王品》云：「佛真法身，猶如虛空。應物現形，如水中月。」〇《法華經．普門品》：「佛告無盡意菩薩：『善男子！若有國土眾生，應以佛身得度者，觀世音菩薩即現佛身而為說法；應以辟支佛身得度者，即現辟支佛身而為說法；應以聲聞身得度者，即現聲聞身而為說法；應以梵王身得度者，即現梵王身而為說法；應以帝釋身得度者，即現帝釋身而為說法；應以自在天身得度者，即現自在天身而為說法；應以大自在天身得度者，即現大自在天身而為說法；應以天大將軍身得度者，即現天大將軍而為說法；應以毗沙門身得度者，即現毗沙門身而為說法；應以小王身得度者，即現小王身而為說法；應以長者身得度者，即現長者身而為說法；應以居士身得度者，即現居士身而為說法；應以宰官身得度者，即現宰官身而為說法；應以婆羅門身得度者，即現婆羅門身而為說法；應以比丘、比丘尼、優婆塞、優婆夷身得度者，即現比丘、比丘尼、優婆塞、優婆夷身而為說法；應以長者、居士、宰官、婆羅門、婦女身得度者，即現婦女身而為說法；應以童男、童女身得度者，即現童男童女身而為說法；應以天龍、夜叉、乾闥婆、阿修羅、迦樓羅、緊那羅、摩侯羅、伽人、非人等身得度者，即皆現之而為說法；應以執金剛神得度者，即現執金剛神而為說法。無盡意，是觀世音菩薩，成就如是功德，以種種形遊諸國土，度脫眾生。』」

27.本具身智，何勞修治。若有修治，皆是妄動。

28.執守三身四智，亦是不是。○上文言無住者人之本性，今若守住，非本性矣，故云匪真精也。

29.妙旨，三身四智之旨也。○《筆削記．一》：「終實圓理，故曰妙旨。」○師，謂六祖也。

30.亡，無通。○馬祖道一禪師云：「道不用修，但莫汙染。何為汙染？但有生死心，造作趣向，皆是汙染。」○悟自性之身智，亡假名之染汙。

僧智常，信州貴谿[1]人。髫年[2]出家，志求見性[3]。

一日參禮[4]，師問曰：「汝從何來？欲求何事？」

曰：「學人近往洪州[5]白峰山禮大通和尚[6]，蒙示見性成佛之義，未決狐疑[7]。遠來投禮[8]，伏望和尚慈悲指示。」

師曰：「彼有何言句？汝試舉看[9]。」

曰：「智常到彼，凡經三月，未蒙示誨。為法切故，一夕獨入丈室[10]，請問：『如何是某甲[11]本心本性？』大通乃曰：『汝見虛空否？』對曰：『見。』彼曰：『汝見虛空有相貌否？』對曰：『虛空無形，有何相貌？』彼曰：『汝之本性[12]，猶如虛空，了無一物可見，是名正見[13]；無一物可知，是名真知。無有青黃長短，但見本源清淨，覺體圓明，即名見性成佛，亦名如來知見。』學人雖聞此說，猶未決了，乞和尚開示。」

師曰：「彼師所說，猶存見知，故令汝未了。吾今示汝一偈：

「不見一法存無見[14]，大似浮雲遮日面[15]；
不知一法守空知[16]，還如太虛生閃電也[17]。
此之知見瞥然興[18]，錯認何曾解方便[19]？
汝當一念自知非[20]，自己靈光常顯現[21]。」

常聞偈已，心意豁然[22]，乃述偈曰：

「無端起知見，著相求菩提[23]；情存一念悟[24]，寧越昔時迷[25]？
自性覺源體[26]，隨照枉遷流[27]；不入祖師室[28]，茫然趣兩頭[29]。」

智常一日問師曰：「佛說三乘法[30]，又言最上乘[31]。弟子未解，願為教授[32]。」

師曰：「汝觀自本心，莫著外法相。法無四乘，人心自有等差：見聞轉誦是小乘[33]，悟法解義是中乘[34]，依法修行是大乘[35]。萬法盡通，萬法具備，一切不染，離諸法相[36]，一無所得，名最上乘[37]。乘是行義[38]，不在口爭[39]。汝須自修，莫問吾也。一切時中，自性自如[40]。」常禮謝，執侍，終師之世。

箋註

1. 信州，唐置，元為路，明改廣信府，今江西上饒縣其舊治也。○貴谿，縣名，唐置。故城在今江西貴溪縣西，今屬江西豫章道。

2.髫音「迢」。髫年，小兒垂髮辮時也，又為年幼者之稱。

3.見性，見前註中。

4.凡集禪門人坐禪說法誦經謂之參，故詰旦升堂云早參，日暮念誦云晚參，非時說法為小參。凡垂語之尾，多用參語，參言外妙旨之意也。〇參禮者，因參禮師也。

5.學人，學道人也。〇《菩薩瓔珞經》：「佛子莊嚴二種法身，是人名學行人。」〇洪州，見前註。

6.《佛祖統紀．四十一》：「神龍二年，北京神秀國師，，示寂於東都大宮寺，諡大通禪師。」按《傳燈》、《會元》、《通載》等〈神秀傳〉，無住白峰山事。且大通為神秀諡號，不應其徒即稱大通和尚。蓋別有一大通也。

7.《漢書．四》：「文帝記，朕狐疑。」註：師古曰：「狐之為獸，其性多疑。每渡冰河，且聽且渡。故稱多疑者而曰狐疑。」

8.投禮，五體投地而行禮也。

9.看，語助詞，姑一試之也。

10.丈室又云方丈，禪林主持之正寢也。相傳維摩詰居士之石室方一丈，丈室之名即本於此。〇《傳燈錄．禪門規式》：「長老既為化主，即處於方丈，同淨名之室。」〇《往生論註．上》：「如維摩方丈，苞容有餘，何必國號無貲？乃稱廣大。」〇《法苑珠林．感通篇》：「吠舍離國宮城周五里，宮城北六里有寺塔，是說《維摩經》處。寺東北四里許有塔，是維摩故宅基。尚多靈神，其捨疊磚，傳云積石，即是說法現疾處也。唐顯慶年中敕使長史王玄策，因向印度，過淨名宅，以笏量基，止有十笏，故號方丈。」〇〈頭陀寺碑文〉：「宋大明五年，始立方丈茅茨。」註：高誘曰：「堵長一丈高一丈，回環一堵為方丈。」銑曰：「宋孝武皇帝時也，言立方丈之室，以置經象也。」

11.《史記》：「某子甲何為不來乎？」〇按：言某甲者，某以代姓，甲以代名。指人指己，於文字上皆可用之。
12.禪家心與性名別實同，說性即說心，故獨言本性。
13.正見，註見前。
14.不見一法，承上文「了無一物可見」而言，然不可有「無見」二字存於胸中。存無見者，隨在無見，故能障蔽自己。
15.浮雲，喻胸中所存之無見二字也。〇李白詩：「總為浮雲能蔽日。」
16.不知一法承上文無一物可知而言，然不可執守空知。守空知者，如木石而取守空寂，即為空知所障、
17.還如太虛生閃電，閃電喻執守之空知也。若不守空知，則太虛不生閃電矣。〇太虛，天空也。李群玉詩：「心似閒雲在太虛。」〇閃電，謂電光一瞥，喻疾速也。
18.瞥音「撆」。徐曰：「瞥然，暫見也。」
19.錯認以無知無見為是，而失見性之捷徑。〇《法華文句．三》：「方者，祕也。便者，妙也。」〇按：方便共有三種解釋，餘二種略。
20.自知非者，自知見之與知，俱不是也。
21.靈光者，人人固有之佛性，靈靈照照，而放光明者。〇《五燈會元．三》：「百丈禪師上堂，靈光獨照，迥脫根塵，體露真常，不拘文字，心性無染，本自圓成，但離妄緣，即如如佛。」
22.《維摩經．弟子品》：「即時豁然，還得本心。」
23.存無見，守空知，皆著相也。〇菩提，見前註。
24.情，私意也。才存悟跡，何如未悟？故不可自以為悟也。

25.言私意存一念之悟，與昔時之迷初無少異。

26.圭峰禪師云：「源者是一切眾生本覺真性，亦名佛性，亦名心地。」

27.隨照，隨見知照也。○枉，勞而無功。○遷流者，念念遷謝，如水之流註。

28.祖師，見前註。○《論語》：「子曰：『由也升堂矣，未入於室也。』」

29.茫然，即渺茫意，無主張貌。○兩頭者，存無見，守空知也。

30.三乘指聲聞乘為羊車、緣覺乘為鹿車、菩薩乘為牛車言也。詳見《法華經．譬喻品》。

31.最上乘指大白牛車，譬得佛乘者。○《金剛般若經》：「如來為發大乘者說，為發最上乘者說。」○《纂要．三》：「最上者，一佛乘也。略疏云：『最上乘者，圓頓教是也。』」

32.教授，教法授道也。○《楞伽經．一》：「現方便而教授。」○《輔行．四之三》：「宣傳聖言名之為教，訓誨於義名之為授。」

33.僅據目之所見、耳之所聞，而誦讀經典者，是知其然而不知其所以然也。

34.僅能悟佛法，解經典中之意義。雖知其所以然，尚未能躬行實踐者。

35.既悟六度萬行之理，能依法實踐者。

36.法性一而相各異，其各異之相自外可見者，名法相。○《維摩經．佛國品》：「善解法相，知眾生根。」○《大乘義章．二》：「一切世諦，有為無為，通名法相。」

37.《入道要門論．上》：「『大乘最上乘，其義云何？』答：『大乘者，是菩薩乘。最上乘者，是佛乘。』又問：『云何修而得此乘？』答：『修菩薩乘者，即是大乘。證菩薩乘，更不起觀，至無修處，湛然常寂，不增不滅，名最上乘，即是佛乘也。』」

38.《筆削記．一》：「乘者就喻彰名，運載為義。如世舟車，可以運重致遠。」○乘以運載為義，故云行義。能行即是乘，但口說而不行，便非乘也。

39.《史記．五十五．留侯世家》：「此難以口舌爭也。」○《讀書錄》：「學者開口皆能言道理，然當體諸心，果能實好此道理否？又當體之身，果能實行此道理否？若徒能言之於口，而體諸身心者，皆不能然，是所謂自欺也。」

40.《悟性論．夜坐偈》云：「若識心性非形像，湛然不動自如如。」

僧志道，廣州南海[1]人也。請益曰：「學人自出家，覽《涅槃經》[2]十載有餘，未明大意，願和尚垂誨。」

師曰：「汝何處未明？」

曰：「『諸行無常，是生滅法。生滅滅已，寂滅為樂[3]』。於此疑惑。」

師曰：「汝作麼生疑[4]？」

曰：「一切眾生皆有二身，謂色身法身也[5]。色身無常，有生有滅[6]；法身有常，無知無覺。經云[7]『生滅滅已，寂滅為樂』者，不審[8]何身寂滅？何身受樂？若色身者，色身滅時，四大[9]分散，全然是苦[10]。苦，不可言樂。若法身寂滅，即同草木瓦石，誰當受樂？又法性[11]是生滅之體，五蘊[12]是生滅之用，一體五用，生滅是常。生則從體起用，滅則攝用歸體，若聽更生[13]，即有情之類，不斷不滅；若不聽更生，則永歸寂滅，同於無情之物。如是，則一切諸法被涅槃之所禁伏，尚不得生，何樂之有？」

師曰：「汝是釋子[14]，何習外道[15]斷常邪見[16]，而議最上乘法？據汝所說，即色身外別有法身，離生滅求於寂滅。又推涅槃常樂，言有身受用。斯乃執吝[17]生死，耽著世樂[18]。汝今當知佛為一切迷人，認五蘊和合為自體相，分別一切法為外塵相，好生惡死[19]，念念遷流，不知夢幻虛假，枉受輪迴，以常樂涅槃，翻為苦相，終日馳求。佛愍[20]此故，乃示涅槃真樂，剎那[21]無有生相[22]，剎那無有滅相[23]，更無生滅可滅[24]，是則寂滅現前[25]。當現前時，亦無現前之量，乃謂常樂。此樂無有受者，亦無不受者，豈有一體五用之名？何況更言涅槃禁伏諸法，令永不生，斯乃謗佛毀法。聽吾偈曰：

「無上大涅槃[26]，圓明常寂照[27]；凡愚謂之死，外道執為斷[28]，
諸求二乘人[29]，目以為無作[30]；盡屬情所計[31]，六十二見本[32]。
妄立虛假名[33]，何為真實義[34]？惟有過量人[35]，通達無取捨[36]。
以知：五蘊法[37]，及以蘊中我[38]，外現眾色像，一一音聲相；
平等如夢幻[39]，不起凡聖見[40]，不作涅槃解[41]，二邊三際斷[42]。
常應諸根用[43]，而不起用想[44]；分別一切法[45]，不起分別想[46]。
劫火燒海底[47]，風鼓山相擊[48]，真常寂滅樂[49]，涅槃相如是。
吾今強言說[50]，令汝捨邪見[51]。汝勿隨言解[52]，許汝知少分[53]。」

志道聞偈大悟，踴躍[54]作禮而退。

箋註

1. 南海，縣名。隋以番禺改置，明清時與番禺縣並為省治。民國徙治佛山鎮，屬廣東粵海

道。

2.《大般涅槃經》譯本有二種，一種北涼曇無讖譯，凡四十卷，名《北本涅槃經》；一種劉宋慧嚴等再治，凡三十六卷，名《南本涅槃經》。此《涅槃經》，係指《北本涅槃經》而言。

3.諸行無常四句偈，過去離怖畏如來偈也。○《涅槃經・十三》：「過去之世，佛日未出，我於爾時作婆羅門，周遍求索大乘經典，乃至不聞方等文字。我於爾時，住於雪山，釋提桓因心大驚怪，自變其身作羅剎像，甚可怖畏。下至雪山，去其（其字，釋尊自指因地）不遠，而便立住。宣過去佛所說半偈、諸行無常、是生滅法。是苦行者（苦行者，亦釋尊自指因地，皆指作婆羅門身言）聞是半偈，心生歡喜，即從座起，四方顧視，言向所聞偈，誰之所說？我於爾時，更無所見，唯見羅剎，即便前至是羅剎所，作如是言：『善哉大士，汝於何處得是過去離怖畏者所說半偈？』即答我言：『我不食來已經多日，處處求索，了不可得。』我即問言：『汝所食者，為是何物？』羅剎答言：『食人暖肉。』我復語言：『汝但具足說是半偈，當以此身奉施供養。』羅剎答言：『誰當信汝？為八字故，棄所愛身。』我即答言：『十方諸佛，亦能證我為八字故，捨於身命。』羅剎答言：『諦聽！諦聽！當為汝說：生滅滅已，寂滅為樂。』」

4.作麼生，猶言因何。禪家疑問之詞也。

5.色身，地水火風四大也。按身者，外四大所成之身也，又為三種身之一。從四大五塵等色法而成之身，謂之色身。○法身，佛之真身也。○《金剛纂要・四》：「法身華竟非色身，非諸相。」○按法身，即一切法平等實性也。

6.《智度論・二十三》：「一切有為法無常者，新新生滅故，屬因緣故，不增積故。復次，生時無來處，滅亦無去處，是故名無常。」

7.見《涅槃經・十三・聖行品》。

8.不審，猶云未知。

9.《對法論．一》：「云何四大種？謂地界、水界、火界、風界。何等地界？謂堅勁性。何等水界？謂流濕性。何等火界？謂溫熱性。何等風界？謂輕等動性。」

10.《大智度論．十五》：「受此四大五眾身，應有種種苦分，無有受身而不苦者。」

11.《起信．法藏疏》：「法性者，明此真體普遍之義，通與一切法為性，即顯真如。遍於染淨，通情非情，深廣之義。故智論曰：『在眾生數中，名為佛性。在非眾生數中，名為法性。』」

12.五蘊：色、受、想、行、識也。有相為色，領納名受，取像曰想，遷流為行，分別為識。蘊者，積聚為義，謂積聚生死過患。

13.更生，復生也。○《山海經》：「無綮之國，其人無男女，穴居食土，死即埋之，其心不朽。死一百二十歲，乃復更生。」

14.彌沙塞律，雜類出家，皆捨本姓，同稱釋子。○《維摩經慧遠疏》：「從佛釋師教化出生，故名釋子。」○釋子，釋迦佛之弟子也。

15.《唯識俗詮．第一》：「外道者，心遊道外，不順真理，外於佛道，故名外道。」

16.《大智度論．七》：「見有二種，一者常、二者斷。常見者，見五眾常忍樂。斷見者，見五眾滅心忍樂。一切眾生，多墮此二見中。菩薩身斷此二，亦能除一切眾生二見，令處中道。」

17.吝者，愛惜而不肯捨也。

18.耽音「端」，過樂也，爾邪樂也。○《法華．譬喻品》：「深著世樂，無有慧心。」

19.好、惡俱去聲。

20.音「閔」。

21.剎那，謂極短時也。○《大藏法數》：「一念中有九十剎那，一剎那中有九百生滅。」或云「壯士一彈指間，有六十剎那」。

22.生相，生起之相也。

23.滅相，滅去之相也。

24.無生滅，如空裡無花。

25.《筆削記．五》：「分明顯了，更無暗昧，故曰現前。」○黃檗《傳心法要．下》：「聲聞人見無明生無明滅，緣覺人但見無明滅，不見無明生，念念證寂滅。諸佛見眾生終日生而無生，終日滅而無滅。無生無滅，即大乘果。」

26.無上，見前註。○《楞伽經》：「妄想不生，不起不滅，我說涅槃，涅槃者，如真實義見，離先妄想心心數法，逮得如來自覺聖智，我說是涅槃。」○《筆削記．三》：「法身、解脫、般若，備此三點，以成大涅槃。」○《入道要門．上》：「『如何得大涅槃？』師曰：『不造生死業。』對曰：『如何是生死業？』師曰：『求大涅槃是生死業，捨垢取淨是生死業，有得有證是生死業，不脫對治門則生死業。』」

27.一物不欠，故云圓；妙淨明心，故云明；無始無終，故云常；無有散亂，故云寂；靈鑒不昧，故云照。

28.斷，斷滅也。

29.二乘，聲聞乘人，緣覺乘人。

30.《大智度論．九十三》：「邪見者，所謂無作見，雖六十二種皆是邪見，無作最重。所以者何？無作言不應作功德求涅槃。若言天作，若言世界始來，雖是邪見而不遮作福德，以無作大惡，故不生。」

31.計，分別計度也。

32.以上所云之死斷無作，即為見之本。○《大般若經．佛母品》：「開十四難而為六十二。先計色蘊有常等之四句：一、色為常；二、色為無常；三、色為常無常；四、色為非常非無常。

其他受等四蘊亦然，合為二十句。此計過去之五蘊者也。又，計色有有邊無邊等四句：一、計色為有邊，謂空之十方上下，邊際有窮極也；二、計色為無邊，與上相反；三、計色為有邊無邊；四、計色為非有邊非無邊。其他四蘊亦然，合為二十句。此於現在五蘊之所執也。又，計色有如去不如去等四句：一、計色為如去，謂人來而生於此間，去而至於後世、亦如是也；二、計色為不如去，謂過去無所從來，未來亦無所去也；三、計色為如去如不去，謂身神和合而為人，死後神去而身不去也；四、計色為非如去非不如去，見有第三句過而計此句也。計他之四蘊亦然，合為二十句。此於未來五蘊之所見也。三世合而有六十句，於此加身與神之一異二見，而為六十二見。此六十二見，但為斷常有無之邊見也。」

33.六十二見立種種見之名目，皆是假名目。

34.言凡夫、外道二乘所執所云，皆非真實義也。

35.過量人，非常人所能量度之人也。

36.通達涅槃真理，不取涅槃，不捨涅槃。

37.《百法鈔・一》：「問：五蘊法者，其體如何?答：一切諸法，不過百法，合百法為五蘊也。法者，法體也，謂我身法體也，以常一主宰，所依五蘊體為法也。」

38.即五蘊中常一主宰。

39.知五蘊與我及色像音聲，皆平等而如夢幻。

40.黃檗云：「欲觀佛作清淨光明解脫之相，觀眾生作垢濁暗昧生死之相。作此解者，歷恆河沙劫終不能得阿耨菩提。」又云：「心若平等，不分高下，即與眾生諸佛世界山河，有相無相，遍十方界，一切平等，無彼我相。此本源清淨心，常自圓滿，光明遍照也。」

41.唐譯《楞伽經》：「不知生死涅槃差別之相，一切皆是妄分別有，無所有故。」又云：「非於生死外有涅槃，非於涅槃外有生死。」

42.二邊，有無也。○《賢首法數．一》：「二邊，有邊無邊。」○三際，過去、未來、現在也，又外內與中間也。○《清涼觀師心要牋》：「一念不生，前後際斷。照體獨立，物我皆如。」○《頓悟入道要門論．下》：「又問：佛法在於三際否？師曰：見在無相，不在其外。應用無窮，不在於內，中間無住處，三際不可得。」

43.在眼為見，在耳為聞，在鼻為嗅，在口為談，在手為捉，在足為步。

44.不起用想者，知識盡捐，心同太虛。有叩斯響，如谷應聲，隨類感通也。

45.因物付物也。

46.於第一義而不動，安有分別想。

47.《仁王般若經．護國品．四．無常偈》：「劫燒終訖，乾坤洞然。須彌巨海，都為灰颺。天龍福盡，於中彫喪。二儀尚殞，國有何常。」

48.風鼓，災風鼓動也。○山相擊，須彌崩倒也。○《因本經云》：「大三災時，有大黑風吹使海水兩披。取日宮殿，置須彌山半，安日道中。緣此世間有二日出，河渠流竭。其後久久，大風復取第三日出，大恆河竭。四日出，阿耨池竭。五日出，大海乾枯。六日出，天下煙起。至七日出，天下洞然。直至梵天。火災之後，布大黑雲，周遍降雨，滴如車輪。無數千歲，其水漸長，至光音天，此水復滅。有大風起，鼓動波濤，起沫積聚，自然堅固，變成天宮，七寶校飾。由此有梵天宮，其轉滅，依前聚沫；次第成就他化天宮。直至成四天下，依前建立。水災之後，其次久久，大僧伽風至果實天，其風四布，吹諸天宮。使諸天宮相拍，碎若粉塵。直至天下諸大山王相拍亦然。」

49.如來所得之法，真實常住，故云真常。○《楞嚴經．四》：「獨妙真常。」○《起信捷要．上》：「究竟樂者，亦有二義：一者、無上菩提覺法樂；二者，無上涅槃寂滅樂。」○《涅槃經》：「生滅滅已，寂滅為樂。」

50.強，上聲，勉強也。○六祖言吾今勉強說此涅槃相。

51.捨邪見，捨其舊日不契佛道之見。

52.六祖謂志道當離去語言文字，不可隨吾偈而解說也。

53.少分，對全分言。○《華嚴經．淨行品》：「我今隨力說少分，猶如大海一滴水。」○離言說相，方有少分相應。

54.踴躍，見前註。

行思禪師，生吉州安城劉氏[1]，聞曹溪法席盛化，徑來參禮。遂問曰：「當何所務，即不落階級？」

師曰：「汝曾作什麼來？」

曰：「聖諦亦不為[2]。」

師曰：「落何階級[3]？」

曰：「聖諦尚不為，何階級之有[4]？」

師深器之，令思首眾。一日，師謂曰：「汝當分化一方，無令斷絕[5]。」

思既得法，遂回吉州青原山[6]，弘法紹化。諡弘濟禪師[7]。

懷讓禪師，金州杜氏子也[8]。初謁嵩山安國師[9]，安發之曹溪參叩[10]。讓至，禮拜。

師曰：「甚處來？」

曰：「嵩山。」

師曰：「什麼物，恁麼來[11]？」
曰：「說似一物即不中[12]。」
師曰：「還可修證否[13]？」
曰：「修證即不無，汙染即不得[14]。」
師曰：「只此不汙染，諸佛之所護念[15]。汝既如是，吾亦如是。西天[16]般若多羅[17]讖[18]：『汝足下出一馬駒，踏殺天下人[19]。』應在汝心，不須速說[20]！」

讓豁然契會，遂執侍左右一十五載，日臻玄奧[21]。後往南嶽[22]，大闡禪宗，敕諡大慧禪師[23]。

箋註

1.《大清一統志．二百四十九》：「吉州唐武德五年置，明曰吉安府。清因之，屬江西省。安城，唐之安福縣也，屬吉州。弘濟禪師，名行思，姓劉氏，安福人。幼出家，參曹溪六祖。歸，住清原淨居寺。」

2.《勝鬘寶窟經．下本》：「聖諦者，苦寂滅道審實不虛，故名為諦。又能生不顛倒實解，故名為諦。聖為諸佛，就聖辨諦，故云聖諦。又此能生無漏聖解，目之為聖，故云聖諦。」〇《碧巖集．一》：「圓悟云：『真俗不二。』即是聖諦第一義。」

3. 階級，階之層次也。〇《虛堂集．一》評云：「實際理地，甯有階差。」

4.《心經》：「無苦集滅道。」

5. 勿使佛祖相傳之道斷絕。

6.《大清一統志．二百四十九》：「青原山在廬陵縣東南十五里，山上有淨居寺。」

7.《傳燈錄．五》：「師既付法石頭。唐開元二十八年，庚辰十二月十三日，陞堂告眾，跏趺而逝。僖宗諡弘濟禪師。有歸真之塔。」

8.《五燈會元》：「南岳懷讓禪師者，姓杜氏，金州人也，於唐儀鳳二年四月八日降誕。年十歲時，唯樂佛書，時有三藏玄靜過舍，告父母曰：『此子若出家，必獲上乘，廣度眾生。』至垂拱三年，方十五歲，辭親往荊州玉泉寺，依弘景律師出家。」又云：「坦然勸師謁嵩山安和尚，安啟發之，乃直指曹溪參六祖。」〇金州屬陝西，於後漢為西城郡，於魏為魏興郡，西魏置為金州。明改為興安州，清升為興安府，民國廢，今安康縣其舊治也。

9.《傳燈錄．四》：「弘忍大師，旁出嵩岳惠安國師，荊州支江人也。隋開皇二年壬寅生，唐景龍三年己酉滅，時稱老安國師。」詳見後。〇《唐高僧傳．二十》：「法常演毗尼涅槃，通禪法，齊主崇為國師，以為始也。」〇嵩山，即中岳也，在登封縣北一十里。

10.發，發遣也。參叩，參學叩問而請益也。

11.畢懶庵《教外別傳》錄曰：「什麼物恁麼來，六祖乃謂虛靈之本心。卻無別指。」

12.《教外別傳》錄曰：「謂此虛靈之本心，無物可比。」〇中，去聲，著也。

13.修證，修行證理也。《像法決疑經》曰：「一切眾生本是佛，今亦修證還成佛。」

14.《教外別傳》錄曰：「謂此虛靈之本心，不可汙染，雜念起時，便削除之。若不削除，則汙染矣。」〇《廣雅》曰：「則，即也。」故即字或通用作則。

15.《阿彌陀經》曰：「善男子！善女人！皆為一切諸佛之所護念。」按《大祐略解》云：「護謂覆護，不使魔嬈。念謂憶念，不令退失也。」

16.西竺在唐西方，故云西天。

17.見後二十七祖註。

18. 讖音「寸」，預言也。
19. 馬駒，指馬祖而言，江西道一禪師，姓馬氏，時號馬祖，受法於懷讓禪師。同參者九人，惟馬祖密受心印。《傳燈錄．六》：「六祖能和尚謂讓曰：『向後佛法從汝邊去，馬駒踏殺天下人。』厥後江西法嗣布於天下。」○踏殺天下人者，言其縱橫不可當之意。
20. 原註：一本無此二十七字。
21. 成公綏賦，精性命之至機，研道德之玄奧。
22. 山之大者曰岳。南岳，衡山也。
23. 《會元．三》：「天寶三年八月十一日，圓寂於衡岳。諡大惠禪師最勝輪之塔。」

永嘉玄覺禪師，溫州戴氏子[1]。少習經論[2]，精天臺止觀法門[3]。因看《維摩經》[4]，發明心地[5]。偶師弟子玄策相訪[6]，與其劇談[7]，出言暗合諸祖。

策云：「仁者得法師誰？」

曰：「我聽方等經論[8]，各有師承。後於《維摩經》，悟佛心宗[9]，未有證明者。」

策云：「威音王已前即得[10]，威音王已後，無師自悟，盡是天然外道[11]。」

曰：「願仁者為我證據。」

策云：「我言輕[12]。曹溪有六祖大師，四方雲集[13]，並是受法者。若去，則與偕行。」

覺遂同策來參，繞師三匝[14]，振錫而立[15]。

師曰：「夫沙門者[16]，具三千威儀，八萬細行[17]。大德[18]自何方而來，生大我慢[19]？」

覺曰：「生死事大，無常迅速[20]。」

師曰：「何不體取無生、了無速乎[21]？」

曰：「體即無生[22]，了本無速[23]。」

師曰：「如是！如是[24]！」

玄覺方具威儀禮拜[25]，須臾告辭。

師曰：「返太速乎？」

曰：「本自非動，豈有速耶[26]？」

師曰：「誰知非動[27]？」

曰：「仁者自生分別[27]。」

師曰：「汝甚得無生之意。」

曰：「無生豈有意耶？」

師曰：「無意誰當分別[28]？」

曰：「分別亦非意[29]。」

師曰：「善哉！少留一宿。」時謂一宿覺[30]。後著〈證道歌〉[31]，盛行於世，諡曰無相大師[32]，時稱為真覺焉[33]。

箋註

1.《會元・二》：「師諱玄覺，本郡戴氏子，早歲出家，遍探三藏，精天臺止觀圓妙法門。於四威儀中，常冥禪觀。後因尨溪朗禪師激勵，與東陽策禪師，同詣曹溪。」又見《傳燈錄・五》、《高僧傳・八》、《正脈・一》、《類聚・十二》。〇溫州唐置，隋時為永嘉，明清二代名溫州府。今浙江永嘉縣，其舊治也。

2.經論，三藏中之經藏論藏也。經者如來之金口說法。《法華經》、《涅槃經》等，論為菩薩之祖述，《唯識論》、《俱舍論》等。〇《三論檢幽鈔・一》：「欲示師資不同故，師說名經，資言稱論。以師所說可則可常，能顯至道故，稱為經。資之所作，便論佛語，更無異制，故稱為論。」

3.《稽古略・二》：「智者大師，諱智顗，字德安，住天臺山。大師謂《法華》為一乘妙典，遂出玄義，曰釋名、辨體、明宗、論用、判教相之五重量也。後世宗之曰天臺教。」〇《小止觀・上》：「若夫泥洹之法，入乃多途，論其急要，不出止觀二法。所以然者，止乃伏結之初門。觀是斷惑之正要，止則愛養心識之善資；觀則策發神解之妙術，止是禪定之勝因；觀是智慧之由藉。若人成就定慧二法，斯乃自利利人，法皆具足。」〇宋陳瓘《止觀坐禪法要記》：「本自不動，何止之有？本自不蔽，何觀之有？眾生迷蕩，去本日遠，動靜俱失，不昏即散。此二病本，出生眾苦。今彼離苦而獲安隱，當用止觀以為其藥……病瘳藥廢，醫亦不立。則止觀者，乃假名字。即假即空，言語道斷。以大悲故，無說而說。此《摩訶止觀》之所為作也。」〇《頓悟入道要門論・下》：「講止觀，慧座主問曰：一心三觀義又如何？師曰：過去心已過去，未來心未至，現在心無住，於其中間，更用何心起觀。曰：禪師不解止觀。師曰：座主解否？曰：解。師曰：如智者大師，說止破止、說觀破觀，住止沒生死，住觀心神亂，為當將心止心，為復起心觀觀。若有心觀，是常見法；若無心觀，是斷見法。亦有亦無，成二見法。請座主子細說看。

曰：若如是問，俱說不得也。師曰：何曾止觀。」

4.《維摩經》，即維摩詰所說經，姚秦三藏法師鳩摩羅什譯。○《折衷疏》云：「維摩詰所說經者，乃彈偏斥小，歎大褒圓之經也。蓋如來出世本懷，唯為一大事因緣故出現於世。所謂欲令眾生開示悟入佛之知見，其奈小機未堪此聞，聞則生謗墮苦，故不得已而為實施權。先以華嚴擬宜，既二乘在座如聾如啞，不見不聞，是以不動寂場遊化鹿苑，轉四諦法輪，說三藏教。而二乘初聞佛法，遇便信受，保證遍真。故至方等會中，假寶積獻蓋，維摩示疾，排斥小行，褒歎圓宗。令二乘恥小慕大，發菩提心，此一經之大意也。」

5.心為萬法之本，能生一切諸法，故云心地。又修行者依於心而近行，故云心地。又三業中心業最勝，故云心地。○《心地觀經．八》：「三界之中以心為主。能觀心者，究竟解脫；不能觀者，究竟沉淪。眾生之心猶如大地，五穀五果從大地生；如是心法，生世出世善惡五趣，有學、無學、獨覺、菩薩及於如來。以此因緣，三界唯心，心名為地。」

6.《傳燈錄．五》：「婺州玄策禪師者，婺州金華人也。出家遊方，師曹溪六祖，後卻金華，大開法席。」

7.劇談，暢談也。

8.方者，理之方正。等者，平等也。方等二字，本十二部內方廣之別稱，乃大乘法藏之總名也。近代諸師，分大乘顯教經藏為五部，於華嚴、般若、法華、涅槃四部外，立方等部。凡對小名大，及泛明諸佛菩薩因果、事理、行位、智斷者，皆此部收，非同流俗偽傳謂八年所說也。○方等部內以《大寶積經》、《大方等大集經》為最廣之部。《大寶積經》一百二十卷，妙義不可勝述。此外《般舟三昧等經》，為修定之要門；《占察善惡業報經》，為因果之行相；《三千佛名經》等，廣讚諸佛及藥師、彌勒、文殊等菩薩功德。《楞伽經》、《密嚴經》、《深密經》，開陳唯識。《維摩經》、《金光明經》、《思益經》，發明心性，投身飼虎。以下諸經，多說地上菩薩之事。《大乘同性經》、《諸法無行經》以後數種經，專明大乘無相之義。《緣起聖道》等經，明十二因緣之義。《法身經》以後，多陳如來功德及諸雜行。○昔龍樹菩薩以諸佛妙法，般若為母，而般若經文，凡數百卷。因約般若中道要義制《無畏論》，又述《中論》、《十二門論》以為先導。提婆本之，復製《百論》。古師謂《中論》為方等之要歸，眾經之心體。以上諸論、方等論也。

9.佛心宗，禪宗之別名。直覺悟佛心為禪之體故也。佛心何物？心之自體是也。故云直指人心，見性成佛。人心之性即佛性也，發現佛性，，謂之成佛。○《宗鏡錄．三》：「達摩大師云：明佛性宗，了無差誤，名之曰祖。」○《中峰錄．五．下》：「禪何物？乃吾心之名也。心何物？即我禪之體也。惟禪與心，異名同體。」

10.《法華經．常不輕品》：「乃往古昔過無量無邊不可思議阿僧祇劫，有佛名威音王如來，劫名離衰，國號大成就。」○《楞嚴經．五》：「我等先於威音王佛聞法出家。」○《法華通義．六》：「此用空劫初成之佛，已前無佛，故宗門稱向上曰『威音那畔』。」○《方語鈔》：「禪錄言威音王者，謂極遠也，又指本分也。」○《祖庭事苑．五》：「威音王佛已前，蓋明實際理地。威音已後，即佛事門中。此借喻以顯道，庶知不從人得。後人謂音王實有此緣，蓋由看閱藏教之不審。」○即得猶云即得其宗，又即得猶云即可也。言古佛未出前即可，古佛已出後，若無師證，便是天然外道也。

11.外道，見前註。

12.言輕者，謂其言不能尊重於人也。○玄策自謙人微言輕。

13.云集者法眾如雲之聚也。○《過秦論》：「天下雲集而響應。」

14.賢首《五戒經》：「三匝表敬三尊，為滅三毒。繞，旋遶也。」○《要覽．中》：「旋遶，此方稱行道，歸敬之至也。」○三匝，三周也。

15.錫杖，梵語隙棄羅，譯曰聲杖、智杖，簡稱為錫。僧侶、修驗者等所攜之杖也。上部以錫為之，中部木為之，下部牙或角為之。頭如塔婆形，有一大環，於其環周附小環數枚。僧侶行時，環發響聲以警惡獸毒蛇者。〇《錫杖經》：「佛告比丘：『汝等應受持錫杖。所以者何？過去未來現在諸佛皆執故。又曰智杖，又名德杖，彰顯智行功德本故。聖人之表幟、賢士之明記、道法之幢。』迦葉白佛：『何名錫杖？』佛言：『錫者，輕也。倚依是杖，除煩惱，出三界故。錫，明也，得智明故。錫，醒也，醒悟苦空結使故。錫，疏也，謂持者與五欲疏斷故。』」〇《五百問》：「持錫有多事，能警惡蟲毒獸故。」〇振錫而立者，錫杖不著地，舉起使離地而立也。按言僧人之持錫曰振錫、曰飛錫、曰卓錫、曰駐錫，皆言其用錫杖當使立也。

16.沙門為沙門那之略，又云桑門，梵語舍羅摩拏之訛，譯云勤息。出家修佛道者之通名。此出家者，勤修諸善法，止息諸惡法也。〇《四十二章經》：「佛言辭親出家，識心達本，解無為法，名曰沙門。」〇《阿含經》：「捨離恩愛，出家修道。攝御諸根，不染外欲。慈心一切，無所傷害。遇樂不忻，逢苦不戚，能忍如地，故號沙門。」

17.《楞嚴經》：「三千威儀，八萬微細，性業遮業。」〇對於具足戒之二百五十，該稱其他之細行而云三千威儀。三千者，但顯數之多，如三千威儀經，法數者強鑿成三千之數量也。〇三千之威儀者，小乘比丘之事。大乘之菩薩，有八萬之威儀。按八萬者，八萬四千之略，是亦僅示數之多量。然法數者作說謂三千威儀配身口七支，成二萬一千，此約貪、瞋、癡之三毒等分而成八萬四千。見《大藏法數．六十八》。〇《撰擇集》：「不犯威儀有二：一大乘謂有八萬，二小乘謂有三千。」〇《法界次第．下之上》：「三千威儀，八萬律行。」〇三千威儀約二百五十戒，各有四威儀，合為一千。三世轉為三千。三千威儀，分配身口七支，則為二萬一千，復約對治三毒及等分，則成八萬四千。見《翻譯名義集．四》。

18.《僧史略》：「行滿德高曰大德。」

19. 我慢，見前註。

20. 生死呼吸間，不遑具威儀，請師直示。

21. 師言何不體取無生無死之真理，以了此無常迅速之生死乎。〇《俱舍光記．一》：「夫生必死，言生可以攝死，故言眾生。死不必生，如入涅槃，故不言眾死。」據此則知言無生者，可以包括無死在內，故不言無生無死，而但言無生。

22. 體認自性，則自性本無生無死。

23. 一了百了，其生死已無遲速之可言。

24. 玄覺禪師本為求六祖為其證據而來。「如是如是」即為其印可也。

25. 生死事大，豈可盲拜師尊？今為印可，所以拜之，示以非慢。

26. 本，本來也。有動即有遲速，本自非動，豈有遲速之可言。

27. 還詰之，逼入一層。

28. 言六祖不可自生分別心。《唯識述記．七末》：「言分別者，有漏三界。心、心所、法，以妄分別為自體故。」〇《慈恩寺傳．七》：「菩薩以分別為煩惱，而分別之惑，堅類金剛。惟此經所詮無分別慧，乃能斷除。」〇黃檗曰：「心若不生，自然成大智者。決定不分別佛與眾生，一切盡不分別，始得入我曹溪門下。」

29. 分別有二種：一為心、心所之分別，此吾人所不可有者；一為《維摩經》善能分別諸法相，於第一義而不動，此吾人所不可無者。六祖謂果無意誰能分別，因此分別二字含有二種之意。聞玄覺如何答法，即可以證其學問之高下也。

30. 分別者，即善能分別諸法相，於第一義而不動也。第一義不動，即非意也。孔子四絕中第一種之毋意，同此。

31. 宋《高僧傳》：「既決所疑，能留一宿，故曰一宿覺。」

32.《傳燈錄》：「永嘉大師著〈證道歌〉一首，及禪宗悟修圓旨。慶州刺史魏靖緝而序之。成十篇，目為《永嘉集》，並行於世。」

33.《傳燈錄．五》：「師先天二年十月十七日，安坐示滅。十一月十三日，塔於西山之陽，敕諡無相大師，塔曰淨光。」

34.《傳燈錄．五》：「覺者輻湊，號真覺禪師。」

禪者智隍[1]，初參五祖，自謂已得正受[2]。庵[3]居長坐，積二十年。師弟子玄策，遊方至河朔[4]，聞隍之名，造庵問云：「汝在此作什麼[5]？」隍曰：「入定[6]。」

策云：「汝云入定，為有心入耶？無心入耶？若無心入者，一切無情草木瓦石，應合得定；若有心入者，一切有情含識之流[7]，亦應得定。」

隍曰：「我正入定時，不見有『有無』之心。」

策云：「不見有『有無』之心，即是常定[8]，何有出入？若有出入，即非大定[9]。」

隍無對，良久問曰：「師嗣誰耶？」策云：「我師曹溪六祖。」

隍云：「六祖以何為禪定？」

策云：「我師所說，妙湛圓寂[10]，體用如如[11]。五陰本空[12]，六塵非有[13]，不出不入，不定不亂[14]。禪性無住，離『住禪寂』[15]，禪性無生，離『生禪想』[16]。心如虛空[17]，亦無虛空之量[18]。」

隍聞是說，徑來謁師。師問云：「仁者何來？」隍具述前緣[19]。師云：「誠如所言。汝但心如虛空，不著空見；應用無礙，動靜無心；凡聖情忘[20]，能所俱泯[21]；性相如如[22]，無不定時也[23]。」隍於是大悟，二十年所得心[24]，都無影響[25]。其夜，河北[26]士庶聞空中有聲云：「隍禪師今日得道！」隍後禮辭，復歸河北，開化四眾[27]。

箋註

1.《會元．三》：「河北智隍禪師，始參五祖，雖嘗咨決，而修乎漸行。用住河北繼庵，長坐積二十四載，不見惰容。後遇策禪師激勵，遂往參六祖。」

2.正受即禪定也。○《探玄記．三》：「納法在心，名為正受。」○《觀經．玄義分》：「言正受者，想心都息，緣慮並亡。三昧相應，名為正受。」○同，序分義。因前思想漸漸微細，覺想俱亡，唯有定心，與前境合，名為正受。

3.奉佛之小舍曰庵。

4.黃河之北岸曰河朔。

5.什麼，猶言何事也。

6.入於禪定也。定心於一處，止息身、口、意之三業，謂之禪定。○《觀無量壽經》曰：「出定入定，恆聞妙法。」

7.有情，動物之總名。《唯識述記．一本》：「梵言薩埵，此言有情。有情識故，又情者愛也，能有愛生故。」○含識，含有心識者。即有情。○《行事鈔．資持記．上．四之一》：「心依色中，名為含識，總攝六道有情之眾。」

8.常定，謂尋常之禪定也。既是尋常之禪定，有何出定入定之可言。

9.大定、大智、大悲，為佛之三德。佛心證明，謂之大定。以大定能斷一切之妄惑，是為斷德。○《莊子》：「大定持之。」

10.《首楞嚴經．三》：「妙湛總持不動尊。」《長水疏》云：「妙湛，法身也。法身無相，湛然常寂，無作無為，遍一切處，不生滅故。」

11.黃檗《傳心法要》：「如如之體，內如木石，不動不搖。外如虛空，不塞不礙。無能所、無方所、無相貌、無得失。」○《大乘義章．三》：「言如如者，是前正智所契之理。諸法體同，故名為如。就一如中，體備法界恆沙佛法。隨法辨如，如義非一，彼此皆如，故曰如如。」

12.五陰者，色、受、想、行、識也。陰、積集之義，新譯作五蘊。色蘊者，總括五根、五境等有形之物質也。受蘊者，對境而受事物也。想蘊者，對境而想像事物也。行蘊者，對於他境而有瞋貪等之動作也。識蘊者，對境而有了別事物知識之心也。○《阿含經》曰：「色如聚沫，受如浮泡，想如野馬，行如芭蕉，識為幻法。」

13.六塵，色、聲、香、味、觸、法也。○《起信論》：「三界虛偽，唯心所現。離心則無六塵境界。」

14.此心本來未出，故無所謂入。本來未亂，故無所謂定。

15.禪性本無止住，不可有住於禪寂之想。○禪寂，譯曰靜慮。寂靜而思慮之義也。○《俱舍論．二十八》：「依何義立靜慮名？由此寂靜能審慮故。」○《維摩經．方便品》：「一心禪寂，攝諸亂意。」○《不動經》：「其心禪寂，常住三昧。」

16.禪性本無生滅，不可有生於禪想之心。禪，四禪天也。想，非想非非想處，為天界最高之處也。生禪想者，有生四禪天及非想非非想天之心也。此心不離，有生即有滅矣。○《禪源諸詮集都序．一》：「達摩未到，古來諸家所解，皆是前四禪八定。諸高僧修之，皆得功用。南岳天臺，令依三諦之理，修三止三觀。教義雖最圓妙，然其趣入門戶次第，亦只是前之諸禪行相。唯達摩所傳者，頓同佛體，迥異諸門，故宗習者難得其旨。『得即成聖，疾證菩提；失即成邪，速入塗炭。』圭峰之言如此，學者不可有生於禪想之心，其理可以明矣。」

17.《釋摩訶衍論．三》：「論虛空有十義：一無障礙義，於諸色法中無障礙故；二周遍義，無所不至故；三平等義，無簡擇故；四廣大義，無分際故；五無相義，絕色相故；六清淨義，無塵累故；七不動義，無成壞故；八有空義，滅有量故；九空空義，離空著故；十無得義，能不執取故。」〇唐釋慧海曰：「心無形相，即是微妙色身。無相即是實相。實相體空，喚作虛空無邊身。」〇《傳心法要》：「祖師云：『佛說一切法，為除一切心。我無一切心，何用一切法？』本源清淨佛上，更不著一物。譬如虛空，雖以無量珍寶莊嚴，終不能住。佛性同虛空，雖以無量功德智慧莊嚴，終不能住。」〇《讀書錄》：「心中無一事，其大浩然無涯。」又曰：「廣大虛明氣象，無慾則見之。」又曰：「私欲盡而心體無量。」

18.心離一切之所緣能緣，住於無心，故心如虛空。若心起妄想，測度我之心量，大如虛空之量。則心有所著，已非《楞伽經》之所謂「離攀緣所緣無心」之心量矣。故心如虛空，心中亦無虛空之量。

19.述前緣，述玄策之言。

20.《傳心法要．上》：「問：『從上來皆云即心是佛，未審即哪個心是佛。』師云：『你有幾個心？』云：『為復即凡心是佛，即聖心是佛。』師云：『你何處有凡聖心耶？』云：『即今三乘中說有凡聖，和尚何得言無？』師云：『三乘中分明向你道凡聖心是妄，你今不解，反執為有，將空作實，豈不是妄？妄故迷心。汝但除卻凡情聖境，心外更無別佛。祖師西來，直指一切人全體是佛。汝今不識，執凡執聖，向外馳騁，還自迷心，所以向汝道即心是佛。』」

21.二法為對待之時，自動之法謂之能，不動之法謂之所。如能緣所緣能見所見等。〇《金剛經新註・一》：「般若妙理，亡能所，絕對待。」

22.《頓悟入道要門・上》：「問：『如如者云何？』答：『如如是不動義。心真如故，名如如也。是知過去諸佛行此行，亦得成道。現在佛行此行，亦得成道。未來佛行此行，亦得成道。三世所修，證道無異，故名如如也。』」

23.無不定時，方是大定。○原註：一本無此三十五字，只云師憫其遠來，遂垂開決。

24.所得心，有所得之心，違背無相之真理，心中有所執著也。有所分別，謂之有所得，與無分別智相反者。○《涅槃經・十七》：「無所得者，則名為慧。有所得者，名為無明。」又云：「有所得者，名生死輪。一切凡夫，輪迴生死，故有所得。菩薩永斷一切生死，是故菩薩名無所得。」○《仁王良賁疏・中・二》：「有所得者，取相之心也。無所得心者，無分別智也。」

25.《書》：「惠迪吉，從逆凶，惟影響。」○影之於形，響之於聲，相隨而來者。無影響，言無所有也。

26.河北即朔。

27.按出家二眾，在家二眾，合為四眾也。或曰：「四方歸至之眾也。」已見前註。

一僧問師云：「黃梅意旨，甚麼人得？」師云：「會佛法人得。」

僧云：「和尚還得否？」師云：「我不會佛法[1]。」

師一日欲濯所授之衣[2]，而無美泉，因至寺後五里許，見山林鬱茂[3]，瑞氣盤旋[4]，師振錫卓地[5]，泉應手而出，積以為池，乃膝跪浣[6]衣石上。忽有一僧來禮拜，云：「方辯，是西蜀人[7]。昨於南天竺國，見達摩大師[8]，囑方辯：『速往唐土！吾傳大迦葉正法眼藏[9]及僧伽梨[10]，見傳六代，於韶州曹溪，汝去瞻禮。』方辯遠來，願見我師傳來衣缽。」

師乃出示，次問：「上人攻何事業？」曰：「善塑[11]。」

師正色曰[12]：「汝試塑看[13]！」辯罔措[14]。過數日，塑就真相，可高七寸，曲盡其妙。師笑曰：「汝只解塑性，不解佛性[15]。」師舒手摩方辯頂[16]，曰：「永為人天福田[17]。」師仍以衣酬之[18]。辯取衣分為三：一披塑像、一自留、一用椶[19]裹瘞[20]地中。誓曰：「後得此衣。乃吾出世住持於此[21]，重建殿宇[22]。」

有僧舉臥輪禪師偈云[23]：「臥輪有伎倆[24]，能斷百思想[25]；對境心不起[26]，菩提日日長[27]。」

師聞之，曰：「此偈未明心地。若依而行之，是加繫縛[28]。因示一偈曰：「惠能沒伎倆[29]，不斷百思想[30]；對境心數起[31]，菩提作麼長[32]？」

箋註

1.《禪宗頌古聯珠通集．第七》：「圓悟勤云：『斬釘截鐵，大巧若拙，一句單提，不會佛法。盡他葉落花開，不問春寒秋熱。別別！萬古寒潭空界月。』」

2.五祖所授之法衣也。○按：自師一日至浣衣石上。《傳燈錄》、《五燈會元》、《高僧傳》等，不載其文。《指月錄》四則具載之。其方辯揑塑事，出《傳燈錄．五》、《五燈會元．一》、《高僧傳．八》、《類聚．十》等。《正宗記．六》、《統紀．三十》及古本不載。

3.《六書正譌》云：「鬱茂，草豐盛貌。」

4.瑞氣，祥瑞之氣。盤旋，猶言繚繞。

5.《大明一統志・八十》：「南雄府有霹靂泉，在大庾嶺下雲封寺東。其泉湧出石穴，甘冽可愛。相傳昔大鑒禪師，得法歸南，卓錫於此，又名卓錫泉。」
6. 浣音「緩」，亦作「澣」。滌也，濯衣垢也。
7. 四川省之西曰西蜀。
8. 達摩事詳後二十八祖註中。
9.《宗門雜錄》：「王荊公向佛慧泉禪師云：『禪宗所謂世尊拈華，出在何典？』泉云：『藏經亦不載。』公云：『餘頃在翰苑，偶見《大梵天王向佛決疑經》三卷，因閱之，所載甚詳：梵王至靈山，以金色波羅花獻佛，捨身為床座，請佛為眾生說法。世尊登座，拈花示眾，人天百萬，悉皆罔攝，獨有金色頭陀破顏微笑。世尊云：吾有正法眼藏，涅槃妙心，實相無相，微妙法門，不立文字，教外別傳，付囑摩訶迦葉。』」
10. 僧伽梨為比丘三衣之一，割截之更重合之而成，其義譯有種種之名，為三衣中之最大，故稱曰「大衣」。以條數最多，故稱曰「雜碎衣」。入王宮聚落乞食說法，必服之，故稱曰「入王宮聚落時衣」。餘詳第一品「付汝衣法」註。
11. 善塑，工於塑佛像也。
12.《韻瑞・百五十二》：「唐顏真鄉立朝正色，剛而有禮。」
13. 看語助詞，註見前。
14.《論語・為政篇》：「與直措諸枉註。」措，捨置也。○罔，無也。罔措，言手足無所措也。
15. 佛性，見前註。
16.《梵網經・心地品》：「法身手摩其頂。」○《楞嚴經・五》：「摩阿難頂。」疏曰：頂是諸根之總，手為解結之要。摩而警動，將有解期；拊而安慰，令知深旨。

17.《大毗婆娑論》：「梵云末奴沙，以能用意思惟，觀察所作業，故名人。」又曰：「諸趣最勝，故名天也。」○人天，人趣天趣也。○福田，註見前。

18.《五燈會元．一》：「作酬以衣物。」據此，以衣物酬謝其塑像之勞。此衣非五祖所傳之衣也。

19.椶，音「宗」。○棕為常綠喬木，幹似圓柱，高二丈許，葉作掌狀分裂，有長柄。叢生幹端，花小，色淡黃，有苞包之。其材可為床柱及小器具。葉之根部包幹之毛，褐色，可製繩帚雨具箱簟之屬。

20.裹音「果」，包也。瘞音「意」，埋也。

21.僧寺中之主曰住持，謂居住寺中總持事務也，亦稱主僧。○按：《潛確類書》云：「住者安心覺海，永息攀緣。持者住持萬行，無漏無失。又謂住世而維持佛法也。木佛畫像，為住持之佛寶；黃卷赤軸之經文，為住持之法寶；剃髮染衣之人，為住持之僧寶。」

22.原註：宋嘉祐八年，有僧惟先，修殿掘地，得衣如新。像在高泉寺，祈禱輒應。○按此原註，世間流行本，有誤以為本文而作大字者，今更正之。

23.《五燈．一》、《傳燈錄．五》，皆云臥輪者。非名，即住處也。○或曰：「臥輪係禪師之名，惟無考耳。」

24.伎倆，猶云伎能也。○陸游詩：「天狐伎倆本無多。」

25.思，謂令心造作為性。想，謂於境取像為性。斷思想，如槁木死灰也。

26.心之遊履攀緣之所為境，色為眼識遊履之所，謂之色境。乃至法為意識遊履之所謂之法境也。○不起者，調伏心念令不起也。

27.長音「掌」，上聲。

28.煩惱纏綿於身心而不自由，故曰繫縛。

29.沒伎倆，無作妙用也。

30.本來無思想，故不用斷也。

31.《頓悟入道要門論．上》：「經云：『從無住本，立一切法。』又云：『喻如明鑒，鑒中雖無像，而能現萬像。』何以故？為鑒明故，能現萬像，學人為心無染故，妄念不生，人我心滅，畢竟清淨。以清淨故，能生無量知見。」

32.作麼，為作麼生之略。禪錄之語，疑問之詞，如言「如何」也。〇按此句言菩提有何增減。〇蓮池大師曰：「有誦六祖偈云：『惠能沒伎倆，不斷百思想，對境心數起，菩提作麼長。』揚揚自謂得旨，便擬縱心任身，一切無礙。坐中一居士斥之曰：『大師此偈，藥臥輪能斷思想之病也。爾未有是病，妄服是藥，是藥反成病。』善哉言乎！今更為一喻。曹溪之不斷百思想，明鏡之不斷萬像也。今人之不斷百思想，素縑之不斷五采也。曹溪之對境心數起，空谷之遇呼而聲起也。今人之對境心數起，枯木之遇火而煙起也。不揣已而自附於先聖者，試間處一思之。」

頓漸品第八[1]

時祖師居曹溪寶林，神秀大師在荊南玉泉寺[2]。於時兩宗盛化，人皆稱「南能北秀」[3]，故有南北二宗頓漸之分。而學者莫知宗趣。

師謂眾曰：「法本一宗，人有南北；法即一種，見有遲疾。何名頓漸？法無頓漸，人有利鈍，故名頓漸。」

然秀之徒眾，往往譏南宗祖師：「不識一字，有何所長？」

秀曰：「他得無師之智[4]，深悟上乘[5]，吾不如也。且吾師五祖，親傳衣法，豈徒然哉[6]？吾恨不能遠去親近，虛受國恩[7]。汝等諸人毋滯於此，可往曹溪參決[8]。」

一日，命門人志誠曰[9]：「汝聰明多智[10]，可為吾到曹溪聽法，若有所聞，盡心記取[11]，還為吾說。」

志誠稟命至曹溪，隨眾參請，不言來處。時祖師告眾曰：「今有盜法之人，潛在此會。」志誠即出禮拜，具陳其事。

師曰：「汝從玉泉來，應是細作[12]。」對曰：「不是。」

師曰：「何得不是？」對曰：「未說即是，說了不是。」

師曰：「汝師若為示眾[13]？」對曰：「常指誨大眾，住心[14]觀淨，長坐不臥。」

師曰：「住心觀淨[15]，常坐拘身，於理何益？聽吾偈曰：

「生來坐不臥，死去臥不坐。一具臭骨頭，何為立功課[16]？」

箋註

1.別本作「南頓北漸第七」。頓者，使人頓時解悟。漸者，使人依次修行。○南宗之頓，北宗之漸，約人分見，則論其二。依法入理，則歸於一，皆是善巧方便之所致。見《禪源諸詮都序．下》。

2.宋《高僧傳》：「秀既事忍，忍默識之，深加器重，謂人曰：『吾度人多矣。至於懸解圓照，無先汝者。』忍於上元中卒，秀乃往江陵當陽山居焉。」〇玉泉寺，古本作「荊南當陽山玉泉寺」，《傳燈》作「荊州當陽山度門寺」。《荊南一統志・六十二》曰：「天文翼軫分野。」宋淳熙初改曰荊南府。

3.《全唐文・九百十七》：「〈皎然能秀二祖讚〉：二公之心，如月如日，四方無雲，當空而出。三乘同軌，萬法斯一。南北分宗，亦言之失。」〇《佛祖統紀・三十》：「師化韶陽，秀化洛下，南能北秀，自此而分。」〇《傳燈・五》：「天寶四年，方定兩宗。南能頓宗，北秀漸宗。乃著顯宗記盛行於世。」

4.無師智，無師獨悟之佛智也。〇無師智，出《法華・譬喻品》。《法華要解》曰：「無師即不由他悟者也。」《法華句解》曰：「不因開示，自能解了，名無師智也。」〇《大日經疏・一》：「如是自證之境，說者無言，觀者無見，不同手中庵摩勒果，可轉授他人也。若可以言語授人者，釋迦菩薩蒙定光佛授決之時，即可成佛。何故具修方便，要待無師自覺，方名佛耶？」

5.上乘，見前註。

6.徒，但也，空也。

7.宋《高僧傳・八・神秀傳》：「秀乃往江陵當陽山居焉。則天太后聞之，召赴都。肩輿上殿，親加跪禮，內道場豐其供施，時時問道，敕認住山置度門寺，以旌其德。時王公以下京邑士庶，競至禮謁。」〇《僧史略》：「唐神秀自則天召入，歷四朝，號國師。」

8.參決，謂參見受決也。

9.《傳燈錄・五》：「吉州志誠禪師者，吉州太和人也。少於荊南當陽山玉泉寺，奉事神秀禪師。」

10.《書》：「天聰明，自我民聰明。」〇智，深明事理也，凡多計慮謀略技巧者，皆謂之智。

11.記取，猶記也。曹伯啟詩：「記取平生作盛談。」

12.《左傳》杜註：「諜者，曰遊偵，謂之細作，又謂之間諜。」見莊公二十八年及宣公八年《傳》註。

13.若為，猶言如何。

14.《頓悟入門論・上》：「問：『心住何處即住？』答：『不住無住處即住。』問：『云何是無住處？』答：『住一切處，即是住無住處。』云：『何是不住一切處？』答：『不住一切處者，不住善惡有無內外中間。不住空，亦不住不空；不住定，亦不住不定。即是不住一切處，只個不住一切處即是住處也。得如是者，即名無住心也。無住心者，是佛心。』」

15.本自不動，何靜之有？本自不蔽，何觀之有？是病非禪。當時秀大師門下，皆偏於住心觀靜之病，故六祖以藥除其病，非除其法也。今人本無此病，若誤服其藥，或以藥能除病故，執而不捨，由是因藥而反成病矣。今錄圭峰禪師之言於下之偈後，以藥藥病。

16.此言人當明心見性，一悟即至佛地，何必在臭皮囊上，強立功課，而使之常坐不臥乎。〇圭峰大師《禪源詮・二》：「息妄者息我之妄，修心者修唯識之心，故同唯識之教。既懷佛同，如何毀他漸門息妄看靜？時時拂拭，凝心住心，專註一境及跏趺調身調息等也。此等種種方便，悉是佛所勸讚。《淨名》云：『不必坐，不必不坐。坐與不坐，任逐機宜。凝心運心，各量習性。』當高宗大帝乃至玄宗朝時，圓頓本宗，未行北地，唯神秀禪師大揚漸教，為二京法主，三帝門師，全稱『達摩之宗』，又不顯即佛之旨。曹谿荷澤，恐圓宗滅絕，遂呵毀住心伏心等事。但是除病，非除法也，況此之方便，本是五祖大師教授，各皆印可，為一方師。達摩以壁觀，教人安心。外止諸緣，內心無喘，心如牆壁，可以入道，豈不正是坐禪之法？又廬山遠公與佛陀耶舍二梵僧所譯《達摩禪經》兩卷，具明坐禪門戶漸次方便，與天臺及詵秀門下意趣無殊。故四祖數十年中脅不至席，即知了與不了之宗，各由見解深淺，不以調與不調之行而定法義偏圓。但自隨病對治，不須讚此毀彼。」

志誠再拜曰：「弟子在秀大師處，學道九年，不得契悟[1]。今聞和尚一說，便契本心。弟子生死事大，和尚大慈，更為教示[2]。」

師曰：「吾聞汝師教示學人戒定慧法，未審汝師說戒定慧行相如何？與吾說看。」

誠曰：「秀大師說：諸惡莫作名為戒，諸善奉行名為慧，自淨其意名為定[3]。彼說如此，未審和尚以何法誨人？」

師曰：「吾若言有法與人，即為誑汝[4]；但隨方解縛[5]，假名三昧[6]。如汝師所說戒定慧，實不可思議也，吾所見戒定慧又別。」

志誠曰：「戒定慧只合一種，如何更別？」

師曰：「汝師戒定慧接大乘人，吾戒定慧接最上乘人。悟解不同，見有遲疾。汝聽吾說，與彼同否？吾所說法，不離自性。離體說法[7]，名為相說[8]，自性常迷。須知一切萬法，皆從自性起用[9]，是真戒定慧法。聽吾偈曰：

「心地無非自性戒[10]，心地無癡自性慧[11]，

心地無亂自性定[12]，不增不減自金剛[13]，

身去身來本三昧[14]。」

誠聞偈，悔謝，乃呈一偈曰：

「五蘊幻身[15]，幻何究竟[16]？

迴趣真如，法還不淨[17]。」

師然之。復語誠曰：「汝師戒定慧，勸小根智人[18]；吾戒定慧，勸大根智人。若悟自性，亦不立菩提涅槃，亦不立解脫知見[19]。無一法可得[20]，方能建立萬法[21]。若解此意，亦名佛身，亦名菩提涅槃，亦名解脫知見。見性之人，立亦得，不立亦得[22]。去來自由[23]，無滯無礙[24]，應用隨作，應語隨答，普見化身，不離自性[25]，即得自在神通，遊戲三昧[26]，是名見性。」

志誠再啟師曰：「如何是不立義？」

師曰：「自性無非[27]、無癡[27]、無亂[29]，念念般若觀照，常離法相[30]，自由自在，縱橫盡得，有何可立[31]？自性自悟[32]，頓悟頓修[33]，亦無漸次，所以不立一切法。諸法寂滅[34]，有何次第？」

志誠禮拜，願為執侍，朝夕不懈。

箋註

1. 契悟，與本心契合而開悟也。
2. 教示，教誨指示也。〇韓愈詩：「有兒雖甚憐，教示不免簡。」〇元稹詩：「父兄相教示，求利莫求名。」
3. 「諸惡莫作，眾善奉行，自淨其意，是諸佛教。」此一四句偈，總括一切佛教。佛教之廣海，此一偈攝盡。大小乘八萬之法藏，自此一偈流出。〇《增一阿含‧序一》：「迦葉問言：『何等偈中出生三十七品及諸法？』時，尊者阿難便說此偈：『諸惡莫作，諸善奉行，自淨其意，是諸佛教。』所以然者，諸惡莫作。是諸法本，便出生一切善法。善法即心意清淨。〇

《增一阿含經．四十四》：「於此賢劫中有佛名為迦葉如來，壽二萬歲。二十年中，恆以一偈以為禁戒：『一切惡莫作，當奉行其善，能自淨其意，是則諸佛教。』」

4.《金剛經》：「如來於燃燈佛所，於法實無所得。」〇《傳心法要．下》：「《淨名》云：『除去所有。』《法華》云：『二十年中常令除糞。』只是除去心中作見解處。又云：『蠲除戲論之糞，所以如來藏本自空寂，並不停留一法。』……又問：『祖傳法與何人？』師云：『無法與人。』云：『云何二祖請師安心？』師云：『你若道有，二祖即合覓得心。覓心不可得故，所以道與你安心竟。若有所得，全歸生滅。』」

5.《禪源諸詮．上》：「宿生何作？薰得此心，自未解脫，欲解他縛。」〇按：隨方解縛，隨方便而解被縛人之縛也。故禪宗無定說法，要在當機解縛。

6.《智度論．二十八》：「一切禪定，亦名定，亦名三昧。」

7.體，指自性而言。

8.相說，著相之說也。

9.萬法唯心，離自性外，無戒定慧，故云起用。

10.《心地觀經．八》：「三界之中，以心為主。眾生之心，猶如大地。五穀五果，從大地生，如是心法生世出世善惡、五趣、有學、無學、獨覺、菩薩及於如來。以此因緣，三界唯心，心名為地。」〇才有繫念則違心地，所以為非。〇《起信論》：「以知法性無染，離五欲過故，隨順修行尸羅波羅蜜。」

11.《起信論》：「以知法性體明，離無明故，隨順修行般若波羅蜜。」

12.《起信論》：「以知法性常定，體無亂故，隨順修行禪波羅蜜。」

13.自性本無增減，故成佛亦無增，居凡亦無減。其體精堅明淨，百鍊不消，故以金剛為喻。

14.一切行住坐臥，來去自由，無不本於三昧。三昧者，禪定也。唐釋慧海曰：「妄念不生為禪，坐見本性為定。」

15.此身即五蘊所幻化而成也。五蘊又作五陰。〇《毗婆尸佛經》：「五蘊幻身。」〇《太平記》：「五蘊假成形，四大今歸空。」〇《圓覺經》：「我今此身，四大和合，所謂髮毛、爪齒、皮肉、筋骨、髓腦、垢色皆歸於地；唾涕、膿血、津液、涎沫、痰淚、精氣、大小便利皆歸於水。暖氣歸於火，動轉歸於風，四大各離。今者妄身，當在何處。即知此身畢竟無體，和合為相，實同幻化。」

16.《圓覺經》：「善男子！彼之眾生，幻身滅故，幻心亦滅。幻心滅故，幻塵亦滅。幻塵滅故，幻滅亦滅。幻滅滅故，非幻不滅。譬如磨鏡，垢盡明現。」〇《頓悟入道要門論．下》：「問：『如何是幻？』師曰：『幻無定相，如旋火輪，如乾闥婆城、如機關木人，如陽燄、如空華，俱無實法。』又問：『何名大幻師？』師曰：『心名大幻師，身為大幻城，名相為大幻衣食。河沙世界，無有幻外事。凡夫不識幻，處處迷幻業。聲聞怕幻境，昧心而入寂。菩薩識幻法、達幻體，不拘一切名相。佛是大幻師，轉大幻法輪成大幻涅槃，轉幻生滅得不生不滅，轉河沙穢土成清淨法界』。」

17.真如中清淨圓明，本無一法可得。若回趣真如自性，則自性中本來無非無癡無亂。斯即自性之戒定慧，若離自性而別求戒定慧法，則此法為不淨矣。故《金剛經》曰：「法尚應捨。」〇〈大慧普覺禪師答會侍郎書〉：「既曰虛幻，則作時亦幻，受時亦幻，知覺時亦幻，迷倒時亦幻，過去、現在、未來皆悉是幻。今日知非，則以幻藥復治幻病，病瘥藥除，依前只是舊時人。若別有人有法，則是邪魔外道見解也。」

18.小根，可受小乘教之根性也。〇《唯識述記．一本》：「令小根等，漸登聖位。吾戒定慧，勸大根智人。」大根，大乘之機根也。〇《法華玄義．一》：「令大根從不融向於融。」

19.《行宗記．一．上》：「五分法身者，戒定慧從因受名。解脫，解脫知見，從果受號。由慧斷惑，惑無之處名解脫。出纏破障，反照觀心，名解脫知見。」

20.《傳心法要．下》：「問：『和尚見今說法，何得言無僧亦無法？』師云：『汝若見有法可說，即是以音聲求我。若見有我，即是處所。法亦無法，法即是心。所以祖師云：「付此心法時，法法何曾法。無法無本心，始解心心法。」實無一法可得，名坐道場。道場者，只是不起諸見，悟法本空，喚作空如來藏。本來無一物，何處有塵埃。』」

21.《傳心法要．上》：「從前所有一切解處，盡須併卻令空，更無分別，即是空如來藏。如來藏者，更無纖塵可有，即是破有法王出現世間，亦云我於然燈佛所無少法可得。此語只為空你情量知解，但銷鎔表裡情盡，都無依執，是無事人。三乘教綱，只是應機之藥，隨宜所說。臨時施設，各各不同。但能了知，即不被惑。第一不得於一機一教邊守文作解。何以如此？實無有定法如來可說。」

22.立，建立法門之事也。此言見性之人立菩提涅槃亦可，不立亦可。立解脫知見亦可，不立亦可。立一切萬法亦可，不立亦可也。

23.去來兼生死而言。

24.《坐禪儀註》：「自在者所往優遊，而無礙滯。」○《莊子．大宗師》：「古之真人不知說生，不知惡死。其出不訢，其入不距，翛然而往，翛然而來而已矣。不忘其所始，不求其所終。受而喜之，忘而復之，是之謂不以心捐道。，不以人助天，是之謂真人。」○《傳燈錄》：「襄州居士龐蘊，字道元，有女靈照。居士將入滅，令靈照出視日午否？照曰：『日中矣，而有蝕也。』居士出看，照登父座，合掌而逝。居士笑曰：『我女鋒捷矣。』於是更延七日。州牧於公頔問疾。居士謂曰：『但願空諸所有，慎勿實諸所無，好住世間，皆如影響。』枕公膝而化。」

25.當用即作，當語即答，雖所作所答，隨處不同，因人而異，即是普見一切化身。而所作所答者，皆不離自性。

26.《瓔珞經》：「天然之慧，徹照無礙，故名神通。」○《圓覺經釋》：「遊戲三昧者，菩薩得是三昧，於一切三昧中，出入遲速，皆得自在。譬如眾獸戲時，若見獅子，卒皆怖懾。獅子戲時，自在無所畏難。」○《大智度論．七》：「菩薩欲廣度眾生故，行種種百千三昧。問曰：『但當出生此三昧，何以故復遊戲其中？』答曰：『菩薩心生諸三昧，欣樂出入自在，名之為戲，非結愛戲也。戲名自在，如獅子在鹿中，自在無畏，故名為戲。是諸菩薩於諸三昧有自在力，能出能入，亦復如是。餘人於三昧中，能自在入，不能自在住、自在出。有自在住，不能自在入、自在出；有自在出，不能自在住、自在入；有自在入、自在住，不能在出；有自在住、自在出，不能自在入。是諸菩薩，能三種自在，故言遊戲出生百千三昧。』」又五十：「遊戲諸神通者，先得諸神通，今得自在遊戲，能至無量無邊世界。菩薩住七地中時，欲取涅槃，爾時有種種因緣，及十方諸佛擁護，還生心欲度眾生，好莊嚴神通，隨意自在。乃至無量無邊世界中無所罣礙，見諸佛國，亦不取佛國相。」

27. 無一念之非。

28. 無一念之癡。

29. 無一念之亂。

30. 般若性空故。

31. 本無一法可建立。

32. 更不涉漸次階級而一超直入也。

33.《禪源諸詮．下》：「頓悟頓修者，此說上上根性，樂欲具勝，一聞千悟，得大總持。一念不生，前後際斷。此人三業，唯獨自明了，餘人所不見。」

34.《法華．方便品》：「諸法從本來，常自寂滅相。」

僧志徹，江西人[1]。本姓張，名行昌，少任俠[2]。自南北分化[3]，二宗主雖亡彼我，而徒侶競起愛憎[4]。時，北宗門人，自立秀師為第六祖，而忌祖師傳衣為天下聞，乃囑行昌來刺師。

師心通[5]，預知其事[6]，即置金十兩於座間。

時夜暮，行昌入祖室，將欲加害。師舒頸就之，行昌揮刃者三，悉無所損。

師曰：「正劍不邪，邪劍不正，只負汝金，不負汝命。」

行昌驚仆[7]，久而方蘇[8]，求哀悔過，即願出家。

師遂與金，言：「汝且去，恐徒眾翻害於汝。汝可他日易形而來，吾當攝受[9]。」

行昌稟旨宵遁，後投僧出家，具戒[10]精進[11]。一日，憶師之言，遠來禮覲[12]。

師曰：「吾久念汝，汝來何晚？」

曰：「昨蒙和尚捨罪[13]，今雖出家苦行，終難報德，其惟傳法度生乎[14]。弟子常覽《涅槃經》，未曉常、無常義[15]。乞和尚慈悲，略為解說。」

師曰：「無常者，即佛性也；有常者，即一切善惡諸法分別心也。」

曰：「和尚所說，大違經文。」

師曰：「吾傳佛心印[16]，安敢違於佛經？」

曰：「經說佛性是常，和尚卻言無常。善惡諸法乃至菩提心，皆是無常，和尚卻言是常。此即相違，令學人轉加疑惑[17]。」

師曰：「《涅槃經》，吾昔聽尼無盡藏[18]讀誦一遍，便為講說，無一字一義不合經文。乃至為汝，終無二說。」

曰：「學人識量淺昧，願和尚委曲開示。」

師曰：「汝知否？佛性若常，更說什麼善惡諸法？乃至窮劫無有一人發菩提心者？故吾說無常，正是佛說真常之道也[19]。又，一切諸法若無常者，即物物皆有自性，容受生死，而真常性有不遍之處。故吾說常者，是佛說真無常義[20]。佛比[21]為凡夫外道執於邪常，諸二乘人於常計無常，共成八倒[22]，故於涅槃了義教中[23]，而顯說真常真樂真我真淨[24]。汝今依言背義，以斷滅無常，及確定死常[25]，而錯解佛之圓妙最後微言[26]。縱覽千遍，有何所益？」

行昌忽然大悟，說偈曰：

「因守無常心，佛說有常性[27]。不知方便者[28]，猶春池拾礫[29]。

我今不施功[30]，佛性而現前[31]。非師相授與[32]，我亦無所得[33]。」

師曰：「汝今徹[34]也，宜名志徹。」徹禮謝而退。

箋註

1. 《一統志．四十九》：「江西，古揚州地也。」〇《皇明紀要．四》：「明曰南昌府，唐曰洪州。」
2. 《史記．季布傳》如淳注：相與信為任，同是非為俠。所謂權行州里，力折公卿也。
3. 《祖庭事苑．五》：「慧能居於雙峰曹侯溪，神秀棲於江陵當陽山，同傳五祖之法，盛行於天下，德行並高。於是道興南北，能為南宗，秀為北宗，以居處稱之也。」

4.唐圭峰禪師曰：「其有性浮淺者，才聞一意，即謂已足，仍恃小慧，便為人師，未窮本末，多成偏執。故頓漸門下，相見如仇仇。南北宗中，相敵如楚漢。洗足之誨、摸象之喻，驗於此矣。」

5.心通，他心通也。六通中第三，名知他心通。〇《法界次第．中．六通門》：「三知他心通，修他心智者，若於深禪定中，發得他心智。即能知六道眾生心心數種種所緣念事，是為他心通也。」〇《般若經》：「三他心通，能如實知十方沙界，他有情類，心心所法，謂遍知他貪瞋癡等心。離貪瞋癡等心，乃至聚心散心。小心大心，寂靜不寂靜心，解脫不解脫心，皆如實知。」〇試以他心通之故事證之。〇《酉陽雜俎》曰：「一公初謁華嚴，嚴命坐，頃曰：『爾看吾心在何所？』一公曰：『師馳白馬過寺門矣。』又問之。一公曰：『危乎！』師：『何為處乎剎末也？』華嚴曰：『聰明果不虛。試復觀我。』一公良久，泚顙面赤作禮曰：『師得無入普賢地乎？』集賢校理鄭符云：『柳中庸善易，嘗詣普寂公。』公曰：『筮吾心所在也。』柳曰：『和尚心在前簷第七題。』復問之：『在某處？』寂曰：『萬物無逃於數也，吾將逃矣。』嘗試測之。柳久之，瞿然曰：『至矣！寂然不動，吾無得而知矣。』」又〈詵禪師本傳〉云：「日照三藏詣詵，詵不迎接。直責之曰：『僧何為入俗囂湫處？』詵微矉，亦不答。又云：『夫立不可過人頭，豈容標身鳥外？』詵曰：『吾前心於市，後心剎末，三藏果聰明者，且覆我。』日照乃彈指數十，曰：『是境空寂，諸佛從是出也』。又按：《大藏．振字函．第四卷》云：「西京光宅寺慧忠國師，肅宗待以師禮。有西天大耳三藏到京，云得他心慧眼，敕令與師試驗。師問曰：『汝得他心通耶？』對曰：『不敢。』師曰：『汝道老僧，即今在什麼處？』曰：『和尚是一國之師，何得卻去西川看競渡？』師再問：『汝道老僧即今在什麼處？』曰：『和尚是一國之師，何得卻在天津橋看弄猢猻？』師第三問語亦同前，三藏良久，罔知去處。師叱曰：『這野狐精，他心通在什麼處？』」

6.預知，預先得知也。

7.僕音「赴」，僵也，偃也。

8.蘇，孫租切，與甦同。死而更生也。

9.攝受，又云攝取，以慈悲心攝取眾生也。○《勝鬘經》：「願佛常攝受。」○唐《華嚴經·二十八》：「普能攝受一切眾生。」

10.具戒者，比丘受二百五十戒也，即具足戒之略名。

11.精進，勤也，勇猛修善法斷惡法也。○《慈恩上生經疏》：「精謂精純，無惡雜故。進謂陞進，不懈怠故。」○《華嚴大疏》曰：「精進，練心於法，名之為精。精心務達，目之謂進。」○精進，為小乘七十五法中大善地法之一，又為大乘百法中善之一。

12.按《禮記》：「諸候北面見天子曰覲。」後人沿用之，以為下見上之稱也。

13.昨，猶昔也，追溯已往皆曰昨。

14.度生，濟度眾生也。

15.《大般涅槃經·十三》：「善男子！我觀諸行，悉皆無常，云何知耶？以因緣故。若有諸法從緣生者，則知無常。是諸外道，無有一法不從緣生。善男子！佛性無生無滅，無去無來。非過去、非未來、非現在，非因所作、非無因作，非作、非作者，非相、非無相，非有名、非無名，非名非色、非長非短，非陰界入之所攝持，是故名『常』。善男子！佛性即是如來，如來即是法，法即是常。善男子！常者即是如來，如來即是僧，僧即是常。以是義故，從因生法，不名為常。是諸外道，無有一法不從因生。善男子！是諸外道，不見佛性如來及法，是故外道所可言說，悉是妄語，無有真諦。諸凡夫人先見瓶衣車乘舍宅城郭河水山林男女象馬牛羊，後見相似，便言是常。當知其實非是常也。善男子！一切有為，皆是無常。虛空無為，是故為常。佛性無為，是故為常。虛空者，即是佛性。佛性者，即是如來。如來者，即是無為。無為者即是常，常者即是法，法者即是僧，僧即無為，無為者即是常。善男子！有為之法，凡有二種：色法、非色法。非色法者，心心數法；色法者，地水火風。善男子！心名無常。何以故？性是攀緣相應分別故。善男子！眼識性異，乃至意識性異，是故無常。善男子！色界異乃至法境界異，是故無常。善男子！眼識相應異乃至意識相應異，是故無常。善男子！心若常者，眼識應獨緣一切法。善男子！若眼識異乃至意識異，則知無常。以法相似，念念生滅。凡夫見已，計之為常。善男子！諸因緣相，可破壞故，亦名無常。所謂因眼、因色、因明、因思惟生於眼識，耳識生時，所因各異，非眼識因緣，乃至意識異亦如是。復次，善男子！壞諸行因緣異故，心名無常。所謂修無常心異，修苦空無我心異。心若常者，應常修無常，尚不得觀苦空無我，況復得常樂我淨。以是義故，外道法中不能攝取常樂我淨。善男子！當知心法必定無常。復次，善男子！心性異故，名為無常。所謂聲聞心性異，緣覺心性異，諸佛心性異。一切外道心有三種：一者出家心，二者在家心，三者在家遠離心。樂相應心異，苦相應心異，不苦不樂相應心異；貪欲相應心異，瞋恚相應心異，愚癡相應心異，一切外道相應心異。所謂愚癡相應心異，疑惑相應心異，邪見相應心異。進止威儀，其心亦異。善男子！心若常者，亦復不能分別諸色，所謂青黃赤白紫色。善男子！心若常者，諸憶念法不應忘失。善男子！心若常者，凡所讀誦，不應增長。復次，善男子！心若常者，不應說言已作今作當作，若有已作今作當作，當知是心必定無常。善男子！心若常者，則無怨親非怨非親；心若常者，則不應言我物他物。若死若生，心若常者，雖有所作，不應增長。善男子！以是義故，當知心性各各別異。有別義故，當知無常。善男子！我今於此非色法中，演說無常，其義已顯，復當為汝說色無常。是色無常本無有生。生已滅故，內身處胎歌羅邏時，本無有生，生已變故。外諸芽莖本亦無生，生已變故。是故當知一切色法悉皆無常。善男子！所有內色隨時而變，歌羅邏時異，安浮陀時異，伽那時異，閉手時異，諸皰時異，初生時異，嬰孩時異，童子時異，乃至老時，各各變異，外味亦爾，芽莖枝葉花果味異。歌羅邏時力異，乃至老時力異；歌羅邏時狀貌異，乃至老時狀貌亦異；歌羅邏時果報異，乃至老死時果報亦異；歌羅邏時名字異，乃至老時名字亦異。所謂內色壞已還合，故知無常，次第漸生，故知無常。次第生歌羅邏時乃至老時，次第生芽乃至果子，故知無常。諸色可滅，故知無常。歌羅邏滅時異，乃至老滅時異。牙滅時異，乃至果滅時異，故知無常。凡夫無智，見相似生，計以為常。以是義故，名曰無常。

16.《傳心法要．上》：「迦葉已來，以心印心，心心不異。印著空，即印不成文。印著物，即印不成法。故以心印心，心心不異。」

17.學人，註見前。

18.無盡藏，即劉志略之姑也。事見前文。

19.佛性若常，則眾生早已成佛。更不必說三藏十二部經以化度之，然何以歷久而無有一人發菩提心者？蓋就惡人一方面而論，可說佛性無常。放下屠刀，立地成佛，可說佛性有常。佛以人執著佛性為無常，故說有常。六祖以志徹執著佛性為有常，故說無常。故六祖謂吾說無常，正是佛說真常之道也。

20.自性不生不滅，故自性不受生死。苟一切諸法若為無常，即物物之自性，皆各受生死矣。物物之自性既容受生死，則真常性之不生不死者，將有不遍之處，故六祖謂一切善惡諸法皆有常。即自性不生不死之故。佛以人執著一切善惡諸法分別心為有常，故說無常。六祖以志徹執著一切善惡諸法分別心為無常，故說有常。然自性往往為一切有為法所汩沒，亦可謂之無常。故曰吾說常者，正是佛說真無常義也。

21.《經傳釋詞．十》：「比，皆也。」《說文》曰：「皆，俱詞也。從比從白。」徐鍇曰：「比，皆也。」

22.凡夫二乘各有四倒，故成八倒。於生死之無常無樂無我無淨，執為常樂我淨，此凡夫四倒也。於涅槃之常樂我淨，執無常無樂無我無淨，此二乘四倒也。凡夫謂之有為之四倒。二乘謂之無為之四倒。斷有為四倒為二乘。斷有為無為之八倒為菩薩。見《大乘義章・五・末》。○賢首《法數・四》引《涅槃》云：「凡夫四倒，苦計為樂。無常計常，無我計我，不淨計淨，二乘四倒。樂計為苦，常計無常，我計無我，淨計不淨，是云凡小八倒。」

23.按《涅槃經》者，宗佛性故，為滿字大乘了義教，屬圓妙醍醐勝修之判。如《四教集解・上》所配，往披圭峰《圓覺略疏・上・一》曰：「了義者，決擇究竟顯了之說，非覆相密意含隱之譚。破彼偏見，偏見，偏執一邊之見也。」

24.《涅槃經》：「不遷名常，安穩名樂。自在名我，無我名淨。」○常樂我淨，大乘大般涅槃所具之四德也。一、常德，涅槃之體恆不變而無生滅，是名為常，又隨緣化用而常不絕，名之為常；二、樂德，涅槃之體，寂滅而永安，名之為樂，又運用自在，所為適心，名之為樂；三、我德，我解有二種：一者就體，自實名我，二者就用，自在名我；四、淨德，涅槃之體，解脫一切之垢染，名之為淨，又隨緣而處，未嘗有汙，名之為淨。見《大乘義章・十八》。○《法華玄義・四》：「破二十五有煩惱名淨，破二十五有業名我，不受二十五有報為樂，無二十五有生死名常，常樂我淨名為佛性顯。」

25.六祖謂志徹，汝以有斷滅者為無常，及確定而死板者為常！豈知常可言無常，無常可言常，且自性本非常非無常乎。

26.《四教儀集解・下》：「三諦圓融，不可思議，名為圓妙。」○《佛遺教經》：「是我最後之所教誨。」雲棲補註云：最後者，猶曰著述家所謂絕筆也。○微言，謂深妙之意旨也。○《漢書・藝文志》：「仲尼沒而微言絕，七十子喪而大義乖。」世尊說法四十九年，《涅槃經》最後，故云最後微言。

27. 凡夫二乘若執守以為無常，而佛欲破其執，則說以為有常。凡夫二乘若執守以為有常，而佛欲破其執，則又說以為無常。凡夫二乘若執守善根有二：一者常，二者無常。而佛欲破其執，則又說以為非常非無常，共分三層，此偈僅舉一層者，省文也。

28. 佛說常無常，皆為破凡夫二乘之執。猶之醫病之藥，皆權說也，此之謂方便。

29. 礫，《說文》：「小石也。」〇《涅槃經》：「我計無我，是顛倒法，乃至廣破二乘無常無我之見，如春池中執石為寶。」

30. 忽得見性，本不假功用。〇永嘉禪師〈證道歌〉：「覺即了，不施功。」弘德禪師註云：「覺悟了徹底人，獲無功用智，與有為功行不同也。」

31. 自性天真佛竟爾現露。〇永嘉〈證道歌〉：「執指為月枉施功，根境法中虛捏怪，不見一法即如來，方得名為觀自在。」

32. 此非師之相授與也。

33. 亦非我自己有所得也。〇或云非由師教示吾，焉得通徹。如此解法，文義淺陋，非兩無所得之旨。〇唐釋慧海云：「般若體，畢竟清淨，無有一法可得。」〇《傳心法要．上》：「如來所說，皆為化人。如將黃葉為金，止小兒啼，決定不實。若有實得，非我宗門下客。且與你本體有甚交涉。故經云：『實無少法可得，名為阿耨菩提。』」

34. 徹，通也。

有一童子，名神會，襄陽[1]高氏子。年十三，自玉泉來參禮[2]。

師曰：「知識遠來艱辛，還將得『本』來否[3]？若有本則合識主[4]，試說看。」

會曰：「以無住為本，見即是主。」

師曰：「這沙彌爭合取次語[5]！」

會乃問曰：「和尚坐禪，還見不見？」

師以拄杖打三下，云：「吾打汝是痛不痛？」

對曰：「亦痛亦不痛。」

師曰：「吾亦見亦不見。」

神會問：「如何是亦見亦不見？」

師云：「吾之所見，常見自心過愆[6]，不見他人是非好惡[7]，是以亦見亦不見。汝言亦痛亦不痛如何？汝若不痛，同其木石；若痛，則同凡夫，即起恚[8]恨。汝向前見不見是二邊，痛不痛是生滅。汝自性且不見，敢爾弄人？」神會禮拜悔謝。

師又曰：「汝若心迷不見，問善知識覓路[9]。汝若心悟，即自見性，依法修行。汝自迷不見自心，卻來問吾見與不見。吾見自知，豈代汝迷？汝若自見，亦不代吾迷。何不自知自見，乃問吾見與不見？」神會再禮百餘拜，求謝過愆。服勤給侍，不離左右。

一日，師告眾曰：「吾有一物，無頭無尾，無名無字，無背無面。諸人還識否？」

神會出曰：「是諸佛之本源，神會之佛性[10]。」

師曰：「向汝道無名無字，汝便喚作本源佛性。汝向去有把茆蓋頭[11]，也只成個知解宗徒[12]。」

祖師滅後，會入京洛[13]，大宏曹溪頓教，著顯宗記[14]，盛行於世，是為荷澤禪師[15]。

師見諸宗難問，咸起惡心，多集座下，愍[16]而謂曰：「學道之人，一切善念惡念，應當盡除[17]。無名可名[18]，名於自性；無二之性，是名實性[19]。於實性上建立一切教門，言下便須自見。」諸人聞說，總皆作禮，請事為師。

箋註

1. 襄陽縣，漢置，今屬湖北襄陽道。
2. 《高僧傳・三・集八》：「釋神會，姓高，襄陽人也。年方幼學，聞嶺表曹侯溪慧能禪師盛揚法道。乃教善財南方參問，裂裳裹足，以千里為跬步之間耳。及見，能問會曰：『從何所來？』答曰：『無所從來。』能曰：『汝不歸去？』答曰：『一無所歸。』能曰：『汝太茫茫。』答曰：『身緣在路。』能曰：『由身未到？』答曰：『今已得到，且無滯留。』居曹溪數載，後遍尋名蹟。開元八年敕配住南陽龍興寺，續於洛陽大行禪法。肅宗皇帝詔入內供養，敕將作大匠，併功齊力，為造禪宇於荷澤寺中。上元元年，囑別門人，避座望空頂禮。歸方丈。其夜示滅，受生九十三歲矣。即建午月十三日也。遷塔於洛陽寶應寺，敕諡大師曰真宗，塔號般若焉。」
3. 永嘉禪師〈證道歌〉：「但得本，不愁末。」弘德禪師註云：根本既明，枝葉自茂，本者即本有靈覺之性也。

4.主，主人公，即自性也。

5.沙彌，出家男子受十戒者。〇寒山詩：「平側不解厭，凡言取次出。」或曰：取次者，草率之義，又漫浪貌、容易語也。

6.只常常看自己有不是處，便是進步。〇《法語彙》：「世人大病，只自己不肯認差，所以多鬱多怒，若能自反自修，則客氣自消。」〇聶雙江云：「聖人過多，賢人過少，愚人無過，蓋過必學而後見也。不學者，冥行妄作以為常，不復知過。」

7.責己者，可以成己之德。責人者，適以長己之惡。〇《讀書錄》：「日省己過之不暇，何暇責人之過。」

8.恚音「惠」。

9.向善知識，問見自性之路，而使心悟。

10.此物本是離名絕相，無解無說，清淨本覺，不與妄合。不生亦不滅，無來也無去，住禪定而不寂，在煩惱而不亂。雖在塵勞，亦不汙染。寶體精光，一無所壞。此本非物，此本無名，非物則強指為物。無名則強名其名，無名之名，名曰本源佛性。

11.從偏位向於正位者曰「向去」，從正位向於偏位者曰「卻來」。〇把茆蓋頭者，言取茆作草庵，蓋在頭上，以蔽風雨也。〇《竹窗隨筆》云：「予單丁行腳時，忍飢渴、衝寒暑，備歷諸苦，今幸得把茆蓋頭。」

12.上所答，全是呵斥。禪宗往往以呵斥之辭為印可者，即此類也。〇法眼大師云：「古人授記人，終不錯，如今方知解為宗，即荷澤是也。」〇黃檗云：「我此禪宗，從上相承已來，不曾教人求知求解。古人心利，才聞一言，便乃絕學，所以喚作絕學無為閒道人。今時人只欲得多知多解，廣求文義，喚作修行。不知多知多解，翻成壅塞。唯知多與兒酥乳吃，消與不消都總不知。三乘學道人，皆是此樣。盡名食不消者。所謂知解不消，皆為毒藥。盡向生滅中取。真如之中，都無此事。故云『我王庫內無如是刀』。從前所有一切解處，盡須併卻令空，更無分別，即是空如來藏。如來藏者，更無纖塵可有。即是破有法王出現世間。亦云：『我於燃燈佛所，無少法可得。』此語只為空你情量知解，但銷鎔裹情盡，都無依執，是無事人。三乘教綱，只是應機之藥，隨宜所說。臨時施設，各各不同，但能了知即不被惑。第一不得於一機一教邊，守文作解。何以如此？實無有定法如來可說。我此宗門不論此事，但知息心即休，更不用思前慮後。」

13. 即洛陽。周平王始都於此，東漢繼之，故曰京洛。

14. 《稽古略．三》：「荷澤禪師，於天寶四載入京，著《顯宗記》，以訂兩宗，南能頓宗，北秀漸宗也。」《全唐文．九百十六．神會顯宗記》云：「無念為宗，無作為本。真空為體，妙有為用。夫真如無念，非想念而能知。實相無生，豈色心而能見。無念念者，即念真如。無生生者，即生實相。無住而住，常住涅槃。無行而行，即超彼岸。如如不動，動用無窮。念念無求，求本無念。菩提無得，淨五眼而了三身。般若無知，運六通而弘四智。是知即定無定，即慧無慧，即行無行。性等虛空，體同法界。六度自茲圓滿，道品於是無虧。是知我法體空，有無雙泯。心本無作，道常無念。無念無思，無求無得。不彼不此，不去不來。體悟三明，心通八戒。功成十力，富有七珍。入不二門，獲一乘理。妙中之妙，即妙法身。天中之天，乃金剛慧。湛然常寂，應用無方。用而常空，空而常用。用而不有，即是真空。空而不無，便成妙有。妙有即摩訶般若，真空即清淨涅槃。般若是涅槃之因，涅槃是般若之果。般若無見，能見涅槃。涅槃無生，能生般若。涅槃般若，名異體同。隨義立名，故云法無定相。涅槃能生般若，即名真佛法身。般若能建涅槃，故號如來知見。知即知心空寂，見即見性無生。知見分明，不一不異。故能動寂常妙，理事皆如。如即處處能通，達即理事無礙。六根不染，即定慧之功。六識不生，即如如之力。心如境謝，境滅心空。心境雙亡，體用不異。真如性淨，慧鑒無窮。如水分千月，能見聞覺知。見聞覺知，而常空寂。空即無相，寂即無生。不被善惡所拘，不被靜亂所攝。不厭生死，不樂涅槃。無不能無，有不能有。行住坐臥，心不動搖。一切時中，獲無所得。三世諸佛，教旨如斯。即菩薩慈悲，遞相傳受。自世尊滅後，西天二十八祖，共傳無住之心，同說如來知見。至於達摩，屆此為初，遞代相承，於今不絕。所傳祕教，要藉得人。如玉髻珠，終不妄與。福德智慧，二種莊嚴，行解相應，方能建立。衣為法信，法是衣宗，唯指衣法相傳，更無別法。內傳心印，印契本心，外傳袈裟，將表宗旨。非衣不傳於法，非法不受於衣。衣是法信之衣，法是無生之法，無生即無虛妄，乃是空寂之心。知空寂而了法身，了法身而真解脫。」

15.荷澤即地名以為寺號。〇《稽古略．三》：「荷澤，山東東昌路曹州也。」〇神會大師與六祖問答之語，見於《傳燈錄》者甚詳，附錄於後，以備參考。〇《傳燈錄．卷二十八》：「師於《大藏經》內有六處有疑，問於六祖。第一問戒定慧曰：『戒定慧如何？所用戒何物？定從何處修？慧因何處起？所見不通流？』六祖答曰：『定則定其心，將戒戒其行，性中常慧照，自見自知深。』第二問：『本無今有有何物？本有今無無何物？誦經不見有無義，真似騎驢更覓驢。』答曰：『前念惡業本無，後念善生今有。念念常行善行，後代人天不久。汝今正聽吾言，吾即本無今有。』第三問：『將生滅卻滅，將滅滅卻生，不了生滅義，所見似聾盲。』答曰：『將生滅卻滅，令人不執性，將滅滅卻生，令人心離境，未若離二邊，自除生滅病。』第四問：『先頓而後漸，先漸而後頓，不悟頓漸人，心裏常迷悶。』答曰：『聽法頓中漸，悟法漸中頓，修行頓中漸，證果頓中頓，頓漸是常因，悟中不迷悶。』第五問：『先定後慧？先慧後定？定慧後初，何生為正？』答曰：『常生清淨心，定中而有慧。於境上無心，慧中而有定。定慧等無先，雙修自心正。』第六問：『先佛而後法？先法而後佛？佛法本根源，起從何處出？』答曰：『說即先佛而後法，聽即先法而後佛，若論佛法本根源，一切眾生心裏出。』」

16.愍，憂也。憐，恤也。〇《左傳》：「吾代二子愍矣。」

17.《高子遺書．一》：「人想到死去一物無有，萬念自然撇脫，然不如悟到性上一物無有，萬念自無繫累也。」

18.《老子》：「道可道，非常道。名可名，非常名。」○《筆削記．二》：「須知雖立真如之名，名即無名，無名之名，故曰假名。」

19.實性，又名實相。○〈證道歌〉註：「實相，即一切眾生本有靈覺之心也。此心自無量劫來，至於今日。本自清淨，本自圓滿，本自具足，本自靈妙，廓若太虛，明如皎月。與他三世諸佛同體無異。」

護法品第九[1]

神龍[2]元年上元日[3]，則天中宗詔云[4]：「朕請安、秀二師[5]，宮中供養。萬機之暇[6]，每究一乘[7]。二師推讓云：『南方有能禪師，密授忍大師衣法，傳佛心印，可請彼問[8]。』今遣內侍薛簡[9]，馳詔請迎。願師慈念，速赴上京[10]。」師上表辭疾，願終林麓[11]。

箋註

1.別本作「宣詔品第九」。○護法，擁護佛之正法也。

2.中宗年號。

3.正月十五日為上元。

4.《通鑒彙編．五》：「則天順聖皇后，僭位二十一年。太后（即則天皇后）廢中宗為盧陵王，立豫王旦為帝，政事決於太后。中宗皇帝，名顯，高宗太子。即位後，為母后武氏廢為盧陵王，居房州十四年，張柬之等迎復位。五年而崩。」

5.安，嵩嶽慧安國師。秀，北宗神秀大師。〇《景德傳燈錄．四》：「嵩嶽慧安國師，荊州枝江人也。唐貞觀中至黃梅，謁忍祖，遂得心要。武后徵至輦下，待以師禮，與神秀禪師同加欽重。後嘗問師甲子？對曰不記。後曰：『何不記邪？』師曰：『生死之身其若循環，環無起盡，焉用記為？況此心流注，中間無間。見漚起滅者，乃妄想耳。從初識至動相，滅時亦只如此。何年月而可記乎？』後聞，稽顙信受。尋以神龍二年，中宗賜紫袈裟，度弟子二十七人，仍延入禁中供養三年，又賜摩衲一副。師辭嵩嶽。」

6.《書》：「一日二日萬幾。」言王者當戒懼萬事之幾微也。後謂天子治理萬事曰萬幾，亦作萬機。

7.成佛唯一之教謂之一乘。〇《法華文句．四．上》：「圓頓之教為一佛乘。」〇《勝鬘經》：「一乘即是第一義乘。」

8.《舊唐書．僧神秀傳》：「神秀嘗奏則天，請追惠能赴都。惠能固辭。神秀又自作書重邀之。惠能謂使者曰：『吾形貌短陋，北土見之，恐不敬吾法。又先師以吾南中有緣，亦不可違也，竟不度嶺而死。』」

9.內侍，官名，隋置內侍省，領內侍、內常侍等官，皆以宦者為之。唐因其制，後人因沿稱宦者為內侍。

10.上京，京師之通稱。〇《邊讓賦》：「盡恭肅乎上京。」〇孟浩然詩：「觀光來上京。」

11.山足曰麓。〇《禮記．王制篇》：「林麓川澤，以時入而不禁。」

薛簡曰：「京城禪德皆云[1]：『欲得會道[2]，必須坐禪習定[3]；若不因禪定而得解脫者，未之有也。』未審師所說法如何？」

師曰：「道由心悟，豈在坐也[4]？經云：『若言如來若坐若臥，是行邪道[5]。』何故？無所從來，亦無所去，無生無滅是如來清淨禪[6]；諸法空寂[7]是如來清淨坐[8]。究竟無證[9]，豈況坐耶？」

簡曰：「弟子回京，主上必問，願師慈悲，指示心要[10]，傳奏兩宮及京城學道者。譬如一燈，燃百千燈，冥者皆明，明明無盡[11]。」

師云：「道無明暗，明暗是代謝之義[12]。明明無盡，亦是有盡，相待立名。故《淨名經》云：『法無有比，無相待故[13]。』」

簡曰：「明喻智慧，暗喻煩惱。修道之人，倘[14]不以智慧照破煩惱，無始生死[15]，憑何出離？」

師曰：「煩惱即是菩提，無二無別。若以智慧照破煩惱者，此是二乘見解，羊鹿等機。上智大根，悉不如是[16]。」

簡曰：「如何是大乘見解？」

師曰：「明與無明，凡夫見二；智者了達其性無二[17]。無二之性，即是實性[18]。實性者，處凡愚而不減，在賢聖而不增[19]，住煩惱而不亂，居禪定而不寂。不斷不常[20]，不來不去[21]，不在中間及其內外[22]。不生不滅[23]，性相如如[24]，常住不遷[25]，名之曰『道』。」

簡曰：「師說不生不滅，何異外道[26]？」

師曰：「外道所說不生不滅者，將滅止生，以生顯滅，滅猶不滅，生說不

生[27]。我說不生不滅者，本自無生，今亦不滅，所以不同外道。汝若欲知心要，但一切善惡都莫思量[28]，自然得入清淨心體，湛然常寂，妙用恆沙。」

簡蒙指教，豁然大悟，禮辭歸闕[29]，表奏師語。

箋註

1.韓愈詩：「東風華樹下，送爾出京城。」○禪德，參禪師之有德行者。

2.會道，體會大道也。

3.此指四禪八定而言。

4.《傳燈錄》：「南岳讓禪師，見馬祖坐禪次。師欲接之，故將片磚於祖庵前石上，磨之復磨。祖曰：『作什麼？』師曰：『磨磚作鏡。』祖曰：『磨磚豈得成鏡？』師曰：『磨磚既不成鏡，坐禪豈得成佛？』祖曰：『如何即是？』師曰：『如牛駕車，車若不行，打牛即是，打車即是。』祖無對。師又問：『汝學坐禪？為學坐佛？若學坐禪，禪非坐臥。若學坐佛，佛非定相，於無住法，不應取捨。汝若坐佛，即是殺佛。若執坐相，非達其理。』」

5.《金剛經》：「若有人言如來，若來、若去、若坐、若臥，是人不解我所說義。何以故？如來者，無所從來，亦無所去，故名如來。」

6.如來清淨禪，省曰如來禪。為《楞伽經》所說四種禪之一。如來所得之禪定，即首楞嚴定也。依此禪定，窮竟法身般若解脫三德祕藏之大涅槃，而起無作之妙用。○《楞伽經・二》云：「何如來禪？謂入如來地得自覺聖智相三種樂住，成辦眾生不思議事，是名如來禪。」○《楞伽經註解・二》：「如來禪者，即首楞嚴也。」○《禪源都序・上・一》：「若頓悟自性，本來清淨，元無煩惱。無漏智性本來具足，此心即佛，畢竟無異。依此而修者，是最上乘禪，亦名如來清淨禪，亦名一行三昧。此是一切三昧根本。若能念念修習，自然漸得百千三昧。達摩門下展轉相傳者，是此禪也。」○〈證道歌〉：「頓覺了如來禪，六度萬行體中圓。」○《元亨釋書・道璿傳》：「璿曰：『我有心法曰如來禪。昔三藏菩提達摩自天竺來，付此法於慧可。』」○按以上皆以如來禪為至極之法，即達摩所傳之宗旨也。然唐之仰山，又立祖師禪名目。以祖師禪為達摩所傳之心印，以如來禪為未了之名。此說與本經宗旨不合，故略之。

7.《法華・信解品》：「一切諸法。皆悉空寂。」○唐釋慧海曰：「心無起滅，對境寂然，一切時中，畢竟空寂，即是常不離佛。」

8.《法華經・法師品》：「如來座者，一切法是空。」○《法華・大成・六》：「法空即佛自證平等妙法，實相真空。離一切相，即一切法也。教坐如來座者，非是小乘人空座，不達法空。今既作佛，應坐法空之座，說一切諸佛權實之法，使悟無二無三，證一切諸佛實智之道，令入一相一味，所謂唯有一乘，餘二非真。常寂滅相，終歸於空也。法空安心，於諸法中得最自在。名之為座。坐此座者，終日說法，不見有法可說也。」

9.《頓悟入道要門論・上》：「問：『修道者以何為證？』答：『畢竟證為證。』問：『去何是畢竟證？』答：『無證無無證，是名畢竟證。』問：『云何是無證？云何是無無證？』答：『於外不染色聲等，於內不起妄念心，得如是者，即名為證。得證之時，不得作證想，即名無證也。得此無證之時，亦不得作無證想，是名無證，即名無無證也。』」

10.心者，心髓。要者，精要，為法門至極之名。又心性上精要之法義也。

11.《維摩經・菩薩品》：「維摩詰言：『諸姊！有法門，名無盡燈，汝等當學。無盡燈者，譬如一燈燃百千燈。冥者皆明，明明不盡。』」

12.《淮南子》：「若春秋之代謝，言春往而夏來，夏往而秋來。往者已謝而來者相代也。」○孟浩然詩：「人事有代謝。」言人事之前者去而後者來也。

13. 二句見《維摩經．弟子品》中。

14. 倘，逆料之詞也。

15. 按如來藏無前際故，無明亦無有始。無明無始故，生死亦無始。

16. 六祖對韋使君等言，則謂當用大智慧打破五蘊煩惱塵勞。如此修行，定成佛道（見〈第二品〉）。今薛簡已知此義，故六祖破其執而更進一層，乃為此說。皆隨機說法，本無一定。非矛盾也。

17. 其字指明與無明言。

18. 實性真如之異名也。〇《仁王經》中：「諸法實性，清淨平等，非有非無。」

19. 《起信論》：「一切法，真如平等，不增減故。」《法藏疏》云：「隨流加染而不增，反流除染而不減，又反流加淨不增，隨流闕淨不減，良以染淨之所不虧，始終之所不易故。」

20. 《楞伽經．二》：「非斷非常。」

21. 《起信論．法藏序》：「無去無來，三際莫之能易。」

22. 《維摩經．三弟子品》：「彼罪性不在內，不在外，不在中間。」

23. 《起信論．義記．中本》：「所謂心性不生不滅。」

24. 《智度論．三十一》：「性言其體，相言可識。」〇如如，見前註。

25. 法無生滅變遷曰常住。〇《楞嚴經》：「皆由不知常住真心性淨明體。」

26. 《俱舍玄義》：「學乖諦理，隨自妄旨，不返內學，稱為外道。」

27. 依舊生死輪迴。

28. 《筆削記．六》：「一切善惡，都莫思量，言下自絕念想。」〇唐釋宗密云：「六祖大師云：『佛說一切法，為度一切心；我無一切心，何須一切法。』今時人但將此語輕於聽學，都不是觀實無心否。若無心者，八風不能動也。設習氣未盡，瞋念任運起時，無打罵仇他心。貪念任運氣時，無營求令得心。見他榮盛時，無嫉妒求勝心。一切時中，於自己無憂飢凍心，無恐人輕賤心。乃至種種此等，亦得名為無一切心也。」

29. 闕音「缺」。〇《說文》：「門觀也。」〇歸闕，歸於帝所也。

其年九月三日，有詔獎諭師曰：「師辭老疾，為朕修道[1]，國之福田[2]。師若淨名，托疾毘耶[3]，闡揚大乘，傳諸佛心[4]，談不二法[5]。薛簡傳師指授如來知見，朕積善餘慶[6]，宿種善根，值師出世，頓悟上乘。感荷師恩[7]，頂戴無已[8]。」並奉磨衲袈裟[9]及水晶缽[10]，敕韶州刺史[11]，修飾寺宇[12]，賜師舊居為國恩寺焉[13]。

箋註

1. 《禪源詮．四》：「無一切心，此名修道。若得對違順等境，都無貪瞋愛惡，此名得道。」

2. 《維摩經．四．菩薩品》註：什曰：「若行財施，但名施主，不名福田。若行法施，亦名施主，又名福田。」〇福從法施中出，譬之如田，故云福田。詳見前註。

3. 《維摩經．弟子品．三》：「爾時長者維摩詰，自念：『寢疾於床，世尊大慈，寧不垂愍？』佛知其意，即告舍利弗：『汝行詣維摩詰問疾。』」註：什曰：「維摩詰，秦言淨名。」〇《維摩經》註：肇曰：「毗耶離，國土名也。秦言廣嚴。其土平廣嚴事，因此為名也。」

4. 此言傳布歷代祖師之佛心宗也。佛心宗者，即直指人心見性成佛之謂也。

5. 《維摩經．入不二法門品》：「文殊師利問維摩詰：『我等各自說已，仁者當說何等是菩薩入不二法門？』時維摩詰默然無言。文殊師利歎曰：『善哉！善哉！乃至無有文字、語言，是真入不二法門。』」○唐釋慧海曰：「經云：『若取法相，即著我人；若取非法相，即著我人。是故不應取法，不應取非法，即是取真法也。』若了此理，即真解脫，即會不二法門。」

6.《周易．坤卦．文言》：「積善之家，必有餘慶；積不善之家，必有餘殃。」

7.《筆削記．二》：「三寶於我有恩德，為感荷故，而歸命之。」○心有所思而動曰感。○以肩擔物曰荷。

8.頂，頭頂。戴，著物於首也。無已，不止也。

9.磨衲，袈裟之名，產於高麗國。○《東坡全集．磨衲讚序》：「長老佛印大師了元，遊京師。天子聞其名，以高麗所貢磨衲賜之。」○《雞林志》：「高麗國衣磨衲者，為傳法師。衲甚精好。」

10.水晶，色如白冰，性堅而脆，吾國所產頗多，結晶常作斜方六面體，無色透明，光澤如玻璃。因硬度較高，以製眼鏡印章及透光鏡等物。○《嶺南叢述》：「魏，莊渠校視學粵中，惡佛氏，必詆之，毀祠廟甚多，而曹溪之鉢竟被捶碎。至崇禎間，有彭孝廉某，病，夢至官府處。神被服如王者，聞胥吏傳呼魏校一案。須臾，一人峨冠盛服入，神問何以毀曹溪鉢？答言：『吾為孔子之徒，官督學。校在廣東毀婬祠幾千百所，豈但一鉢！』神云：『聞鉢破，中有魏字，如此神異，焉可以為異端毀之？』答云：『魏是予姓，數已前定，雖欲不毀，其可得耶！』神語塞，校揖而出。夫莊渠手誠辣矣！然千年異物，一朝碎之，能無孫家廆瓦吊之譏乎？」

11.天子頒布臣民之詔書曰敕。

12.修飾，增損之也。

13.《高僧傳》：「六祖捨新興舊宅為國恩寺。神龍三年，賜額法泉。太平興國三年，重建塔，改名南華。」○《五燈會元》：「中宗神龍元年十二月十九日，敕改古寶林為中興寺。三年十一月十八日，又敕韶州刺史，重加崇飾，賜額為法泉寺。祖新州舊居為國恩寺。」○《嶺南叢述》：「六祖故居在新興縣，國恩禪寺，即盧能故居也。」○《廣東新語．二》：「新興盧村，乃六祖生身之所，至今屋址不生草木。近其居者，毛髮稀禿。」

付囑品第十[1]

師一日喚門人法海、志誠、法達、神會、智常、智通、志徹、志道、法珍、法如等曰：「汝等不同餘人[2]，吾滅度後[3]，各為一方師[4]。吾今教汝說法，不失本宗[5]。先須舉三科法門，動用三十六對，出沒即離兩邊，說一切法，莫離自性。忽有人問汝法，出語盡雙，皆取對法，來去相因；究竟二法盡除，更無去處。

「三科法門者，陰、界、入也。陰是五陰，色、受、想、行、識是也；入是十二入，外六塵色、聲、香、味、觸、法，內六門眼、耳、鼻、舌、身、意是也。界是十八界，六塵、六門、六識是也。自性能含萬法，名含藏識。若起思量，即是轉識。生六識，出六門，見六塵，如是一十八界，皆從自性起『用』。自性若邪，起十八邪，自性若正，起十八正。若『惡用』即『眾生用』，『善用』即『佛用』。『用』由何等，由自性有。

箋註

1. 付囑者，授以法，囑其傳持也。○《金剛經》：「如來善付囑諸菩薩。」
2. 常隨侍使之眾，故云不同餘人。又其入道比餘人為勝，故云不同餘人。

3.滅度，兼命終證果二者而言。〇《涅槃經．十九》：「滅生死故，名為滅度。」〇《行願品鈔．四》：「言涅槃者，具云般涅槃那，古譯為入滅息。息即是滅，故但云入滅。或云滅度，即滅障度苦也。」

4.此師字指禪師而言。六祖謂各門人他日各為分化一方之禪師也。〇唐釋慧海曰：「夫禪師者，撮其樞要，直了心源，出沒卷舒，縱橫應物，咸均事理，頓見如來，拔生死深根，獲現前三昧；若不安禪靜慮，到這裏總須茫然。隨機授法，三學雖殊，得意忘言，一乘何異？故經云：『十方佛土中，唯有一乘法，無二亦無三，除佛方便說。』但以假名字，引導於眾生。」

5.出家之人，各有宗派，指其所從之宗派言，各謂之本宗。此之本宗，指禪宗也。

「對法，外境。無情五對：天與地對，日與月對，明與暗對，陰與陽對，水與火對，此是五對也。

「法相語言十二對：語與法對，有與無對，有色與無色對，有相與無相對，有漏與無漏對[1]，色與空對，動與靜對，清與濁對，凡與聖對，僧與俗對，老與少對，大與小對，此是十二對也。

「自性起用十九對：長與短對，邪與正對，癡與慧對，愚與智對，亂與定對，慈與毒對[2]，戒與非對[3]，喜與瞋對，捨與慳對，進與退對，生與滅對，法身與色身對，化身與報身對，此是十九對也。」

箋註

1.漏為煩惱之異名，貪瞋等之煩惱，日夜自眼、耳、等六根門漏泄流注而不止，故名漏。

又，漏者，漏落之義。煩惱能使人漏落於三惡道，故名漏。因之而有煩惱之法曰有漏，離煩惱之法曰無漏。

2. 慈，慈心也。毒，很心也。

3. 非，不是也，惡也。直與曲對，實與虛對，險與平對，煩惱與菩提對，常與無常對，悲與害對。悲，悲憫也。害，傷害也。

師言：「此三十六對法，若解用，即道貫一切經法，出入即離兩邊[1]。

「自性動用，共人言語，外於相離相，內於空離空。若全著相，即長邪見；若全執空，即長無明。執空之人，有謗經，直言『不用文字』。既云不用文字，人亦不合語言，只此語言便是文字之相。又云『直道不立文字』，即此『不立』兩字，亦是文字[2]。見人所說，便即謗他言著文字。汝等須知！自迷猶可，又謗佛經。不要謗經！罪障無數！

「若著相於外，而作法求真。或廣立道場，說有無之過患。如是之人，累劫不可見性。但聽依法修行，又莫百物不思而於道性窒礙！若聽說不修，令人反生邪念。但依法修行，無住相法施。汝等若悟，依此說、依此用、依此行、依此作，即不失本宗。

「若有人問汝義，問有，將無對；問無，將有對；問凡，以聖對；問聖，以凡對。二道相因，生中道義[3]，如一問一對，餘問一依此作，即不失理也。

「設有人問：『何名為暗？』答云：『明是因，暗是緣。明沒則暗，以明顯

暗，以暗顯明。來去相因，成中道義。』餘問悉皆如此。汝等於後傳法，依此轉相教授，勿失宗旨[4]。」

箋註

1.《入道要門．上》：「問：『云何是中道？』答：『無中間，亦無二邊，即中道也。』云：『何是二邊？』答：『為有彼心，有此心即是二邊。』云：『何名彼心此心？』答：『外縛色聲，名為彼心。內起妄念，名為此心。若於外不染色，即名無彼心；內不生妄念，即名無此心，此非二邊也。心既無二邊，中亦何有哉。得如是者，即名中道。』」

2.裴休原〈人論序〉：「文字性空，又曰無離文字而說解脫，必曰捨文字然後見法。非見法者也。」

3.《大智度論．四十三》：「常是一邊，斷滅是一邊，離是二邊行中道，是為般若波羅蜜。又復常無常、苦樂、空實、我無我、等，亦如是。色法是一邊，無色法是一邊，可見法不可見法、有對無對、有為無為、有漏無漏、世間出世間等諸二法，亦如是。復次，無明是一邊，無明盡是一邊，乃至老死是一邊，老死盡是一邊，諸法有是一邊，諸法無是一邊，離此二邊行中道，是為般若波羅蜜。菩薩是一邊，六波羅蜜是一邊，佛是一邊，菩提是一邊，離是二邊行中道，是為般若波羅蜜。略說內六情是一邊，外六塵是一邊，離是二邊行中道，是名般若波羅蜜。此般若波羅蜜是一邊，此非般若波羅蜜是一邊，離是二邊行中道，是名般若波羅蜜。」

4.後人以此教授之法為說者，頗多。今以慧海所撰《頓悟入道要門論》中語證之如下：「問：『云何是見佛真身？』答：『不見有無，即是見佛身？』問：『云何不見有無即是見佛真身？』答：『有因無立，無因有顯。本不立有，無亦不存。既不存無，有從何得？有之與無，相因始有。既相因而有，悉是生滅也。但離此二見，即是見佛真身。』又問：『何者是無為法？』

答：『有為是。』問：『今問無為法，因何答有為是？』答：『有因無立，無因有顯。本不立有，無從何生。若論真無為者，即不取有為，亦不取無為，是真無為法也。』又問：『何者是中道義？』答：『邊義是。』問：『今問中道，因何答邊義是？』答：『邊因中立，中因邊生。本若無邊，中從何生。今言中者，因邊始有，故知中之與邊相因而立。』」〇按：舉此三則，其他可以推知矣。

師於太極元年壬子，延和七月[1]，命門人往新州國恩寺建塔，仍令促工[2]。次年夏末落成[3]。七月一日，集徒眾曰：「吾至八月，欲離世間。汝等有疑，早須相問，為汝破疑，今汝迷盡。吾若去後，無人教汝。」法海等聞，悉皆涕泣，惟有神會，神情不動，亦無涕泣[4]。

師云：「神會小師[5]，卻得善不善等，毀譽不動[6]，哀樂不生[7]，餘者不得。數年山中，竟修何道？汝今悲泣，為憂阿誰[8]？若憂吾不知去處，吾自知去處。若吾不知去處，終不預報於汝[9]。汝等悲泣，蓋為不知吾去處。若知吾去處，即不合[10]悲泣。法性本無生滅去來[11]，汝等盡坐，吾與汝說一偈，名曰〈真假動靜偈〉。汝等誦取此偈，與吾意同。依此修行，不失宗旨。」

眾僧作禮，請師作偈。

箋註

1. 太極，唐睿宗年號。元年歲壬子，茲歲正月改元太極，又五月改元延和。七月睿宗傳位於太子隆基，八月玄宗改元先天也。蓋一歲三改元，故云爾也。

2.促工，促迫工人使勤作而早完工也。

3.《爾雅》：「宮室始成而祭之為落。」○《詩．斯干．序箋》：「宣王築宮廟群寢既成而釁之，歌斯干之章以落之。」○劉光莊詩：「故國難歸去，新巢甫落成。」○今建築完竣，通謂之落成。

4.莊子妻死，箕踞鼓盆而歌，謂人且偃然寢於巨室，而我噭噭然隨而哭之，自以為不通乎命。即此意也。

5.受具足戒未滿十夏者，曰小師。又弟子之稱。又沙門謙下之稱。○《寄歸傳．三》：「西方行法，受近圓已去，名鐸曷羅，譯為小師。滿十夏名悉他薛攞，譯為住位，得離依止而住。

6.《莊子》：「且舉世譽之面不加勸，舉世非之而不加沮。」

7.《莊子》：「適來夫子時也，適去夫子順也。安時而處順，哀樂不能入也。」

8.阿誰，猶言何人也。○古詩：「家中有阿誰？」○《三國志》：「向者之論，阿誰為失。」○《困學紀聞．十九》：「俗語皆有所本，阿誰出蜀龐統傳。」

9.言若吾不知去處，終不預告汝以至八月間欲離世間。

10.不合，猶云不該應。

11.《六祖金剛經口訣》：「聖賢生不因念，應蹟而生，欲生即生，不待彼命。故既生之後，圓寂之性，依舊湛然無體相無罣礙。其照萬法，如青天白日無毫發隱滯。故能建立一切善法，遍於沙界，不見其少。攝受一切眾生，歸於寂滅，不以為多。驅之不能來，逐之不能去，雖托四大為形，五行為養，皆我所假，未嘗妄認。我緣苟盡，我跡當滅。委而去之，如來去耳，於我何與哉？」

偈曰[1]：

「一切無有真[2]，不以見於真[3]；若見於真者[4]，是見盡非真[5]。
若能自有真[6]，離假即心真[7]。自心不離假，無真何處真[8]？
有情即解動[9]，無情即不動[10]。若修不動行[11]，同無情不動[12]。
若覓『真不動』[13]，動上有不動[14]。不動是不動[15]，無情無佛種[16]。
能善分別相[17]，第一義不動[18]。但作如此見[19]，即是真如用[20]。
報諸學道人[21]，努力須用意[22]！莫於大乘門[23]，卻執生死智[24]！
若言下相應[25]，即共論佛義；若實不相應[26]，合掌令歡喜[27]。
此宗本無諍[28]，諍即失道意[29]；執逆諍法門[30]，自性入生死[31]。」

箋註

1. 按此偈惟古本載之。《傳燈》、《會元》、《正宗記》等均不載也。
2. 一切萬法無真正故。
3. 言不可作為真看。
4. 若作真實觀之。
5. 則此見無一非假矣。
6. 若於自心了得真正。
7. 離假相，當處即是真。
8. 自心若不離假相，萬法何處有真。○以上說真假。

9.自此點破坐禪。

10.木石一切非情物。○《血脈論》：「此心不離四大色身中，若離此心，即無能運動。此身無知，如草木瓦礫，身是無情，因何運動。」

11.不動行，長坐不臥之禪定也。

12.同於木石。

13.如尋自心真不動。

14.即動搖上有不動搖。○《林子壇經訊釋》：「悟性之人，雖在於虛極靜篤矣。然而動上亦有不動，而輪刀上陣，亦得見之者，不可不知也。然則何以謂之動上不動？《壇經》曰：『性本不動故也。』」

15.誤會不動以為即是坐禪。

16.《入道要門・下》：「講華嚴座主問：『禪師信無情是佛否？』師曰：『不信，若無情是佛者，活人應不如死人。死驢死狗，亦應勝於活人。經云：「佛身者，即法身也，從戒定慧生，從三明六道生，從一切善法生。」若說無情是佛者，大德如今便死，應作佛去。』」○按：據此即知無情者非佛，故無情即無佛種也。○以上說動靜。

17.即言能於事事物物措施裕如也。因物付物而不動其心，即是善分別相。餘註見第四品「能善分別諸法相」句下。

18.註見前於「第一義而不動」句下。○《高子遺書》：「當得大忿懥、大恐懼、大憂患、大好樂而不動，乃真把柄也。」又云：「須知動心最可恥。心至貴也，物至賤也，奈何貴為賤役。」

19.如此見，指不可如無情之不動，宜如善能分別諸法相，於第一義而不動。

20.此見即是真如之用。○按：以上真假動靜之旨已明，故以下之偈文皆指不諍而言。

21. 自此下言不可因諍而入生死。
22. 努力，即著力也。
23. 大乘門，頓教也。
24. 已入大乘門，即離生死智。故不可於大乘門中，仍執生死之見。生死智者，落於生死之見識也。
25. 言與人談論，若彼此契合者，即可同論佛義也。
26. 若彼不契合。
27. 則亦合掌表敬，使彼生歡喜心，而不諍論。
28. 頓教宗門本是無諍三昧。○《金剛般若經》：「我得無諍三昧，人中最為第一。」口訣云：何名無諍三昧？謂阿羅漢心無生滅去來。唯有本覺常照，故名無諍三昧。」
29. 《智度論・十一》：「須菩提於弟子中得無諍三昧最為第一。無諍三昧相，常觀眾生不令心惱，多行憐憫。」○《金剛經略疏・中》：「無諍三昧者，以其解空，則彼我俱忘。能不惱眾生，亦令眾生不起煩惱故也。」○《涅槃經》云：「須菩提住虛中地。若有眾生嫌我立者，我當終日端坐不起；嫌我坐者，我當終日立不移處。一念不生，諸法無諍。」○六祖偈曰：「諍是勝負心，與道相違背，便生四相心，何由得三昧。」
30. 謂固執違逆諍論之法門。
31. 有諍則瞋，瞋則退失無生忍，失卻無生忍，自性便入生死輪迴，不能超三界矣。○《華嚴經》：「有諍說生死，無諍即涅槃。」

時，徒眾聞說偈已，普皆作禮。並體師意，各各攝心[1]**，依法修行，更不敢諍。**

乃知大師不久住世，法海上座，再拜問曰：「和尚入滅之後，衣法當付何人？」

師曰：「吾於大梵寺說法[2]，目曰《法寶壇經》，汝等守護，遞相傳授，度諸群生。但依此說，是名正法。今為汝等說法，不付其衣。蓋為汝等信根淳熟，決定無疑，堪任大事。然據先祖達摩大師付授偈意，衣不合傳[3]。偈曰：

「吾本來茲土[4]，傳法[5]救迷情，一華開五葉[6]，結果自然成[7]。」

箋註

1. 攝心者，攝散亂之心於一也。〇《佛遺教經》：「常當攝心在心。」
2. 寺，見前註。以至於今，鈔錄流行。鈔錄，略取也。流行，流通也。
3. 《劉夢得文集・三十・佛衣銘》：「吾既為僧琳撰曹溪第二碑，且思所以辨六祖置衣不傳之旨，作〈佛衣銘〉曰：『佛言不行，佛衣乃爭。忽近貴遠，古今常情。尼父之生，土無一里。夢奠之後，履存千祀。惟昔有梁，如象之狂。達摩救世，來為醫王。以言不痊，因物乃遷。如執符節，行乎復關。民不知官，望車而畏。俗不知佛，得衣為貴。壞色之衣，道不在茲。由之信道，所以為寶。六祖未彰，其出也微。既還狼荒，憬俗蚩蚩。不有信器，眾生曷歸。是開便門，非止傳衣。初必有終，傳豈無已。物必歸盡，衣乎久恃。先終知終，用乃不窮。我道無朽，衣於何有。其用已陳，孰非芻狗。』」
4. 吾，達摩自謂也。
5. 傳法，傳如來之正法眼藏。
6. 一華，達摩指自己言。五葉，指二祖至六祖五代而言也。或曰五葉謂六祖後禪家分為臨濟、曹洞、溈仰、雲門、法眼、五宗之讖語，此說非是。觀上文「衣不合傳」之說，則與五葉之說相符也。若云五葉指五宗言，則遺卻二祖下之五代矣。結果自然成。付衣雖止於五葉，而五葉後，禪宗大興，故云結果自然成。〇《五燈會元．十》：「問：『一華開五葉，如何是一華開五葉？』師曰：『日出月明。』曰：『如何是結果自然成？』師曰：『天地皎然。』」

師復曰：「諸善智識！汝等各各淨心，聽吾說法。若欲成就種智[1]，須達一相三昧，一行三昧。若於一切處而不住相，於彼相中不生憎愛亦無取捨，不念利益成壞等事，安閒恬靜，虛融澹泊、此名『一相三昧』。若於一切處，行住坐臥，純一直心，不動道場[2]，真成淨土[3]，此名『一行三昧』。若人具二三昧：如地有種，含藏長養，成熟其實。一相一行[4]，亦復如是。我今說法，猶如時雨[5]，普潤大地。汝等佛性，譬諸種子，遇茲霑[6]洽，悉皆發生。承吾旨者，決獲菩提，依吾行者，定證妙果。聽吾偈曰：

「心地含諸種[7]，普雨悉皆萌[8]；頓悟華情已[9]，菩提果自成[10]。」

師說偈已，曰：「其法無二，其心亦然[11]。其道清淨，亦無諸相。汝等慎勿『觀靜』及『空其心』！此心本淨，無可取捨，各自努力，隨緣好去[12]。」

爾時徒眾作禮而退。

箋註

1. 種智，佛之一切種智也。知佛智一切種種之法，名一切種智。〇《大智度論．二十七》：

「一切種智是佛事。聲聞辟支佛，但有總一切智無有一切種智」。〇《大智度論・八十四》：「一切種智是諸佛智也。」

2.《輔行・二》：「今以供佛之處名為道場。」〇又，學道之處曰道場。〇註《維摩經・四》：肇曰：「閒宴修道之處，謂之道場也。」〇按不動道場者，言不必在道場中有所舉動，已得真成淨土也。

3.《頓悟入道要門・下》：「問：『願生淨土，未審實有淨土否？』師曰：『經云：「欲得淨土，當淨其心，隨其心淨即佛土淨。」若心清淨，所在之處，皆為淨土。譬如生國王家，決定紹王業。發心向佛道，是生淨佛國。其心若不淨，在所生處皆是穢土。淨穢在心，不在國土。』」

4.一相指一相三昧而言，一行指一行三昧而言。

5.《孟子》：「有如時雨化之者。」註：時雨，及時之雨也。

6.音「沾」，濡也，漬也。洽音「協」，霑也。

7.潭州尋和尚註曰：「一念包容十剎。」〇按：下三句亦皆尋和尚原註。

8.祖師說法，眾生發萌。

9.聲色無邊，般若無邊。

10.信受奉行。

11.《御錄經海一滴》：「不見生滅迷悟華果二法差別，則觸目無障礙之大道。何二其法、二其心哉？」

12.外界之事物來，自體與之感觸，謂之緣。應其緣而自體動作，謂之隨緣。〇《最勝王經・五》：「隨緣所在覺群生。」〇按：隨緣好去者，六祖謂門弟子可各各隨緣而去也。

大師，七月八日，忽謂門人曰：「吾欲歸新州[1]，汝等速理舟楫[2]。」大眾哀留甚堅。師曰：「諸佛出現，猶示涅槃。有來必去，理亦常然。吾此形骸，歸必有所。」

眾曰：「師從此去，早晚可回[3]。」

師曰：「葉落歸根[4]，來時無口[5]。」

又問曰：「正法眼藏，傳付何人？」

師曰：「有道者得，無心者通。」

又問：「後莫有難否？」

師曰：「吾滅後五、六年，當有一人來取吾首。聽吾記曰：『頭上養親，口裏須餐[6]；遇滿之難，楊柳為官[7]。』」又云：「吾去七十年，有二菩薩，從東方來，一出家，一在家[8]，同時興化，建立吾宗，締緝伽藍[9]，昌隆法嗣[10]。」

問曰：「未知從上佛祖應現已來，傳授幾代？願垂開示[11]。」

師云：「古佛應世，已無數量，不可計也[12]。今以七佛為始：過去莊嚴劫[13]，毗婆尸佛[14]，尸棄佛[15]，毘舍浮佛[16]；今賢劫，拘留孫佛[17]，拘那含牟尼佛[18]，迦葉佛[19]，釋迦文佛[20]，是為七佛。

箋註

1. 新州，南朝梁置，明廢。今廣東新興縣。

2.楫音「接」，短櫂也，亦名橈，俗謂之槳。○《易》：「舟楫之利，以濟不通。」

3.門弟子慰藉六祖，言師雖往歸新州，然未必即行遷化，早晚可仍回到此地也。

4.《荀子》：「水深則回，葉落糞本。」○《老子》：「夫物芸芸，各歸其根。」此句，六祖言吾之歸新州猶葉落之歸其根也。

5.此句六祖言，吾初來時，本無口無語言。此即無法可說之意也。○《傳心法要·下》：「真佛無口，不解說法。」○《六祖金剛經註》曰：「本心元淨，諸法元空，更有何法可說。二乘之人執著人法是有，即有所說。菩薩了悟人法皆空，即無所說。是故經云：『若有人言如來有所說法，即為謗佛。』」○按：此即無口之意也。○《禪宗頌古聯珠通集·七》：「法雲秀云：『非但來時無口，去時亦無鼻孔。』本覺又曰：『五蘊山頭一段空，來時無口去無蹤。要明落葉歸根旨，末後方能達此宗。』」○吳志薛綜曰：「無口為天，有口為吳。」據此又可謂六祖生時從天來也，錄此備一別解。

6.頭上養親者，言金大悲欲取大師首，頂戴供養，如慈親也。口裏須餐者，言淨滿受金大悲之錢，來劫大師之首，為口腹所累也。

7.《傳法正宗記·六》：「尊者入塔時，徒屬思其言將有人取吾首者，遂以鐵鍱固護其項。開元十年八月三日，其夕之半，俄聞塔間有若拽鐵索之聲。主塔者驚起，遽見一人，狀類孝子（此當日見一人著縗絰，而混言孝子者，蓋順乎祖師隱語之意耳），自塔馳出。尋視之，其鐵鍱護處已有痕跡。遂以賊事聞其州邑。官嚴捕之，他日於邑之石角村果得其賊。吏鞫問，賊自稱姓張名淨滿，本汝州梁縣人，適於洪州開元寺，受新羅國僧金大悲者，雇令取祖之首歸其國以事之，吏欲以法坐之。刺史以其情不惡，乃問尊者弟子令瑫禪師。令瑫復以佛法論，欲吏原之。刺史善瑫之意，亦從而恕之。當其時州刺史曰柳無忝，縣令曰楊侃，賊曰張淨滿。驗其讖語，無少差謬。」

8.一出家，指馬祖道一禪師而言。一在家，指龐蘊居士而言。或曰，一出家指黃檗禪師，一在家指裴休。

9.締，構造。緝，補葺。〇伽藍，佛寺之別稱。〇《五分律》：「伽藍自缾沙王施迦蘭陀竹園為始也。園者，生植之所，佛弟子居之，取生植道本聖果之義也。」〇伽藍具云僧伽藍，其義為眾比丘之園。

10.法嗣，嗣法之人也。

11.按自問曰至垂示之文，《傳燈錄》、《五燈會元》、《正宗記》等中不載，而古本具載之。但文字間有異同，佛祖名數間有差殊耳。

12.按七佛以前，古佛應世之數，無量無邊，非可以譬喻算之，實不可思議。久遠劫來諸佛出興，有二萬億威音王佛，二萬億日月燈明佛，二千億雲自在燈王佛，過去久遠大通智勝佛等佛，實不可枚舉。詳見諸經。

13.《佛祖統紀．三十一》：「過去莊嚴劫，此劫有成、住、壞、空各二十小劫。」

14.過去莊嚴劫第九百九十八尊也。〇《長阿含經》云：「人壽八萬歲時此佛出世，種剎利，姓拘利若。父槃頭，母槃頭婆提，居槃頭婆提城。坐彼婆羅樹下，說法三會，度人三十四萬八千。神足二，一名騫茶，二名提舍。侍者無憂，子方膺。」〇偈曰：「身從無相中受生，猶如幻出諸形象，幻人心識本來無，罪福皆空無所住。」見《指月錄．一》。下同。〇《景德傳燈錄．一》：「過去之七佛各舉得法之偈，稱為〈七佛所說偈〉。此七佛所說偈，未知出何典？是寶林傳之著者慧炬所揑造也。釋門正統曾痛斥之，其語載在〈正統第四卷〉中。」

15.莊嚴劫第九百九十九尊也。〇《長阿含經》云：「人壽七萬歲時，此佛出世。種剎利，姓拘利若。父明相，母光曜，居光相城。坐分陀利樹下說法三會，度人二十五萬。神足二，一名阿毗浮，二名婆婆。侍者忍行，子無量。」〇偈曰：「起諸善法本自幻，造諸惡業亦是幻，身如聚沫心如風，幻出無根無實性。」

16.莊嚴劫第一千尊也。〇《長阿含經》云：「人壽六萬歲時，此佛出世。種刹利，姓拘利若。父善鐙，母稱戒，居無喻城。坐婆羅樹下說法二會，度人一十三萬。神足二，一扶遊，二郁多摩。侍者寂滅，子妙覺。」〇偈曰：「假借四大以為身，心本無生因境有，前境若無心亦無，罪福如幻起亦滅。」

17.現在賢劫有一千佛，此其第一尊也。〇《佛祖統紀．三十一》：「現在賢劫，以多賢人，故名賢劫。」〇《長阿含經》云：「人壽四萬歲時，此佛出世。種婆羅門，姓迦葉。父禮得，母善枝，居安和城。坐尸利沙樹下，說法一會，度人四萬。神足二，一薩尼，二毗樓，侍者善覺，子上勝。」〇偈曰：「見身無實是佛身，了心如幻是佛幻，了得身心本性空，斯人與佛何殊別。」

18.賢劫第二尊也。〇《長阿含經》云：「人壽三萬歲時，此佛出世。種婆羅門，姓迦葉。父大德，母善勝，居清淨城。坐烏暫婆羅門樹下，說法一會，度人三萬。神足二，一舒槃那，二郁多樓，侍者安和，子導師。」〇偈曰：「佛不見身知是佛，若實有知別無佛，智者能知罪性空，坦然不怖於生死。」

19.賢劫第三尊也。〇《長阿含經》云：「人壽二萬歲時，此佛出世。種婆羅門，姓迦葉。父梵德，母財主，居波羅奈城。坐尼拘律樹下，說法一會，度人二萬。神足二，一提舍，二羅婆，侍者善友，子集軍。」〇偈曰：「一切眾生性清淨，從本無生無可滅，即此身心是幻生，幻化之中無罪福。」

20.賢劫第四尊也。姓刹利。父淨飯王，母摩耶。人壽百歲時，此佛出世。當此土周昭王二十六年，甲寅四月初八日，自母摩耶右脅誕生。涅槃於此土周穆王五十三年，壬申歲，壽七十九。說法四十九年。侍者阿難，後承命結集經典，為第二祖。子羅侯羅，皆大阿羅漢。〇偈曰：「法本法無法，無法法亦法，今付無法時，法法何曾法。」

「釋迦文佛首傳摩訶迦葉尊者[1]，第二阿難尊者[2]，第三商那和修尊者[3]，第四優婆毱多尊者[4]，第五提多迦尊者[5]，第六彌遮迦尊者[6]，第七婆須蜜多尊者[7]，第八佛馱難提尊者[8]，第九伏馱蜜多尊者[9]，第十脇尊者[10]，十一富那夜奢尊者[11]，十二馬鳴大士[12]，十三迦毗摩羅尊者[13]，十四龍樹大士[14]，十五迦那提婆尊者[15]，十六羅睺羅多尊者[16]，十七僧伽難提尊者[17]，十八伽耶舍多尊者[18]，十九鳩摩羅多尊者[19]，二十闍耶多尊者[20]，二十一婆修盤頭尊者[21]，二十二摩拏羅尊者[22]，二十三鶴勒那尊者[23]，二十四師子尊者[24]，二十五婆舍斯多尊者[25]，二十六不如蜜多尊者[26]，二十七般若多羅尊者[27]，二十八菩提達摩尊者[28]，二十九慧可大師[29]，三十僧璨大師[30]，三十一道信大師[31]，三十二弘忍大師[32]，惠能是為三十三祖[33]。從上諸祖，各有稟承。汝等向後，遞代流傳，毋令乖誤[34]。」

箋註

1.《傳燈錄・一》：「第一祖摩訶迦葉。」○《法華文句・一》：「摩訶迦葉，此翻大龜氏。其先代學道，靈龜負仙圖而應，從德名族，故言龜氏。真諦三藏翻為光波，古仙人，身光炎踊，能映餘光使不現，故言光波，亦云飲光。迦葉身光亦能映物故。」○智德具備，堪為人尊，故云尊者。阿羅漢之尊稱也。○《資持記・下・三》：「尊者，臘高德重，為人所尊。」○《行事鈔・下》云：「下座稱上座為尊者。」○《指月錄・一》：「世尊在靈山會上，拈華示眾，是時眾皆默然，唯迦葉尊者破顏微笑。世尊曰：『吾有正法眼藏，涅槃妙心，實相無相，微妙法門，不立文字教外別傳，付囑摩訶迦葉。』又：「世尊至多子塔前，命摩訶迦葉分座令坐，以僧伽黎圍之。遂告曰：『吾以正法眼藏密付於汝，汝當護持。』並敕阿難副貳傳化，無令斷絕。」

2.《傳燈錄．一》：「第二祖阿難，王舍城人也。姓剎帝利。父斛飯王。」○梵語阿難陀，此云慶喜，亦云歡喜。釋迦如來成道之夜生。○釋迦世尊之從弟也，既出家，十大弟子中，多聞第一，為世尊之侍者。二十五年，承釋迦佛之命，與大迦葉結集經典者。

3.《傳燈錄．一》：「第三祖商那和修，摩突羅國人。」又曰：「三祖商那和修尊者，得優波毱多為給侍。因問毱多：『汝年幾耶？』曰：『我年十七。』曰：『汝身十七，性十七耶？』答曰：『師髮已白，為髮白耶？心白耶？』師曰：『我但髮白，非心白耳。』毱多曰：『我身十七，非性十七也。』」○商那尊者，於先身後身衣與胎俱出。身漸長，衣亦隨長。阿難度之出家，變其衣為法服，受具戒後又變其衣為僧伽胝。將寂滅，以智力發願留此袈裟，至釋迦遺法盡時此衣方壞。

4.《傳燈錄．一》：「第四祖優婆毱多，吒利國人也。」又曰：「尊者每度一人，以一籌置於石室。其室縱十八肘，廣十二肘，充滿其中。尊者入滅，以籌焚之，舍利建塔。」○優婆毱多尊者，依其師商那和修之教，若起惡心下黑石，起善心下白石。初黑多白少，漸漸修習，黑白平等。滿七日後唯見白石。其時商那和修說四聖諦，使即時證須陀洹道。見《付法藏傳．三》。

5.《傳燈錄．一》：「第五祖提多迦，摩伽陀國人也。」又曰：「五祖提多迦尊者，因求出家。毱多問曰：『汝身出家，心出家？』答曰：『我來出家，非為身心。』毱多曰：『不為身心，復誰出家？』答曰：『夫出家者，無我我故，即心不生滅，心不生滅，即是常道。諸佛亦常。心無形相，其體亦然。』」○尊者本名香眾，師毱多尊者易以今名。○尊者有偈：「付彌遮迦尊者云：『通達本無心，無法無非法，悟了同未悟，無心亦無法。』說已，踴身虛空作十八變，火光三昧，自焚其軀。」見《佛祖歷代通載．四》。

6.《傳燈錄．一》：「第六祖彌遮迦，中印度人也。」〇尊者既傳法已，當遊北天竺國，知婆須蜜多為法器。謂曰：「我師提多迦，說世尊昔遊北印度語阿難言。此國中，吾滅後三百年有一聖人，姓頗羅墮，名婆須蜜，而於禪祖當獲第七。世尊紀汝，汝應出家，遂披剃。」見《佛祖歷代通載》。

7.《傳燈錄．一》：「第七祖婆須蜜多，北天竺國人也。〇尊者當執酒器，遊行里閈，或吟或嘯，人謂之狂。遇第六祖，遂出家，後以偈付佛陀難提。偈曰：「心同虛空界，示等虛空法，證得虛空時，無是無非法。」且云：「如來正法眼藏，我今付汝，汝當護持。」見《佛祖歷代通載》。

8.《傳燈錄．一》：「第八祖佛馱難提，迦摩羅國人也。」〇尊者頂有肉髻，辯捷無礙。行化至提迦國城，遂付法於伏馱蜜多。見《佛祖歷代通載》。

9.《傳燈錄．一》：「第九祖伏馱蜜多，提迦國人也。」〇尊者示不言不行相五十年，遇第八祖乃言。第八祖謂其慮父母愛情難捨，故不言不行耳。見《佛祖歷代通載》。

10.《傳燈錄．一》：「第十祖脇，中印度人也。」〇《付法藏傳．五》：「彼脇比丘，昔業故，在母胎中六十餘年。既生之後，鬚眉皓白，厭惡五欲，不樂居家。往就尊者佛陀蜜多，稽首禮足求在道次。精進勇猛，未曾以脇至地而臥。時人即號為脇比丘。」

11.《傳燈錄．一》：「第十一祖富那夜奢，華氏國人也。」又曰：「十一祖富那夜尊者，謁脇尊者，問汝從何來?師曰：『我心非往。』脇曰：『汝何處往?』師曰：『我心非止。』脇曰：『汝不定耶!』師曰：『諸佛亦然。』脇曰：『汝非諸佛。』師曰：『諸佛亦非。』脇印可度之。」〇《傳燈錄．一》：「十二祖馬鳴大士見富那問曰：『我欲識佛，何者即是?』富曰：『汝欲識佛，不識者是。』馬曰：『佛既不識，焉知是乎?』富曰：『既不識佛，焉知不是。』

馬曰：『此是鋸義。』富曰：『彼是木義。』富復問曰：『鋸義者何？』馬曰：『與師平出。』馬又問曰：『木義者何？』富曰：『汝被我解。』馬乃豁悟。」

12.《傳燈錄．一》：「第十二祖馬鳴大士，波羅奈國人也。」○脇比丘付法於富那奢而涅槃。富那奢一時在閒林思惟，有一大士名馬鳴，智慧淵鑑，凡所難問，無不摧伏。起大憍慢，草芥群生。富那奢知其可化，與彼論二諦之義，使彼屈伏，遂為弟子。富那奢既涅槃，乃遊行教化於華氏城。建大法幢，摧滅邪見。作妙伎樂，名喇吒利羅。其音清雅哀婉，宣說苦空無我之法。時城中五百王子開悟出家，後在月支國度脫無量人民。詳《見付法傳．五》。○有大心大行名大士，菩薩之異稱也。以其說法，能使諸餓馬悲鳴，故名馬鳴大士。

13.《傳燈錄．一》：「第十三祖迦毗摩羅，華氏國人也。」○迦毗摩羅，摩揭陀國人。初為外道，有三千弟子。與馬鳴談論，為馬鳴屈伏，遂為馬鳴弟子，於南天布法。見《佛祖統記》。

14.《傳燈錄．一》：「第十四祖龍樹大士，西天竺國人也，亦名龍勝。」○大士名阿周陀那。佛滅後七百年，出世於南天竺，為馬鳴弟子迦毗摩羅之弟子，提婆菩薩之師也。入龍空齎大華嚴經，開鐵塔傳密藏，顯密八宗之祖師也。以龍成道，故以龍配字。見本傳。

15.《傳燈錄．二》：「第十五祖迦那提婆，南天竺國人也。」又曰：「十五祖迦那提婆尊者，因謁龍樹，知是智人。令侍者以滿鉢水，置於座前。提婆觀之，乃以針投。契於龍樹，即為法嗣。」○《付法藏傳．六》：「尊者，其初託生南天竺土婆羅門種，尊貴豪勝，由毀神眼，遂無一目，因即號曰迦那提婆。」

16.《傳燈錄．二》：「第十六祖羅睺羅多，迦毗羅國人也。」○尊者行化至室羅城金水河，告眾曰：「有聖者僧伽難提居於彼處。」佛誌一千年後當紹聖位，領諸學眾泝流而上。至彼，見僧伽難提安坐入定。三七日後方從定起，與之辨論定義。難提心意豁然，祖遂付以法眼。見《佛祖歷代通載》。

17.《傳燈錄．二》：「第十七祖僧伽難提，室羅閥城寶莊嚴王之子也。」○尊者出家後至大石窟安坐入定，及從定起。十六祖問之曰：「汝身定耶？心定耶？」曰：「身心俱定。」祖曰：「身心俱定，有何出入？」曰：「雖有出入，不失定相。」祖詰之，尊者豁然，即求度脫。見《佛祖正宗道影．一》。

18.《傳燈錄．二》：「第十八祖伽耶舍多，摩提國人也。」○十七祖既得法受記已，行化至摩提國，見一童子。祖問：「汝幾歲耶？」曰：「百歲。」祖曰：「汝年尚幼，何言百歲？」童曰：「若人生百歲，不會諸佛機。未若生一日而得決了之，時聞風吹殿鈴聲。」祖問曰：「鈴鳴耶？風鳴耶？」尊者曰：「非風鈴鳴，我心鳴耳。」祖曰：「心復誰乎？」答曰：「俱寂靜故。」祖曰：「善哉！善哉！即付尊者以大法。」見《佛祖正宗道影．一》。

19.《傳燈錄．二》：「第十九祖鳩摩羅多，大月氏國婆羅門之子也。」○十八祖至月氏國見一婆羅門舍有異氣，祖將入彼舍。尊者問曰：「是何徒眾？」曰：「是佛弟子。」尊者聞佛號，心神竦然，即時閉戶。祖良久叩其門。尊者曰：「此舍無人。」祖曰：「答無者誰？」尊者知祖異人，開關延接。祖曰：「昔世尊記曰：『吾滅後一千年，有大士出現於月氏國。』今汝值吾，應斯嘉運。」於是尊者發宿命智，投祖出家。見《佛祖歷代通載》。

20.《傳燈錄．二》：「第二十祖闍耶多，北天竺國人也。智慧淵沖，化道無量。」又曰：「二十祖闍耶多尊者遇鳩摩入國。問曰：『我家父母，素信三寶，而常縈疾瘵，凡所營作，皆不如意。而我鄰家，久為旃陀羅行，而身常勇健，所作和合。彼何幸而我何辜？』鳩摩曰：『善惡之報，有三時焉。凡人但見仁夭暴壽，逆吉義凶，便謂亡因果、虛罪福，殊不知影響相隨，縱經萬劫，亦不磨滅。時闍耶多頓釋所疑。』鳩摩曰：『汝雖已信三業，而未明業從惑生。惑因識有，識依不覺，不覺依心，心本清淨。無生滅、無造作、無報應、無勝負，寂寂然、靈靈然。汝若入此門，可與諸佛同矣。一切善惡有為無為皆夢幻。闍耶多夙慧頓發。』」○尊者得法後以法付婆修盤頭，即於座宴然歸寂。見《佛祖正宗道影．一》。

21.《傳燈錄．二》：「第二十一祖婆修盤頭，羅閱城人也。尊者一食不臥，六時禮佛，為眾所歸。二十祖至彼問其眾曰：『此頭陀能修梵行，可得佛道乎？』眾曰：『我師精勤，何故不可？』祖曰：『我不求道，亦不顛倒；我不禮佛，亦不輕慢；我不長坐，亦不懈怠；我不一食，亦不雜食。心無所希，名之曰道。』尊者聞之，遂發無漏智，祖乃付法。」見《佛祖正宗道影．一》。

22.《傳燈錄．二》：「第二十二祖摩拏羅，那提國常自在王之子也。」〇二十一祖至彼國，王問之。祖云：「今王國有二師化導，佛記第二五百年，有二神力大士出家繼聖，王之次子摩拏羅是其一。吾雖德薄，敢當其一。」王遂捨之作沙門，祖遂付以大法。見《佛祖正宗道影．一》。

23.《傳燈錄．二》：「第二十三祖鶴勒那，月氏國人也。姓婆羅門，父千勝。」〇尊者常有鶴眾相隨，問二十二祖曰：「以何方便，令彼解脫？」祖說偈曰：「心隨萬境轉，轉處實能幽，隨濾謬得性，無喜亦無憂。」鶴眾聞偈，飛鳴而去。既得法，行化中印土，付法獅子而寂。見《佛祖正宗道影．一》。

24.《傳燈錄．二》：「第二十四祖師子比丘，中印度人也。」〇尊者遊化至罽寶國，付法與婆舍斯多後。王曰「離生死」，曰「已離生死」，曰「可施我頭」，曰「我身非有，何吝於頭」。王即揮刃斷尊者頭，白乳湧出高數尺，王之右臂，旋亦墮地。見《佛祖正宗道影．一》。

25.《傳燈錄．二》：「第二十五祖，婆舍斯多，罽寶國人也。」〇尊者姓婆羅門。父寂行，母常安樂。既誕，拳左手。遇獅子尊者顯發宿因，密受心印。見《佛祖歷代通載．七》。

26.《傳燈錄．二》：「第二十六祖，不如蜜多，南印度得勝王之太子也。」〇尊者既得法於二十五祖，至東印度。彼外道師長爪梵志恐王遷善，尊者至，以為魔。王問尊者師來何為？尊者曰：「將度眾生。」梵志不勝其怒，即以幻法化大山於尊者頂上。尊者指之，忽在彼眾頭上。梵志等怖懼投尊者，尊者愍其愚惑，再指之，化山隨滅，乃為王演說法要，俾趣真乘。見《佛祖歷代通載・八》。

27.《傳燈錄・二》：「第二十七祖，般若多羅，東印度人也。」○二十六祖至東印度，與王同車而出，見丐者纓絡童子稽首於前，謂王曰：「此童非他，即大勢至菩薩是也。」此聖之後，復出二人，一人化南印度，一人緣在震旦。為宿因與祖同居，祖轉甚深修多羅，尊者演摩訶般若故，即名之曰般若多羅，而付以法。後尊者往南天竺香至國度王之第三子菩提多羅。見《佛祖歷代通載・八》。

28.原註：此土是為初祖。○《傳燈錄・三》：「第二十八祖，菩提達摩，南天竺國香至王第三子也。」○尊者本名菩提多羅，遇二十七祖付法後，改名為菩提達摩。梁普光元年泛海至廣州，武帝迎之至建業，問曰：「朕即位以來，造寺寫經，有何功德？」摩曰：「無功德。」帝曰：「何云真功德？」摩曰：「淨智妙圓，體自空寂。如是功德，不於世求。」帝曰：「如何是聖諦第一義？」摩曰：「廓然無聖。」帝曰：「對朕者誰？」摩曰：「不識。」帝不悟，遂渡江之魏，止於嵩山之少林寺，終日面壁而已。後得慧可，以所得法並衣鉢付之。見《傳法正宗記》。

29.第二十九祖慧可大師，武牢人也。姓姬氏，初名神光，得法後達摩大師改其名曰慧可，為東土之第二祖。○《佛祖歷代通載・十》：「有僧神光者，因神人發起來見師，師端坐不顧。會天大雪，光立雪中至積雪過膝。師憫而問曰：『汝久立雪中，求何事耶？』光曰：『唯願大慈，開甘露門，廣度群品。』師曰：『諸佛無上妙道，曠劫難逢，豈小德、小智、輕心、慢心欲冀真乘，徒勞勤苦。』光聞誨勵，喜不自勝，即以利刀自斷左臂置於師前，復問曰：『諸佛法印，可得聞乎？』師曰：『諸佛法印，匪從人得。』曰：『我心未寧，乞師與安。』師曰：『將心來與汝安。』可曰：『覓心了不可得。』師曰：『與汝安心竟。』大同元年十二月，師將示寂，顧謂可曰：『世尊以正法眼藏付囑大迦葉，展轉傳授，以至於吾。吾今付汝，汝當護持。並受袈裟，以為法信。』」○《佛祖正宗道影．一》：「祖得法已，繼闡玄風，轉授法於僧璨，壽一百七終於筦城，德宗諡大祖禪師。」

30.第三十祖僧璨大師，在家之姓氏無考，既得法受衣鉢，是為東土之第三祖、○《佛祖正宗道影．一》：「祖謁可祖曰：『弟子身纏夙恙，請師懺罪。』曰：『將罪來與汝懺。』祖良久曰：『覓罪了不可得。』曰：『與汝懺罪竟。』復示般若讖曰：『汝今得法，宜處深山，未可行化，當有國難，所謂心中雖吉外頭凶是也。』及後周果嬰沙汰，祖往來司空山，居無常處，入羅浮，為眾廣宣心要訖，於法會樹下立化，玄宗諡鑑智禪師。」

31.第三十一祖，道信大師，蘄州廣濟司馬氏，既嗣法於璨大師，是為東土之第四祖。○《佛祖正宗道影．一》：「年十四，禮璨祖曰：『乞和尚解脫法門。』曰：『誰縛汝？』祖曰：『無人縛。』曰：『何更求解脫乎？』祖於言下大悟。既得法，住破頭山。永徽中，安坐而逝。越明年，塔戶自開，儀相如生。代宗諡大醫禪師，慈云之塔。」

32.第三十二祖弘忍大師，蘄州黃梅人也，姓周氏。後遇信大師得法，為東土第五祖，嗣化於破頭山。○《佛祖正宗道影．一》：「祖蘄州黃梅人，先為栽松道者，托生於周氏之女。父母惡逐之，女無所歸，乞食里中。及長，里人呼為『無性兒』。路逢信祖問曰：『子何姓？』祖曰：『姓有，不是常姓。』曰：『是何性？』曰：『是佛姓。』曰：『汝無性耶？』祖曰：『性空故無。』信默然，乞為侍者。女以夙緣，捨之無難色。祖與剃度，後付衣法，遂以學徒委之，授衣法於惠能後，上元元年化去。代宗諡大滿禪師，法雨之塔。」

33.第三十三祖，是東土第六祖，故稱曰六祖。事蹟詳前。自六祖後，得法者多，故南岳、青原、法海、玄策、神會等皆以世次而分宗派，不稱祖。

34.毋，禁止之詞。乖，背也，一彼一此而不相合也。誤，錯誤也。

大師先天二年癸丑歲[1]，八月初三日[2]，於國恩寺齋罷[3]，謂諸徒眾曰：「汝等各依位坐，吾與汝別。」

法海白言[4]：「和尚留何教法，令後代迷人得見佛性？」

師言：「汝等諦聽[5]！後代迷人，若識眾生，即是佛性；若不識眾生，萬劫覓佛難逢。吾今教汝識自心眾生，見自心佛性。欲求見佛，但識眾生。只為眾生迷佛，非是佛迷眾生。自性若悟，眾生是佛；自性若迷，佛是眾生。自性平等，眾生是佛；自性邪險，佛是眾生。汝等心若險曲，即佛在眾生中，一念平直[6]，即是眾生成佛。我心自有佛，自佛是真佛。自若無佛心，何處求真佛？汝等自心是佛，更莫狐疑[7]！外無一物而能建立，皆是本心生萬種法[8]。故經云：『心生種種法生，心滅種種法滅[9]。』吾今留一偈，與汝等別，名〈自性真佛偈〉。後代之人，識此偈意，自見本心，自成佛道。」

箋註

1. 先天，唐玄宗之年號。
2. 原註：是年十二月改元開元。
3. 《佛祖統紀・三十》：「先天二年，復歸新州國恩寺。既而示寂。」〇《清一統志・三百四十六》：「龍山寺在新興縣南思龍山，一名國恩寺，唐建。」〇按：新興縣屬廣西肇慶府，唐之新州也。
4. 述事陳義曰白。〇《金剛經》：「合掌恭敬，而白佛言。」

5.諦，審也。諦聽者，審詳而聽，即用心聽之意。

6.《金剛經》：「是法平等，無有高下。」〇《維摩經》：「直心是道場。」〇《高子遺書》：「人之生也直，本體也。以直養而無害，工夫也。」

7.《傳燈錄》：「福州大安禪師問曰：『學人欲識佛，何者即是？』丈曰：『大似騎牛覓牛。』師曰：『識後如何？』丈曰：『如人騎牛至家。』師曰：『始終如何保任？』丈曰：『如牧牛人執杖視之，不令犯人苗稼。』師自茲領旨，更不馳求，上堂云：『大安在溈山三十來年，吃溈山飯，屙溈山屎，不學溈山禪，只看一頭水牯牛。若落路入草，便牽出；若犯人苗稼，即鞭撻。調伏既久，可憐生，如今變作個露地白牛，常在面前，終日露迥迥地，趕亦不去也。』」按：丈指百丈。

8.《起信論．上》：「以心生則種種法生，心滅則種種法滅故。」〇《楞嚴經．一之下》：「阿難言：『我常聞佛開示四眾，由心生故，種種法生。由法生故，種種心生。』」〇《悟性論》：「若一念心生，即入三界。一念心滅，即出三界。」

9.《起信論疏．上》：「以無明力，不覺心動，乃至能現一切境等，故言心生種種法生。此則心隨熏動，故云生也。若無明滅，境界隨滅。諸識分別，皆滅無餘，故言心滅種種法滅，此則心源還淨，故云滅也。」〇《大智度論．十二》：「復次，如一美色。淫人見之，以為淨妙，心生染著。不淨觀人視之，種種惡露，無一淨處。等婦見之，妒瞋增惡，目不欲見，以為不淨。淫人觀之為樂，妒人觀之為苦，淨行人觀之得道。無豫之人觀之，無所適莫，如見土木。若此美色實淨，四種人觀，皆應見淨。若實不淨，四種人觀，皆應不淨。以是故，知好醜在心，外無定也，觀空亦如是。」

「偈曰：

「真如自性是真佛[1]，邪見三毒是魔王[2]；
邪迷之時魔在舍[3]，正見之時佛在堂[4]。
性中邪見三毒生[5]，即是魔王來住舍[6]；
正見自除三毒心[7]，魔變成佛真無假[8]。
法身報身及化身[9]，三身本來是一身[10]；
若向性中能自見[11]，即是成佛菩提[12]因。
本從化身生淨性[13]，淨性常在化身中[14]；
性使化身行正道[15]，當來圓滿真無窮[16]。
婬性本是淨性因[17]，除婬即是淨性身[18]；
性中各自離五欲[19]，見性剎那即是真。
今生若遇頓教門[20]，忽遇自性見世尊[21]。
若欲修行覓作佛[22]，不知何處擬求真[23]？
若能心中自見真[24]，有真即是成佛因[25]；
不見自性外覓佛[26]，起心總是大癡人[27]。
頓教法門已今留，救度世人須自修[28]；
報汝當來學道者[29]，不作此見大悠悠[30]。」

箋註

1.《往生論註．下》：「真如是諸法正體。」○《大乘止觀》：「此心即自性清淨心，又名真如，亦名佛性。」○〈永嘉證道歌〉：「法身了覺無一物，本源自性天真佛。」

2.邪見，為五見之一。撥無因果之理，謂惡不足恐，善不足好之謬見也。此謬見為邪之最。局於邪故，因有邪之名也。○三毒者：貪毒、瞋毒、癡毒。○《婆沙論．四十二》：「問曰：『何故名魔？』答曰：『斷慧命故名魔，復次，常行放逸害自身故名魔。』」○魔王名波旬，在他化自在天中，有大力鬼神，嬈亂修行人者。

3.迷，迷惑也。舍，以喻自己之一身如屋舍。

4.即心即佛，故正見之時自身猶佛之堂。

5.邪見生三毒，三毒與邪見同生於性中。

6.一著邪見，佛變成魔。

7.正見之時，三毒心自然除去。

8.貪、瞋、癡本無實性，若了了見貪瞋癡性，即是佛性。貪、瞋、癡外，更無別有實性。故既具正見，則魔變成佛。

9.見上本文。

10.三身從一性而出，故云本來是一身。

11.性中能自見三身本來一身。

12.佛菩提，佛智慧也。

13.從化身而發生自性清淨法身。

14.自性清淨法身，常在化身之中。

15.性在身中，為身之主人。故性能使化身行正道。

16. 行正道，功報當來，故稱報身圓滿無窮。

17. 婬欲染汙之性，生自性清淨法身之因地。〇《維摩經．弟子品》：「不斷婬怒癡，亦不與俱。不滅癡愛，起於明脫。」注：肇曰：斷婬怒癡，聲聞也。婬怒癡俱，凡夫也。大士觀婬怒癡，即是涅槃，故不斷不俱。〇《增一阿含．九》：「蓋屋不密，天雨則漏。人不惟行，漏婬怒癡。蓋屋善密，天雨不漏。人能惟行，即無婬怒癡。」

18. 除去婬性即淨性。

19. 《釋氏要覽．下》：「五欲謂色、聲、香、味、觸也。」〇《大藏法數．止觀》云：「五塵非欲，而其中有味，能起行人需欲之心，故言五欲。常能牽人入諸魔境故也。」〇又五欲者：一財、二色、三飲食、四名、五睡眠。見《華嚴大疏．二十七》、《三藏法數．二十四》。〇離五欲者，遠離五欲過失也。〇《起信論》：「以知法性，無染離五欲過故，隨順修行尸羅波羅蜜。」

20. 禪宗即頓教法門。

21. 見「本原自性天真佛」也，渾同而曰，見世尊者，千佛萬佛原是一佛故也。〇《修心訣》云：「頓悟者，凡夫迷時，四大為身，妄想為心。不知自性是真法身，不知自已靈知是真佛也。心外覓佛，波波浪走，忽被善知識指爾入路。一念迴光，見自本性。而此性地，原無煩惱。無漏智性，本自具足。即與諸佛分毫不殊，故云頓悟也。」

22. 向外馳求。

23. 各自本具心佛，欲修行而得者，終無是處。

24. 惟此一事實，餘二即非真。〇《高子遺書．一》：「心中無絲髮事，此為立本。」

25. 《高子遺書．一》：「無雜念慮，即真精神。去其本無，即吾固有。」

26. 起心覓佛，不知佛在起心之中，是為不見自性。

遊，即是忍辱仙人。身心俱無，即是佛道。」

27.即起心便是癡毒。○《傳心法要・下》：「起心向外求者，名為歌利王愛遊獵去。心不外遊，即是忍辱仙人。身心俱無，即是佛道。」
28.此言雖云救度世人，然世人要須自修。
29.當來，當世來世也。
30.此見，指頓教法門而言。悠悠，悠忽度日，無精進工夫也。

師說偈已，告曰：「汝等好住，吾滅度後，莫作世情悲泣雨淚[1]！受人弔問[2]，身著孝服，非吾弟子[3]！亦非正法[4]！但識自本心，見自本性[5]，無動無靜、無生無滅、無去無來、無是無非、無住無往。恐汝等心迷，不會吾意，今再囑汝，令汝見性。吾滅度後，依此修行，如吾在日。若違吾教，縱吾在世，亦無有益。」

復說偈曰：

「兀兀不修善[6]，騰騰不造惡[7]，寂寂斷見聞[8]，蕩蕩心無著[9]。」

師說偈已，端坐[10]至三更，忽謂門人曰：「吾行矣！」奄然遷化[11]。於時異香滿室，白虹屬地[12]，林木變白[13]，禽獸哀鳴。

箋註

1.劉向《說苑》：「鮑叔死，管仲舉上衽而哭之，泣下如雨。」
2.問終曰弔。○親友鄰里聞訃，往喪家問之曰弔問。
3.佛弟子不當受弔問與著孝。
4.弔問著服，非如來正法。

5.《大集經》曰：「一切眾生，心性本淨。心本淨，故煩惱諸結不能染著，猶如虛空。」

6.兀兀，不動貌。

7.騰騰，自在無所為貌。

8.寂寂，安靜貌。斷見聞，斷之於安靜之中也。

9.坦坦平平，心無所住。〇馬祖云：「自性本來具足，但於善惡事上不滯，方喚作道人。取善捨惡，觀空入定，皆屬造作。更向外聽，去家轉疏轉遠。一念妄想，便是三界生死根本。但無一念，是除生死根本。即得法王無上珍寶。」〇《傳心法要．下》：「志公云：『未逢出世明師，枉服大乘法藥。如今但一切時中行住坐臥，但學無心，亦無分別、亦無依倚、亦無住著，終日任運騰騰，如癡人相似。世人盡不識你，你亦不用教人識不識。心如頑石頭，都無縫罅，一切法透汝心不入。兀然無著，如此始有少分相應。透得三界境過，名為佛出世。不漏心相，名為無漏智。不作人天業，不作地獄業，不起一切心。諸緣盡不生，即此身心是自由人。不是一向不生，只是隨意而生。經云：「菩薩有意生身是也。」忽若未會無心，著相而作者，皆屬魔業。』」〇高麗普照禪師修心訣云：「行住坐臥，或語或默，或喜或怒，一切時中，一一如是。似虛舟駕浪，隨高隨下；如流水轉山，遇曲遇直。而心無所知。今日騰騰任運，明日任運騰騰，隨順從緣，無障無礙。於善於惡，不斷不修。質直無偽，視聽尋常，則絕一塵而作對，何勞遣蕩之功。無一念而生情，不假忘緣之力。」

10.端坐，猶言正坐也。

11.奄然，忽然也。〇《釋氏要覽．下．送終篇》：「釋氏死謂涅槃、圓寂、歸真、歸寂、滅度、遷化、順世，皆一義也。隨便稱之。」〇《大乘義章》：「菩薩後時，遷化他土。」

12.《爾雅》：「蝃蝀，虹也。」《白虎通》：「天弓，虹也。」〇虹者，太陽光線與水氣相映，現於天空之彩暈也。〇《禮記》：「君子比德於玉，氣如白虹，天也。」〇《國策》：「聶政之刺韓儽，白虹貫日。」〇屬，連屬也。

13.《涅槃經》：「寂然無聲，於是時頃，便般涅槃。入涅槃已，其樹即時慘然變白，猶如白鶴。」

十一月[1]，廣韶新三郡官僚，洎門人僧俗，爭迎真身，莫決所之[2]。乃焚香禱曰：「香煙指處，師所歸焉！」時，香煙直貫曹溪。十一月十三日，遷神龕[3]併所傳衣鉢而回。

次年[4]七月二十五日出龕，弟子方辯以香泥上之[5]。門人憶念取首之記，遂先以鐵葉[6]漆布，固護師頸入塔。忽於塔內白光出現，直上衝天，三日始散。韶州奏聞，奉敕立碑，紀師道行[7]。

師春秋七十有六[8]，年二十四傳衣，三十九祝髮。說法利生三十七載，得旨嗣法者四十三人[9]，悟道超凡者莫知其數。達摩所傳信衣[10]、中宗賜磨衲寶鉢及方辯塑師真相，並道具等[11]，主塔侍者尸之[12]，永鎮寶林道場。流傳《壇經》，以顯宗旨，此皆興隆三寶[13]，普利群生者[14]。

箋註

1. 即先天二年，是時已改開元元年。
2. 廣州之官僚欲迎六祖真身往法性寺，韶州之官僚欲迎六祖真身往寶林寺，新州之官僚欲即安六祖真身於國恩寺，故云「莫決所之」。

3.龕，塔也，塔下室也。此神龕非指塔與塔下室而言，乃指禪龕而言也。俗謂供佛之小室曰佛龕，亦其類也。杜甫詩：「禪龕只宴如。」○按：龕形如轎，三面合木，一面為戶，禪者端坐於中習靜，禪堂中恆置之。

4.即開元二年。

5.香泥，以香末搗如泥也。○《通載．十二．慈恩玄奘示寂．下》云：「俄，異僧奉栴檀末香至，請依天竺法，塗法師之體。」又《後分涅槃．下》：「即以香泥香水，灌洗如來金色之身。」

6.鐵葉，鐵片也。

7.王維、柳子厚、劉禹錫及宋兵部侍郎晏殊等，俱有碑記。晏殊碑記文今佚。

8.春秋，年齡也。一年一春秋。○《國策》：「君之春秋高，而封地未定。」○《漢書》：「春秋鼎盛。」○大師降誕於唐太宗貞觀十二年，戊戌，歲二月八日子時，示寂於玄宗先天二年，癸丑，歲八月三日。歷太宗、高宗、則天、中宗、睿宗、玄宗六朝，實得春秋七十有六。

9.《傳法正宗記．七》：「大鑒所出法嗣，凡四十三人。其一曰西印度毱多三藏者，一曰韶陽法海者，一曰廬陵志誠者，一曰匾檐山曉了者，一曰河北智隍者，一曰鐘陵法達者，一曰壽州智通者，一曰江西志徹者，一曰信州智常者，一曰廣州志道者，一曰廣州印宗者，一曰清源山行思者，一曰南岳懷讓者，一曰溫州玄覺者，一曰司空山本淨者，一曰婺州玄策者，一曰曹溪令韜者，一曰西京光宅慧忠者，一曰荷澤神會者，一曰韶陽祇陀者，一曰撫州淨安者，一曰嵩山尋禪師者，一曰羅浮定真者，一曰南岳堅固者，一曰制空山道進者，一曰善快者，一曰韶山緣素者，一曰宗一者，一曰秦望山善現者，一曰南岳梵行者，一曰並州自在者，一曰西京咸空者，一曰峽山泰祥者，一曰光州法淨者，一曰清涼山辯才者，一曰廣州吳頭陀者，一曰道英者，一曰智本者，一曰清苑法真者，一曰玄楷者，一曰曇璀者，一曰韶州刺史韋據者，一曰義興孫菩薩者。」

10.原註：係西域屈眴布也。宋《高僧傳》曰：「其塔下葆藏屈眴布鬱多羅僧，其色青黑碧縑復給，非人間所有物也。」○《祖庭事苑．三》：「屈眴，即達摩所傳袈裟，至六祖遂留於曹溪。又西域屈眴布，緝木綿華心織成，後人以碧絹為裏。」

11.凡三衣什物一切資助學道之身之具名道具。○《華嚴經．入法界品．寶髻長者章》：「修無分別功德道具。」○《釋氏要覽．中》：「道具，《中阿含經》云：『所蓄之物，可資身進道者，即是增長善法之具。』《菩薩戒經》云：『資生順道之具。』」○《天臺別傳》：「衣缽道具，分為兩分。」

12.尸，主也，主其事也。

13.三寶，佛法僧也。雕鑄塑畫等像，佛也。經律論三藏教文，法也。比丘等五眾和合，僧也。然禪宗之所謂三寶，其說則更有進者。《傳心法要》曰：「祖師直指一切眾生本心本體，本來是佛，不假修成，不屬漸次，不是明暗。不是明，故無明；不是暗，故無暗。所以無無明，亦無無明盡。入我此宗門，切須在意。如此見得，名之為法。見法故，名之為佛。佛法俱無，名之為僧，喚作無為僧，亦名一體三寶。夫求法者，不著佛求，不著法求，不著眾求，應無所求。不著佛求，故無佛。不著法求，故無法。不著眾求，故無僧。」

14.群生多類之眾生也。○《維摩經．佛國品》：「法王法力超群生。」○《無量壽經．上》：「求清白之法，以惠利群生。」○《法華經．方便品》：「又，諸大聖主，知一切世間天人群生類深心之上所欲。」○《筆削記．六》：「利眾生不出二種：一、令離苦，謂離分段變易二生死故；二、令得樂，謂得善提涅槃二無上樂故。」

令韜錄

師入塔後，至開元十年[1]壬戌八月三日夜半，忽聞塔中如拽[2]鐵索聲。眾僧驚起，見一孝子[3]從塔中走出。尋見師頸有傷，具以賊事聞於州縣。縣令楊侃，刺史柳無忝，得牒[4]切加擒捉。五日，於石角村，捕得賊人，送韶州鞫問[5]。云：「姓張，名淨滿，汝州梁縣人[6]，於洪州開元寺，受新羅僧金大悲錢二十千[7]，令取六祖大師首，歸海東供養。」

柳守聞狀，未即加刑，乃躬至曹溪，問師上足令韜曰[8]：「如何處斷？」韜曰：「若以國法論，理須誅夷。但以佛教慈悲，冤親平等[9]，況彼求欲供養，罪可恕矣。」

柳守加歎曰：「始知佛門廣大。」遂赦之。

上元元年，肅宗遣使就請師衣鉢歸內供養，至永泰元年五月五日，代宗夢六祖大師請衣鉢。七日，敕刺史楊緘云：「朕夢感能禪師請傳衣袈裟，卻歸曹溪。今遣鎮國大將軍劉崇景頂戴而送[10]。朕謂之國寶，卿[11]可於本寺如法安置。專令僧眾親承宗旨者，嚴加守護，勿令遺墜。」後或為人偷竊，皆不遠而獲，如是者數四。

憲宗諡「大鑒禪師」，塔曰「元和靈照」[12]。其餘事蹟，係載唐尚書王維、刺史柳宗元、刺史劉禹錫等碑。守塔沙門令韜錄[13]。

箋註

1.開元唐玄宗年號。

2.拽，逸列切。為以手持而引之也。

3.此孝子指衣父母之喪服者言。

4.牒音「蝶」，訟詞也。

5.鞫音「菊」，訊囚也。

6.後魏汝北郡，北齊改為汝陰。隋置汝州，明清為直隸州，屬河南省。民國改為臨汝縣。

7.新羅，國名，三韓之一，建國於西漢之季，至西晉之末。兼併辰韓弁韓。日本神功後來攻，乃結和好，後漸強，取日本之任那府。嗣為百濟高句麗所侵，乞援於唐。唐出兵滅百濟高句麗，其地以次歸於新羅，遂統一半島全部，而臣事於唐。五代時，國又分裂，旋為高麗所滅。

8.上足，猶言高徒。◯《傳燈錄．五》：「曹令溪韜禪師者，吉州人也，姓張氏，依六祖出家，未嘗離左右。祖歸寂，遂為衣塔主。唐開元四年玄宗聆其德風，詔令赴闕，師辭疾不起。上元元年，肅宗遣使取傳法衣入內供養，仍敕師隨衣入朝，師亦以疾辭，終於本山，壽九十五。敕謚大曉禪師。」

9.於一切眾生無冤無親，起大慈悲，無彼我之相，平等救度之也。

10.頂戴而送者，尊崇法服故。

11.指楊緘。

12.六祖又有髮塔在廣州光孝寺佛殿後。六祖初剃度時，其徒為藏髮於此。蓋髮塚也。見《廣語》。

13.按：神會請王維撰〈六祖碑銘〉。令韜與之同時，故得見之。若柳宗元劉禹錫之世，去六祖之遷化，已百餘年矣，其所撰之碑，絕非令韜所及見者。此句有柳、劉二人之名，必為後人竄入無疑。

跋

六祖大師平昔所說之法[1]，皆大乘圓頓之旨[2]，故目之曰「經」[3]。其言近指遠[4]，詞坦義明[5]，誦者各有所獲。明教嵩公[6]，常讚云：「天機利者得其深[7]，天機鈍者得其淺[8]。」誠哉言也。

余初入道，有感於斯，續見三本不同，互有得失。其版亦已漫滅[9]，因取其本校讎[10]，訛者正之[11]，略者詳之[12]。復增入弟子請益機緣[13]，庶幾學者得盡曹溪之旨[14]。按察使雲公從龍[15]，深造此道，一日過山房[16]，睹余所編，謂得《壇經》之大全，慨然命工鋟梓[17]，顓[18]為流通，使曹溪一派，不至斷絕。

或曰：「達摩不立文字，直指人心，見性成佛。盧祖六葉正傳[19]，又安用是文字哉？」

余曰：「此經非文字也。達摩單傳直指之指也[20]，南嶽[21]、青原[22]諸大老，嘗因是指以明其心。復以之明馬祖[23]、石頭[24]諸子之心，今之禪宗，流布天下，皆本是指。而今而後，豈無因是指而明心見性者耶？」

問者唯唯[25]。再拜謝曰：「予不敏[26]，請併書於經末，以詔來者[27]。」辛卯夏，南海釋宗寶跋[28]。

箋註

1. 平昔，平生昔日之時也。〇杜甫詩：「三歎酒食傍，何由似平昔。」

2.《寶積經・二十八》：「諸佛如來正真正覺之道，彼乘名為大乘。」〇《四教義集註・下》：「體非漸成，故名圓頓。」〇同《集解・下》：「三一無差，不從漸次，名為圓頓。」〇旨，宗旨也。

3.《輔教編・六祖壇經讚》註曰：今大鑒所演是大法要，真正無妄，實可軌持，如如恆常，魔外群邪不能改變，正與佛經無異。固宜以佛經字為例也。〇《鐔津文集・三》：「稱經者，後人尊其法，而非六祖之意也。今從其舊，不敢改易。」〇按：或稱《壇經》，或稱《壇記》。其弟子所傳之一脈則尊稱之曰《壇經》，非其一脈所傳，如他宗之弟子等，則稱之曰《六祖壇記》也。

4.《孟子》：「言近而旨遠者，善言也。」

5.坦，他亶切，平易也。〇按：詞坦易明，即俗人所云，深入顯出之意。

6.《五燈會元・十五》：「洞山聰禪師法嗣，杭州佛日契嵩禪師，藤州鐔津李氏子也。七歲出家，十三得度，十九遊方，遍參知識，法於洞山，後居永安蘭若。蓋《禪門定祖圖》、《傳法正宗記》、《輔教編》，上進仁宗皇帝。帝覽之嘉歎，付傳法院，編次入藏，下詔褒寵，賜號明教。熙寧四年六月四日，晨興寫偈，至中夜而化。師有文集二十卷，目曰『鐔津』，盛行於世。」

7.《列子・說符》：「苦皋之所觀，天機也。」〇《莊子・內篇・大宗師》：「其嗜欲深者其天機淺。」

8.天機二句，見明教大師輔教編《六祖壇經讚》。

9.《後漢書・八十・禰衡傳》：「既而無所之適，至於刺字漫滅。」

10.謝肇《淛文海披沙・八》：「對書曰校。劉向《別錄》，校書一人，持本一人，對讀若怨家然，故云讎。」

11.訛，偽也，謬也。○正其不正曰正。○《論語》：「就有道而正焉。」

12.鄭玄《古文真寶序》：「繁者芟之，略者詳之。」

13.按古本及宋本，無「機緣第七」篇題，只第十南北二宗見性門中載法達、智常等三、四輩。今本機緣七中，係尼無盡藏、法海、智通、志道，乃至方辨等十有餘人，請益機緣，故云增入，即宗寶所加添也。

14.庶幾，近辭也。○《易．繫辭．下》：「子曰：『顏氏之子，其殆庶幾乎。』」

15.《事物紀原．六》：「唐明皇開元二年，置十道按察採訪處，置使也。」○《萬世統譜．二十》：「元雲從龍，文昌人，進士，仕元為行省參政。撫綏有功，兵民悅服。」

16.山房，隱者之書室也。

17.鋟音「寢」，刻也。梓，木名。○《公羊傳》：「鋟其板。」

18.顓，與專通。

19.六祖姓盧氏，故名盧祖，又云盧居士。禪家或稱之曰老盧。○葉，世也。六葉即六世。

20.禪家之宗旨，不依於經論文句，單傳心印之謂也。○達摩遙觀此土有大乘根機，遂泛海而來，單傳心印。○《祖庭事苑》：「傳法諸祖，初以三乘教乘兼行，後達摩祖師單傳心印，破執顯宗。所謂教外別傳，不立文字，直指人心，見性成佛。然不立文字，失意者多矣！往往謂屏去文字以默坐為禪，斯直吾門之啞羊耳。且萬法紛然，何止文字不立者哉！殊不知道猶通也，豈拘執於一隅哉！故即文字，文字不可得。文字既爾，餘法亦然。所以為見性成佛也，豈待遣而後已。」

21.懷讓禪師。

22.行思禪師。

23.道一禪師。

24. 希遷禪師。

25.《文選．十一．西都賦》：「賓曰唯唯。」註：唯，應敬之詞也。○《漢書註》：「晉灼曰：唯唯、謙應也。」

26.《孝經》：「參不敏。」吳氏註：不敏，猶言遲鈍。

27. 詔，之笑切，告也，又教導之辭也。○來者，將來之後學也。至元，元世祖年號。辛卯，二十八年也。

28. 南海，縣名，隋以番禺改置，唐宋因之。明清時與番禺縣並為省治。民國徙治佛山鎮。屬廣東粵海道。○宗寶或云未詳。或云即韶州南華寺住持。南華寺元朝曰花果院。按：藏本題下云：「風旛、報恩、光孝禪寺，住持嗣祖比丘宗寶編。」蓋宗寶即廣州南海縣法性寺住持，故曰南海釋宗寶也。○緒而論之曰序，文集之後序曰跋。

附錄：敦煌本六祖壇經

南宗頓教最上大乘摩訶般若波羅蜜經

六祖惠能大師於韶州大梵寺施法壇經一卷兼受無相戒弘法弟子法海集記

惠能大師於大梵寺講堂中，升高座，說摩訶般若波羅蜜法，受無相戒。其時座下僧尼道俗一萬餘人，韶州刺史韋璩及諸官僚三十餘人、儒士三十餘人，同請大師說摩訶般若波羅蜜法。刺史遂令門人僧法海集記，流行後代，與學道者承此宗旨，遞相傳受，有所依約，以為稟承，說此《壇經》。

能大師言：「善知識，淨心念《摩訶般若波羅蜜法》。」

大師不語，自淨心神良久乃言：「善知識淨聽：惠能慈父，本官范陽，左降遷流嶺南，作新州百姓。惠能幼少，父亦早亡，老母孤遺，移來南海，艱辛貧乏，於市賣柴。忽有一客買柴，遂領惠能至於官店。客將柴去。惠能得錢，卻向門前，忽見一客讀《金剛經》。

惠能一聞，心明便悟，乃問客曰：「從何處來，持此經典？」

客答曰：「我於蘄州黃梅縣東馮墓山，禮拜五祖弘忍和尚，見今在彼，門人有千餘眾。我於彼聽見大師勸道俗，但持《金剛經》一卷，即得見性，直了成佛。」

惠能聞說，宿業有緣，便即辭親，往黃梅馮墓山禮拜五祖弘忍和尚。

弘忍和尚問惠能曰：「汝何方人，來此山禮拜吾？汝今向吾邊復求何物？」

惠能答曰：「弟子是嶺南人，新州百姓，今故遠來禮拜和尚。不求餘物，唯求作佛。」

大師遂責惠能曰：「汝是嶺南人，又是獦獠，若未為堪作佛法！」

惠能答曰：「人即有南北，佛性即無南北；獦獠身與和尚不同，佛性有何差別？」

大師欲更共議，見左右在傍邊，大師更便不言，遂發遣惠能令隨眾作務。時有一行者遂差惠能於碓坊踏碓，八個餘月。

五祖忽於一日喚門人盡來。門人集訖，五祖曰：「吾向汝說：世人生死事大。汝等門人終日供養，祇求福田，不求出離生死苦海。汝等自性迷，福門何可求，汝等總且歸房自看，有智惠者，自取本性般若之智，各作一偈呈吾。吾看汝偈，若悟大意者，付汝衣法，稟為六代。火急作！」

門人得處分，卻來各至自房，遞相謂言：「我等不須呈心。用意作偈，將呈和尚，神秀上座是教受師，秀上座得法後自可依止。偈不用作。」諸人息心，盡不敢呈偈。

大師堂前有三間房廊，於此廊下供養，欲畫楞伽變，並畫五祖大師傳授衣法，流行後代為記。畫人盧珍看壁了，明日下手。

上座神秀思惟：「諸人不呈心偈，緣我為教授師。我若不呈心偈，五祖如何得見我心中見解深淺？我將心偈上五祖，呈意即善，求法覓祖不善，卻同凡心奪其聖位。若不呈心偈，終不得法。」良久思惟：「甚難！甚難！」

夜至三更，不令人見，遂向南廊下中間壁上題作呈心偈，欲求衣法：「若五祖見偈，言此偈語，若訪覓我，我見和尚，即云是秀作；五祖見偈言不堪，自是我迷，宿業障重，不合得法。聖意難測，我心自息。」

秀上座三更於南廊下中間壁上秉燭題作偈，人盡不知。偈曰：

「身是菩提樹，心如明鏡臺；
　時時勤拂拭，莫使有塵埃。」

神秀上座題此偈畢，卻歸房臥，並無人見。

五祖平旦，遂喚盧供奉來南廊下畫楞伽變，五祖忽見此偈，讀訖，乃謂供奉曰：「弘忍與供奉錢三十千，深勞遠來，不畫變相也。《金剛經》云：『凡所有相，皆是虛妄。』不如留此偈，令迷人誦。依此修行，不墮三惡道。依法修行，有大利益。」

大師遂喚門人盡來，焚香偈前，眾人見已，皆生敬心。

「汝等盡誦此偈者方得見性。依此修行，即不墮落。」門人盡誦，皆生敬心，喚言善哉。

五祖遂喚秀上座於堂內，問：「是汝作偈否？若是汝作，應得我法。」

秀上座言：「罪過，實是神秀作。不敢求，但願和尚慈悲，看弟子有少智惠識大意否？」

五祖曰：「汝作此偈，見解只到門前，尚未得入。凡夫依此偈修行，即不墮落。作此見解，若覓無上菩提，即不可得。要入得門，見自本性。汝且去，一、兩日思惟，更作一偈來呈吾。若入得門，見自本性，當付汝衣法。」

秀上座去數日，作偈不得。

有一童子於碓坊邊過，唱誦此偈。惠能一聞，知未見性，即識大意。能問童子：「適來誦者是何言偈？」

童子答能曰：「你不知大師言：『生死是大，欲傳衣法，令門人等各作一偈，來呈吾看。悟大意即付衣法，稟為六代祖。』有一上座名神秀，忽於南廊下書《無相偈》一首，五祖令諸門人盡誦，悟此偈者即見自性，依此修行，即得出離。」

惠能答曰：「我此踏碓八個餘月，未至堂前。望上人引惠能至南廊下見此偈禮拜；亦願誦取，結來生緣，願生佛地。」

童子引能至南廊下，能即禮拜此偈。為不識字，請一人讀。惠能聞已，即識大意。惠能亦作一偈，又請得一解書人，於西間壁上提著：「呈自本心。不識本心，學法無益；識心見性，即悟大意。」

惠能偈曰：

「菩提本無樹，明鏡亦無臺；

佛性常清淨，何處有塵埃？」

又偈曰：

「心是菩提樹，身為明鏡臺；

明鏡本清淨，何處染塵埃？」

院內徒眾見能作此偈，盡怪。惠能卻入碓坊。五祖忽來廊下，見惠能偈，即知識大意。恐眾人知，五祖乃謂眾人曰：「此亦未得了。」

五祖夜至三更，喚惠能堂內說《金剛經》。惠能一聞，言下便悟。其夜受法，人盡不知，便傳頓教及衣，以為六代祖。將衣為信，稟代代相傳法，以心傳心，當令自悟

五祖言：「惠能，自古傳法，氣如懸絲，若住此間，有人害汝，汝即須速去。」

能得衣法，三更發去，五祖自送能於九江驛，登時便別。五祖處分：「汝去努力，將法向南，三年勿弘此法。難起在後，弘化善誘，迷人若得心開，與悟無別。」辭違已了，便發向南。

兩月中間，至大庾嶺。不知向後有數百人來，欲擬捉惠能，奪衣法。來至半路，盡總卻廻。唯有一僧，姓陳名惠順，先是三品將軍，性行粗惡，直至嶺上來

趁，把著惠能。即還法衣，又不肯取。「我故遠來求法，不要其衣。」能於嶺上便傳法惠順。惠順得聞，言下心開。能使惠順即卻向北化人。

惠能來於此地，與諸官僚道俗，亦有累劫之因。教是先聖所傳，不是惠能自知。願聞先聖教者，各須淨心聞了。願自除迷，於先代悟。下是法。

惠能大師喚言：「善知識菩提般若之智，世人本自有之，即緣心迷，不能自悟，須求大善知識示道見性。善知識！愚人智人，佛性本亦無差別，只緣迷悟。迷即為愚，悟即成智。

「善知識！我此法門，以定惠為本。第一勿迷言惠定別，惠定體不一不二：即定是惠體，即惠是定用。即惠之時定在惠，即定之時惠在定。善知識！此義即是定惠等。學道之人作意，莫言先定發惠，先惠發定，定惠各別。作此見者，法有二相，口說善，心不善，惠定不等。心口俱善，內外一種，定惠即等。自悟修行，不在口諍。若諍先後，即是迷人，不斷勝負，卻生法我，不離四相。

「一行三昧者，於一切時中，行住坐臥，常行直心是。《淨名經》云：『直心是道場，直心是淨土。』莫心行諂曲，口說法直，口說一行三昧，不行直心，非佛弟子。但行直心，於一切法上無有執著，名一行三昧。迷人著法相，執一行三昧。直言：『坐不動、除妄不起心，即是一行三昧。』若如是此，法同無清，卻是障道因緣。道順通流，何以卻滯？心不住，即通流，住即被縛。若坐不動，是維摩詰不合訶舍利弗宴坐林中。善知識，又見有人教人坐，看心看淨，不動不起，從此置功。迷人不悟，便執成顛。即有數百般如此教道者，故知大錯。」

「善知識！定惠猶如何等？如燈光：有燈即有光，無燈即無光。燈是光之體，光是燈之用。名即有二，體無兩般。此定惠法，亦復如是。

「善知識，法無頓漸，人有利鈍，迷即漸勸，悟人頓修。識自本心，是見本性。悟即元無差別，不悟即長劫輪迴。

「善知識！我自法門，從上已來，頓漸皆立：無念為宗，無相為體，無住為本。何名為相？無相者，於相而離相；無念者，於念而不念；無住者，為人本性，念念不住。前念、今念、後念，念念相續，無有斷絕。若一念斷絕，法身即是離色身；念念時中，於一切法上無住；一念若住，念念即住，名繫縛；於一切法上念念不住，即無縛也。以無住為本。善知識！外離一切相，是無相。但能離相，性體清淨，是以無相為體，於一切境上不染，名為無念。於自念上離境，不於法上念生。莫百物不思，念盡除卻，一念斷即無別處受生。學道者用心，莫不識法意。自錯尚可，更勸他人迷；不自見迷，又謗經法。是以立無念為宗，即緣迷人於境上有念，念上便起邪見，一切塵勞妄念從此而生。然此教門立無念為宗，世人離境不起於念。若無有念，無念亦不立。無者無何事，念者何物？無者離二相諸塵勞。真如是念之體，念是真如之用，自性起念，雖即見聞覺知，不染萬境，而常自在。《維摩經》云：『外能善分別諸法相，內於第一義而不動。』

「善知識！此法門中，坐禪元不著心，亦不著淨，亦不言動。若言看心，心元是妄，妄如幻故，無所看也；若言看淨，人性本淨，為妄念故，蓋覆真如，離妄念，本性淨。不見自性本淨，起心看淨，卻生淨妄。妄無處所，故知看者看卻是妄也。淨無形相，卻立淨相。言是功夫，作此見者，障自本性，卻被淨縛。若不動者，見一切人過患，是性不動。迷人自身不動，開口即說人是非，與道違背。看心看淨，卻是障道因緣。

「今既如是，此法門中何名坐禪？此法門中一切無礙，外於一切境界上，念不起為坐，見本性不亂為禪。何名為禪定？外離相曰禪，內不亂曰定。外若有相，內性不亂。本性自淨自定，祇緣境觸，觸即亂，離相不亂即定。外離相即禪，內外不亂即定。外禪內定，故名禪定。《維摩經》云：『即時豁然，還得本心。』《菩薩戒》云：『本原自性清淨。』善知識！見自性自淨，自修自作自性法身，自行佛行，自作自成佛道。

「善知識！總須自聽，與受無相戒。一時逐惠能口道，令善知識見自三身佛：『於自色身歸依清淨法身佛，於自色身歸依千百億化身佛，於自色身歸依當來圓滿報身佛。』

「色身是舍宅，不可言歸。向者三身，自在法性，世人盡有，為迷不見。外覓三世如來，不見自色身中三身佛。善知識聽，與善知識說，令善知識於自色身見自法性有三身佛，此三身佛，從此自性上生。何名清淨身佛？善知識！世人性本自淨，萬法在自性。思量一切惡事，即行於惡行；思量一切善事，便修於善行。知如是，一切法盡在自性。自性常清淨，日月常明，只為雲覆蓋，上明下暗，不能了見日月星辰，忽遇惠風吹散，捲盡雲霧，萬象參羅，一時皆現。世人性淨，猶如清天，惠如日，智如月，智惠常明，於外著境，妄念浮雲蓋覆；自性不能明，故遇善知識開真正法，吹卻迷妄，內外明徹，於自性中萬法皆見。一切法在自性，名為清淨法身。自皈依者，除不善心及不善行，是名皈依。何名為千百億化身佛？不思量，性即空寂，思量即是自化。思量惡法化為地獄，思量善法化為天堂，思量毒害化為畜生，思量慈悲化為菩薩，思量智惠化為上界，思量愚癡化為下方。自性變化甚多，迷人自不知。見一念善，智惠即生。一燈能除千年暗，一智能滅萬年愚。莫思向前，常思於後。常後念善，名為報身。一念惡報卻千年善心，一念善報卻千年惡滅。無常已來後念善，名為報身；從法身思量，即是化身，念念善即是報身，自悟自修，即名皈依也。皮肉是色身，色身是舍宅，不在歸依也。但悟三身，即識大意。

「今既自皈依三身佛已，與善知識發四弘大願。善知識！」

一時逐惠能道：

「眾生無邊誓願度，煩惱無邊誓願斷，

法門無邊誓願學，無上佛道誓願成。

「善知識！眾生無邊誓願度，不是惠能度。善知識心中眾生，各於自身自性自度。何名自性自度？自色身中邪見、煩惱、愚癡、迷妄，自有本覺性。只本覺性，將正見度。既悟正見般若之智，除卻愚癡迷妄，眾生各各自度。邪見正度，迷來悟度，愚來智度，惡來善度，煩惱來菩提度。如是度者，是名真度。煩惱無邊誓願斷，自心除虛妄。法門無邊誓願學，學無上正法。無上佛道誓願成，常下心行，恭敬一切，遠離迷執，覺智生般若，除卻迷妄，即自悟佛道成，行誓願力。今既發四弘誓願訖，與善知識授無相懺悔，滅三世罪障。」

大師言：「善知識！前念後念及今念，念念不被愚迷染，從前惡行一時除，自性若除即是懺。前念後念及今念，念念不被愚癡染，除卻從前矯雜心，永斷名為自性懺。前念後念及今念，念念不被疽疫染，除卻從前嫉妒心，自性若除即是懺。

「善知識！何名懺悔？懺者終身不作，悔者知於前非。惡業恆不離心，諸佛前口說無益。我此法門中永斷不作，名為懺悔。今既懺悔已，與善知識受無相三歸依戒。」

大師言：「善智識！歸依覺，兩足尊；歸依正，離欲尊；歸依淨，眾中尊。從今已後，稱佛為師，更不歸依餘邪迷外道，願自三寶慈悲證明。善知識，惠能勸善知識歸依三寶。佛者覺也，法者正也，僧者淨也。自心歸依覺，邪迷不生，少欲知足，離財離色，名兩足尊。自心歸依正，念念無邪故，即無愛著，以無愛著，名離欲尊。自心歸依淨，一切塵勞妄念，雖在自性，自性不染著，名眾中尊。凡夫解脫，從日至日，受三歸依戒。若言歸佛，佛在何處？若不見佛，即無所歸。既無所歸，言卻是妄。善知識！各自觀察，莫錯用意。經中只言自歸依佛，不言歸依他佛；自性不歸，無所歸處。

「今既自歸依三寶，總各各至心與善知識說摩訶般若波羅蜜法。善知識雖念不解，惠能與說，各各聽。

「『摩訶般若波羅蜜』者，西國梵語，唐言『大智惠彼岸到』。此法須行，不在口唸，口念不行，如幻如化。修行者法身，與佛等也。

「何名『摩訶』？『摩訶』者是『大』。心量廣大，猶如虛空。若定心坐禪，即落無記空，能含日月星辰、大地山河、一切草木、惡人善人、惡法善法、天堂地獄，盡在空中。世人性空，亦復如是。性含萬法是大，萬法盡是自性。見一切人及非人、惡之與善、惡法善法，盡皆不捨，不可染著，猶如虛空，名之為大。此是摩訶行，迷人口念，智者心行。又有迷人，空心不思，名之為大，此亦不是。心量大，不行是小。若口空說，不修此行，非我弟子。

「何名『般若』？『般若』是『智惠』。一切時中念念不愚，常行智惠，即名般若行。一念愚即般若絕，一念智即般若生。心中常思，我修般若無形相，智惠性即是。

「何名『波羅蜜』？此是西國梵音，唐言『彼岸到』。解義離生滅，著境生滅起，如水有波浪，即是於此岸。離境無生滅，如水永長流，故即名到彼岸，故名波羅蜜。迷人口念，智者心行。當念時有妄，有妄即非真有。念念若行，是名真有。悟此法者，悟般若法，修般若行，不修即凡。一念修行，法身等佛。

「善知識！即煩惱是菩提。前念迷即凡，後念悟即佛。善知識！摩訶般若波羅蜜，最尊最上第一，無住、無去、無來，三世諸佛從中出，將大智惠到彼岸，打破五陰煩惱塵勞，最尊最上第一。讚最上乘法，修行定成佛。無去、無住、無來往，是定惠等，不染一切法。三世諸佛從中變三毒為戒定惠。

「善知識！我此法門從八萬四千智惠，何以故？為世人有八萬四千塵勞。若無塵勞，般若常住，不離自性。悟此法者，即是無念、無憶、無著。莫起誑妄，即自是真如性。用智惠觀照，於一切法不取不捨，即見性成佛道。

「善知識！若欲入甚深法界、入般若三昧者，直須修般若波羅蜜行，但持《金剛般若波羅蜜經》一卷，即得見性，入般若三昧。當知此人功德無量，經中分名讚嘆，不能具說。此是最上乘法，為大智上根人說；小根智人若聞法，心不生信。何以故？譬如大龍，若下大雨，雨於閻浮提，如漂草葉；若下大雨，雨於大海，不增不減。若大乘者，聞說《金剛經》，心開悟解。故知本性自有般若之智，自用智慧觀照，不假文字。譬如其雨水，不從天有，元是龍王於江海中，將身引此水，令一切眾生、一切草木、一切有情無情，悉皆蒙潤。諸水眾流，卻入大海，海納眾水，合為一體。眾生本性般若之智，亦復如是。小根之人聞說此頓教，猶如大地草木根性自小者，若被大雨一沃，悉皆自倒，不能增長；小根之人，亦復如是。有般若之智與大智之人，亦無差別。因何聞法即不悟？緣邪見障重，煩惱根深，猶如大雲蓋覆於日，不得風吹，日無能現。般若之智，亦無大小，為一切眾生自有迷心，外修見佛，未悟自性，即是小根人。聞其頓教，不信外修，但於自心，令自本性常起正見，一切邪見煩惱塵勞眾生，當時盡悟，猶如大海納於眾生流，小水大水合為一體，即是見性。內外不住，來去自由，能除執心，通達無礙。心修此行，即與《般若波羅蜜經》本無差別。

「一切經書及文字，小大二乘十二部經，皆因人置，因智惠性故，故然能建立。我若無智人，一切萬法本亦不有。故知萬法本從人興，一切經書因人說有。緣在人中有愚有智，愚為小故智為大。人問迷人於智者，智人與愚人說法，令使愚者悟解心開，迷人若悟解心開，與大智人無別。故知不悟，即佛是眾生；一念若悟，即眾生是佛。故知一切萬法，盡在自身心中。何不從於自心，頓見真如本性？《菩薩戒經》云：『我本源自性清淨。』識心見性，自成佛道。《維摩經》云：『即時豁然，還得本心。』

「善知識！我於忍和尚處一聞，言下大悟，頓見真如本性。是故以教法流行後代。今學道者頓悟菩提，各自觀心，令自本性頓悟。若能自悟者，須覓大善知識示道見性。」

「何名大善知識？解最上乘法，直示正路，是大善知識，是大因緣。所為化道，令得見佛，一切善法，皆因大善知識能發起故。三世諸佛十二部經，在人性中本自具有。不能自悟，須得善知識示道見性。若自悟者，不假外求善知識。若取外求善知識，望得解說，無有是處。識自心內善知識，即得解脫。若自心邪迷，妄念顛倒，外善知識即有教授。汝若不得自悟，當起般若觀照，剎那間，妄念俱滅，即是自真正善知識，一悟即至佛地。自性心地，以智惠觀照，內外明徹，識自本心。若識本心，即是解脫，既得解脫，即是般若三昧。

「悟般若三昧，即是無念。何名無念？無念法者，見一切法，不著一切法，遍一切處，不著一切處。常淨自性，使六賊從六門走出，於六塵中不離不染，來去自由，即是般若三昧，自在解脫，名無念行。莫百物不思，當令念絕，即是法縛，即名邊見。悟無念法者，萬法盡通。悟無念法者，見諸佛境界。悟無念頓法者，至佛位地。

「善知識！後代得吾法者，常見吾法身不離汝左右。善知識！將此頓教法門，同見同行，發願受持，如是佛教，終身受持而不退者，定入聖位，然須傳受。從上已來，默然而付於法，發大誓願，不退菩提，即須分付。若不同見解，無有志願，在在處處，勿妄宣傳，損彼前人，究竟無益。若愚人不解，謗此法門，百劫千生，斷佛種性。」

大師言：「善知識！聽吾說〈無相頌〉，令汝迷者罪滅，亦名〈滅罪頌〉。頌曰：愚人修福不修道，謂言修福如是道，布施供養福無邊，心中三業元來在。若將修福欲滅罪，後世得福罪元在，若解向心除罪緣，各自性中真懺悔。若悟大乘真懺悔，除邪行正即無罪，學道之人能自觀，即與悟人同一例。大師令傳此頓教，願學之人同一體，若欲當來覓本身，三毒惡緣心裏洗。努力修道莫悠悠，忽然虛度一世休，若遇大乘頓教法，虔誠合掌志心求。」

大師說法了，韋使君、官僚、僧眾、道俗，讚言無盡：「昔所未聞。」

使君禮拜，白言：「和尚說法實不思議。弟子尚有小疑，欲問和尚，望意和尚大慈大悲，為弟子說。」

大師言：「有疑即問，何須再三。」

使君問：「法可不是西國第一祖達摩祖師宗旨？」

大師言：「是。」

使君問：「弟子見說，達摩大師化梁武帝，帝問達摩：『朕一生已來，造寺、布施、供養，有功德否？』達摩答言：『並無功德。』武帝惆悵，遂遣達摩出境。未審此言，請和尚說。」

六祖言：「實無功德，使君勿疑。達摩大師言武帝著邪道，不識正法。」

使君問：「何以無功德？」

和尚言：「造寺、布施、供養，只是修福，不可將福以為功德。功德在法身，非在於福田。自法性有功德，平直是德。佛性外行恭敬，若輕一切人，吾我不斷，即自無功德。自性虛妄，法身無功德。念念行平等直心，德即不輕。常行於敬，自修身即功，自修心即德。功德自心作，福與功德別。武帝不識正理，非祖大師有過。」

使君禮拜，又問：「弟子見僧俗常念阿彌陀佛，願往生西方。請和尚說，得生彼否？望為破疑。」

大師言：「使君，聽惠能與說。世尊在舍衛城說西方引化，經文分明。去此不遠，只為下根；說近說遠，只緣上智。人自兩種，法無兩般。迷悟有殊，見有遲疾。迷人念佛生彼，悟者自淨其心。所以佛言：『隨其心淨，則佛土淨。』使君，東方但淨心無罪，西方心不淨有愆。迷人願生東方，兩者所在處並皆一種心地，但無不淨。西方去此不遠，心起不淨之心，念佛往生難到。除十惡即行十萬；無八邪即過八千，但行直心，到如彈指。使君，但行十善，何須更願往生。不斷十惡之心，何佛即來迎請？若悟無生頓法，見西方只在剎那；不悟頓教大乘，念佛往生路遠，如何得達？」

六祖言：「惠能與使君移西方剎那間，目前便見。使君願見否？」

使君禮拜：「若此得見，何須往生。願和尚慈悲，為現西方，大善！」

大師言：「一時見西方無疑。」即散。

大眾愕然，莫知何是。

大師曰：「大眾！大眾！作意聽：世人自色身是城，眼、耳、鼻、舌、身即是城門，外有六門，內有意門。心即是地，性即是王。性在王在，性去王無。性在身心存，性去身壞。佛是自性作，莫向身外求。自性迷，佛即是眾生。自性悟，眾生即是佛。慈悲即是觀音，喜捨名為勢至，能淨是釋迦，平直即是彌勒，人我即是須彌，邪心即是海水，煩惱即是波浪，毒心即是惡龍，塵勞即是魚鱉，虛妄即是神鬼，三毒即是地獄，愚癡即是畜生，十善即是天堂。無人我，須彌自倒；除邪心，海水竭；煩惱無，波浪滅；毒害除，魚龍絕。自心地上覺性如來，放大智惠光明，照耀六門清淨，照破六欲諸天，下照三毒若除，地獄一時消滅。內外明徹不異西方，不作此修如何到彼。」

座下聞說，讚聲徹天，應是迷人了然便見。使君禮拜讚言：「善哉！善哉！普願法界眾生聞者，一時悟解。」

大師言：「善知識！若欲修行，在家亦得，不由在寺。在寺不修，如西方心惡之人。在家若修行，如東方人修善。但願自家修清淨，即是西方。」

使君問：「和尚！在家如何修？願為指授。」

大師言：「善智識！惠能與道俗作〈無相頌〉。盡誦取，依此修行，常與惠能說一處無別。頌曰：說通及心通，如日處虛空，惟傳頓教法，出世破邪宗。教即無頓漸，迷悟有遲疾，若學頓法門，遇人不可迷。說即雖萬般，合理還歸一，煩惱闇宅中，常須生惠日。邪來因煩惱，正來煩惱除，邪正悉不用，清淨至無餘。菩提本清淨，起心即是妄，淨性於妄中，但正除三障。世間若修道，一切盡不妨，常現在己過，與道即相當。色類自有道，離道別覓道，覓道不見道，到頭還自懊。若欲覓真道，行正即是道，自若無正心，暗行不見道。若真修道人，不見世間過，若見世間非，自非卻是左。他非我不罪，我非自有罪，但自去非心，打破煩惱碎。若欲化愚人，事須有方便，勿令彼有疑，即是菩提見。法元在世間，於世出世間，勿離世間上，外求出世間。邪見在世間，正見出世間，邪正悉打卻，菩提性宛然。此但是頓教，亦名為大乘，迷來經累劫，悟則剎那間。」

大師言：「善智識！汝等盡誦取，依此偈修行，去惠能千里，常在能邊。依此不修，對面底千里遠。各各自修，法不相待。眾人且散，惠能歸漕溪山，眾生若有大疑，來彼山問，為汝破疑，同見佛性。」

合座官僚、道俗，禮拜和尚，無不嗟嘆：「善哉大悟，昔所未聞。嶺南有福，生佛在此，誰能得知。」一時散盡。

大師往漕溪山，韶、廣二州行化四十餘年。若論門人，僧之與俗，約有三、五千人，說不可盡。若論宗旨，傳授《壇經》，以此為依約。若不得《壇經》，即無稟受。須知法處、年、月、日、姓名，遍相付囑。無《壇經》稟承，非南宗弟子也。未得稟承者，雖說頓教法，未知根本，終不免諍。但得法者，只勸修行，諍是勝負之心，與佛道違背。

世人盡傳南能北秀，未知根本事由。且秀禪師於南荊府當陽縣玉泉寺住持修行，惠能大師於韶州城東三十五里漕溪山住，法即一宗，人有南北，因此便立南北。何以頓漸？法即一種，見有遲疾，見遲即漸，見疾即頓。法無頓漸，人有利鈍，故名漸頓。

神秀師常見人說惠能法疾，直指見路。秀師遂喚門人僧志誠曰：「汝聰明多智。汝與吾至漕溪山，到惠能所禮拜，但聽，莫言吾使汝來，所聽得意旨，記取，卻來與吾說。看惠能見解與吾誰疾遲。汝第一早來，勿令吾怪。」

志誠奉使歡喜，遂行。半月中間，即至漕溪山，見惠能和尚，禮拜即聽，不言來處。志城聞法，言下便悟，即契本心。起立即禮拜，白言：「和尚！弟子從玉泉寺來。秀師處不得契悟。聞和尚說，便契本心。和尚慈悲，願當教示。」

惠能大師曰：「汝從彼來，應是細作。」

志誠曰：「不是。」

六祖曰：「何以不是？」

志誠曰：「未說時即是，說了即不是。」

六祖言：「煩惱即是菩提，亦復如是。」

大師謂志誠曰：「吾聞汝禪師教人唯傳戒定惠，汝和尚教人戒定惠如何？當為吾說。」

志誠曰：「秀和尚言戒定惠：諸惡不作名為戒，諸善奉行名為惠，自淨其意名為定。此即名為戒定惠。彼作如是說，不知和尚所見如何？」

惠能和尚答曰：「此說不可思議，惠能所見又別。」

志誠問：「何以別？」

惠能答曰：「見有遲疾。」

志誠請和尚說所見戒定惠。大師言：「如汝聽吾說，看吾所見處：心地無非是自性戒，心地無亂是自性定，心地無癡是自性惠。」能大師言：「汝師戒定惠勸小根諸人，吾戒定惠勸上人。得悟自性，亦不立戒定惠。」

志誠言：「請大師說不立如何？」

大師言：「自性無非、無亂、無癡，念念般若觀照，常離法相，有何可立？自性頓修，立有漸次，所以不立。」

志誠禮拜，便不離漕溪山，即為門人，不離大師左右。

又有一僧名法達，常誦《妙法蓮華經》七年，心迷不知正法之處。來至漕溪山禮拜，問大師言：「弟子常誦《妙法蓮華經》七年，心迷不知正法之處，經上有疑，大師智惠廣大，願為除疑。」

大師言：「法達！法即甚達，汝心不達。經上無疑，汝心自邪，而求正法，吾心正定，即是持經。吾一生已來，不識文字，汝將《法華經》來，對吾讀一遍，吾聞即知。」

法達取經到，對大師讀一遍，六祖聞已，即識佛意，便與法達說《法華經》。

六祖言：「法達！《法華經》無多語，七卷盡是譬喻因緣。如來廣說三乘，只為世人根鈍，經文分明，無有餘乘，唯有一佛乘。」

大師言：「法達！汝聽一佛乘，莫求二佛乘，迷卻汝性。經中何處是一佛乘？吾汝與說。經云：『諸佛世尊，唯以一大事因緣故，出現於世。』此法如何解？此法如何修？汝聽吾說。人心不思，本源空寂，離卻邪見，即大事因緣。內外不迷，即離兩邊。外迷著相，內迷著空。於相離相，於空離空，即是不迷。若悟此法，一念心開，出現於世。心開何物？開佛知見。佛猶覺也，分為四門：『開覺知見，示覺知見，悟覺知見，入覺知見。開、示、悟、入，從一處入，即覺知見。見自本性，即得出世。』」

大師言：「法達！吾常願一切世人，心地常自開佛知見，莫開眾生知見。世人心愚迷造惡，自開眾生知見。世人心正，起智惠觀照，自開佛知見。莫開眾生知見，開佛知見，即出世。」

大師言：「法達！此是《法華經》一乘法。向下分三，為迷人故，汝但依一佛乘。」

大師言：「法達！心行轉《法華》，不行《法華》轉。心正轉《法華》，心邪《法華》轉。開佛知見轉《法華》，開眾生知見被《法華》轉。」

大師言：「努力依法修行，即是轉經。」

法達一聞，言下大悟，涕淚悲泣，白言：「和尚！實未曾轉《法華》，七年被《法華》轉。已後轉《法華》，念念修行佛行。」

大師言：「即佛行是佛。」其時聽人無不悟者。

時有一僧名智常，來漕溪山禮拜和尚，問四乘法義。智常問和尚曰：「佛說三乘，又言最上乘，弟子不解，望為教示。」

惠能大師曰：「汝自身心見，莫著外法相，元無四乘法，人心量四等。法有四乘，見聞讀誦是小乘；悟解義是中乘；依法修行是大乘；萬法盡通，萬行俱備，一切無離，但離法相，作無所得，是最上乘。最上乘是最上行義，不在口諍。汝須自修，莫問吾也。」

又有一僧名神會，南陽人也。至漕溪山禮拜，問言：「和尚坐禪，見不見？」

大師起把，打神會三下，卻問神會：「吾打汝，痛不痛？」

神會答言：「亦痛亦不痛。」

六祖言曰：「吾亦見亦不見。」

神會又問大師：「何以亦見亦不見？」

大師言：「吾亦見，常見自過患，故云亦見。亦不見者，不見天地人過罪，所以亦見亦不見也。汝亦痛亦不痛如何？」

神會答曰：「若不痛，即同無情木石。若痛，即同凡夫，即起於恨。」

大師言：「神會向前，見不見是兩邊，痛不痛是生滅。汝自性且不見，敢來弄人？」

神會禮拜，禮拜更不言。

大師言：「汝心迷不見，問善知識覓路。汝心悟自見，依法修行。汝自迷不見自心，卻來問惠能見否。吾不自知，代汝迷不得。汝若自見，代得吾迷？何不自修，問吾見否！」

神會作禮，便為門人，不離漕溪山中，常在左右。

大師遂喚門人法海、志誠、法達、智常、智通、志徹、志道、法珍、法如、神會。

大師言：「汝等十弟子近前，汝等不同餘人，吾滅度後，汝各為一方師，吾教汝說法，不失本宗。舉三科法門，動三十六對，出沒即離兩邊，說一切法，莫離於性相。若有人問法，出語盡雙，皆取法對，來去相因，究竟二法盡除，更無去處。三科法門者，蔭、界、入。蔭是五蔭，界是十八界，入是十二入。何名五蔭？色蔭、受蔭、想蔭、行蔭、識蔭是。何名十八界？六塵、六門、六識。何名十二入？外六塵、中六門。何名六塵？色、聲、香、味、觸、法是。何名六門？眼、耳、鼻、舌、身、意是。法性起六識：眼識、耳識、鼻識、舌識、身識、意識。六門、六塵。自性含萬法，名為含藏識。思量即轉識。生六識，出六門、六塵，是三六、十八。由自性邪，起十八邪含。自性正，起十八正含。惡用即眾生，善用即佛。用由何等？由自性。

對。

「內外境無情對有五：天與地對，日與月對，暗與明對，陰與陽對，水與火對。

「語言與法相對有十二對：有為無為對，有色無色對，有相無相對，有漏無漏對，色與空對，動與靜對，清與濁對，凡與聖對，僧與俗對，老與少對，長與短對，高與下對。

「自性居起用對有十九對：邪與正對，癡與惠對，愚與智對，亂與定對，戒與非對，直與曲對，實與虛對，嶮與平對，煩惱與菩提對，慈與害對，喜與嗔對，捨與慳對，進與退對，生與滅對，常與無常對，法身與色身對，化身與報身對，體與用對，性與相對，有情無情對。

「語言與法相有十二對，內外境有無五對，自性居起用對有十九對，都合成三十六對也。此三十六對法，能用通一切經，出入即離兩邊。

「如何自性起用三十六對？共人言語，出外於離相，入內於離空。著空則惟長無明，著相則惟長邪見。謗法直言，不用文字，既云不用文字，人不合言語。言語即是文字！自性上說空，正語言本性不空，迷者自惑，語言除故。暗不自暗，以明故暗；暗不自暗，以明變暗，以暗現明，來去相因。三十六對，亦復如是。」

大師言：「十弟子！以後傳法，遞相教授，一卷《壇經》，不失本宗。不稟授《壇經》，非我宗旨。如今得了，遞代流行。得遇《壇經》者，如見吾親授。」

十僧得教授已，寫為《壇經》，遞代流行，得者必當見性。

大師先天二年八月三日滅度。七月八日，喚門人告別。大師先天元年於新州國恩寺造塔，至先天二年七月告別。

大師言：「汝眾近前，吾至八月，欲離世間，汝等有疑早問，為汝破疑，當令迷者盡悟，使汝安樂。吾若去後，無人教汝。」

法海等眾僧聞已，涕淚悲泣，唯有神會不動，亦不悲泣。

六祖言：「神會小僧，卻得善等業，毀譽不動。餘者不得。數年山中，更修何道！汝今悲泣，更有阿誰憂吾不知去處在？若不知去處，終不別汝。汝等悲泣，即不知吾去處，若知去處，即不悲泣。性無生滅，無去無來。汝等盡坐，吾與汝一偈：《真假動靜頌》。汝等盡誦取，見此偈意，與吾同，依此修行，不失宗旨。」

僧眾禮拜，請大師留偈，敬心受持。偈曰：

「一切無有真，不以見於真，若見於真者，是見盡非真。
若能自有真，離假即心真，自心不離假，無真何處真。
有情即解動，無情即不動，若修不動行，同無情不動。
若見真不動，動上有不動，不動是不動，無情無佛種。
能善分別相，第一義不動，若悟作此見，則是真如用。
報諸學道者，努力須用意，莫於大乘門，卻執生死智。
前頭人相應，即共論佛義，若實不相應，合掌禮勸善。

此教本無諍，無諍失道意，執迷諍法門，自性入生死。」

眾僧既聞，識大師意，更不敢諍，依法修行，一時禮拜，即知大師不久住世。上座法海向前言：「大師！大師去後，衣法當付何人？」

大師言：「法即付了，汝不須問。吾滅後二十餘年，邪法撩亂，惑我宗旨，有人出來，不惜身命，定佛教是非，豎立宗旨，即是吾正法。衣不合傳。汝不信？吾與誦先代五祖《傳衣付法頌》。若據第一祖達摩頌意，即不合傳衣。聽吾與汝誦，頌曰：

「第一祖達摩和尚頌曰：
吾本來唐國，傳教救迷清，一花開五葉，結果自然成。

「第二祖惠可和尚頌曰：
本來緣有地，從地種花生，當來元無地，花從何處生。

「第三祖僧璨和尚頌曰：
花種須因地，地上種花生，花種無生性，於地亦無生。

「第四祖道信和尚頌曰：
花種有生性，因地種花生，先緣不和合，一切盡無生。

「第五祖弘忍和尚頌曰：
有情來下種，無情花即生，無情又無種，心地亦無生。

「第六祖惠能和尚頌曰：

心地含情種，法雨即花生，自悟花情種，菩提果自成。」

能大師言：「汝等聽吾作二頌，取達摩和尚頌意。汝迷人依此頌修行，必當見性。第一頌曰：心地邪花放，五葉逐根隨，共造無明業，見被業風吹。第二頌曰：心地正花放，五葉逐根隨，共修般若惠，當來佛菩提。」

六祖說偈已了，放眾生散。門人出外思惟，即知大師不久住世。

六祖後至八月三日食後，大師言：「汝等著位坐，吾今共汝等別。」法海問言：「此頓教法傳受，從上已來至今幾代？」

六祖言：「初傳受七佛，釋迦牟尼佛第七，大迦葉第八，阿難第九，末田地第十，商那和修第十一，優婆鞠多第十二，提多迦第十三，佛陀難提第十四，佛陀密多第十五，脇比丘第十六，富那奢第十七，馬鳴第十八，毘羅長者第十九，龍樹第二十，迦那提婆第二十一，羅睺羅第二十二，僧迦那提第二十三，僧迦那舍第二十四，鳩摩羅馱第二十五，闍耶多第二十六，婆修盤多第二十七，摩拏羅第二十八，鶴勒那第二十九，師子比丘第三十，舍那婆斯第三十一，優婆堀第三十二，僧迦羅第三十三，須婆蜜多第三十四，南天竺國王子第三子菩提達摩第三十五，唐國僧惠可第三十六，僧璨第三十七，道信第三十八，弘忍第三十九，惠能自身當今受法第四十。」大師言：「今日已後，遞相傳受，須有依約，莫失宗旨。」

法海又曰：「大師今去，留付何法？令後代人如何見佛？」

六祖言：「汝聽！後代迷人但識眾生，即能見佛。若不識眾生，覓佛萬劫不得見也。吾今教汝，識眾生見佛，更留《見真佛解脫頌》。迷即不見佛，悟者即見。」

「法海願聞，代代流傳，世世不絕。」

六祖言：「汝聽！吾與汝說：後代世人，若欲覓佛，但識眾生，即能識佛。即緣有眾生，離眾生無佛心。『迷即佛眾生，悟即眾生佛，愚癡佛眾生，智惠眾生佛。心險佛眾生，平等眾生佛，一生心若險，佛在眾生心。一念悟若平，即眾生自佛，我心自有佛，自佛是真佛；自若無佛心，向何處求佛。』」

大師言：「汝等門人好住，吾留一頌，名《自性見真佛解脫頌》。後代迷人聞此頌意，意即見自心自性真佛。與汝此頌，吾共汝別。頌曰：

「真如淨性是真佛，邪見三毒是真魔，邪見之人魔在舍，正見之人佛即過。
性中邪見三毒生，即是魔王來住舍，正見忽除三毒心，魔變成佛真無假。
化身報身及淨身，三身元本是一身，若向身中覓自見，即是成佛菩提因。
本從化身生淨性，淨性常在化身中，性使化身行正道，當來圓滿真無窮。
婬性本身淨性因，除婬即無淨性身，性中但自離五欲，見性剎那即是真。
今生若悟頓教門，悟即眼前見世尊，若欲修行求覓佛，不知何處欲覓真。
若能身中自有真，有真即是成佛因，自不求真外覓佛，去覓總是大癡人。

頓教法者是西流，救度世人須自修，今報世間學道者，不於此是大悠悠。」

大師說偈已了，遂告門人曰：「汝等好住，今共汝別。吾去已後，莫作世情悲泣而受人弔問錢帛，著孝衣，即非正法，非我弟子。如吾在日一種，一時端坐，但無動無靜，無生無滅，無去無來，無是無非無住，但然寂靜，即是大道。吾去已後，但依法修行，共吾在日一種。吾若在世，汝違教法，吾住無益。」

大師云此語已，夜至三更，奄然遷化。大師春秋七十有六。

大師滅度之日，寺內異香氛氛，數日不散，山崩地動，林木變白，日月無光，風雲失色。

八月三日滅度，至十一月，迎和尚神坐於漕溪山，葬在龍龕之內，白光出現，直上衝天，二日始散。韶州刺使韋璩立碑，至今供養。

此《壇經》，法海上座集。上座無常，付同學道漈；道漈無常，付門人悟真。悟真在嶺南漕溪山法興寺，見今傳授此法。

如付此法，須得上根之心，信佛法，立大悲。持此經以為依承，於今不絕。

和尚本是韶州曲江縣人也。如來入涅槃，法教流東土；共傳無住，即我心無住；此真菩薩說直示，行實喻；唯教大智人，示旨依。凡度誓修行，遭難不退，遇苦能忍，福德深厚，方授此法。如根性不堪，材量不得，雖求此法，違立不得者，不得妄付《壇經》。告諸同道者，令知密意。

《南宗頓教最上大乘壇經》一卷

國家圖書館出版品預行編目資料

六祖壇經／六祖惠能著；丁福保箋註. -- 初版. -- 臺北市：商周出版：
家庭傳媒城邦分公司發行, 民106.10
面： 公分. --（人語宗教 ; 52）
ISBN 978-986-477-313-8（平裝）
1. 六祖壇經 2.注釋
226.62 106014754

人與宗教 52

六祖壇經

作　　者／六祖惠能
箋 註 者／丁福保
企畫選書／林宏濤
責任編輯／陳名珉

版　　權／翁靜如
行銷業務／李衍逸、黃崇華
總 編 輯／楊如玉
總 經 理／彭之琬
發 行 人／何飛鵬
法律顧問／元禾法律事務所 王子文律師
出　　版／商周出版
城邦文化事業股份有限公司
台北市民生東路二段 141 號 9 樓
電話：(02) 25007008 傳真：(02) 25007759
E-mail：bwp.service@cite.com.tw
Blog：http://bwp25007008.pixnet.net/blog
發　　行／英屬蓋曼群島商家庭傳媒股份有限公司城邦分公司
台北市民生東路二段 141 號 2 樓
書虫客服服務專線：(02) 25007718、(02) 25007719
24 小時傳真專線：(02) 25001990、(02) 25001991
服務時間：週一至週五上午09:30-12:00；下午13:30-17:00
劃撥帳號：19863813；戶名：書虫股份有限公司
讀者服務信箱：service@readingclub.com.tw
城邦讀書花園：www.cite.com.tw
香港發行所／城邦（香港）出版集團有限公司
香港灣仔駱克道193號東超商業中心1樓
E-mail：hkcite@biznetvigator.com
電話：(852) 25086231 傳真：(852) 25789337
馬新發行所／城邦（馬新）出版集團【Cité (M) Sdn. Bhd.】
41, Jalan Radin Anum, Bandar Baru Sri Petaling,
57000 Kuala Lumpur, Malaysia.
電話：(603) 90578822 傳真：(603) 90576622
E-mail：cite@cite.com.my

封面設計／陳文德
排　　版／新鑫電腦排版工作室
印　　刷／韋懋實業有限公司
總 經 銷／聯合發行股份有限公司
電話：(02) 2917-8022 傳真：(02) 2911-0053
地址：新北市231新店區寶橋路235巷6弄6號2樓

■ 2017年（民106）10月5日初版
■ 2023年（民112）9月28日初版2.1刷
Printed in Taiwan

定價／320 元

城邦讀書花園 www.cite.com.tw

 ISBN 978-986-477-313-8

商周出版

廣　告　回
北區郵政管理登記
台北廣字第000791
郵資已付，免貼郵

104台北市民生東路二段141號2樓

英屬蓋曼群島商家庭傳媒股份有限公司　城邦分公

請沿虛線對摺，謝謝！

商周出版

書號：BR0052	**書名：**六祖壇經	**編碼：**

請於此處用膠水黏貼

商周出版

讀者回函卡

不定期好禮相贈！
立即加入：商周出版
Facebook 粉絲團

感謝您購買我們出版的書籍！請費心填寫此回函卡，我們將不定期寄上城邦集團最新的出版訊息。

姓名：＿＿＿＿＿＿＿＿＿＿＿＿＿＿＿＿ 性別：□男 □女

生日：西元＿＿＿＿＿年＿＿＿＿＿月＿＿＿＿＿日

地址：＿＿＿＿＿＿＿＿＿＿＿＿＿＿＿＿＿＿＿＿

聯絡電話：＿＿＿＿＿＿＿＿＿＿ 傳真：＿＿＿＿＿＿＿＿＿＿

E-mail ：

學歷：□ 1. 小學 □ 2. 國中 □ 3. 高中 □ 4. 大學 □ 5. 研究所以上

職業：□ 1. 學生 □ 2. 軍公教 □ 3. 服務 □ 4. 金融 □ 5. 製造 □ 6. 資訊
□ 7. 傳播 □ 8. 自由業 □ 9. 農漁牧 □ 10. 家管 □ 11. 退休
□ 12. 其他＿＿＿＿＿＿＿＿＿＿

您從何種方式得知本書消息？

□ 1. 書店 □ 2. 網路 □ 3. 報紙 □ 4. 雜誌 □ 5. 廣播 □ 6. 電視
□ 7. 親友推薦 □ 8. 其他＿＿＿＿＿＿＿＿＿＿

您通常以何種方式購書？

□ 1. 書店 □ 2. 網路 □ 3. 傳真訂購 □ 4. 郵局劃撥 □ 5. 其他＿＿＿＿

您喜歡閱讀那些類別的書籍？

□ 1. 財經商業 □ 2. 自然科學 □ 3. 歷史 □ 4. 法律 □ 5. 文學
□ 6. 休閒旅遊 □ 7. 小說 □ 8. 人物傳記 □ 9. 生活、勵志 □ 10. 其他

對我們的建議：＿＿＿＿＿＿＿＿＿＿＿＿＿＿＿＿＿＿＿＿
＿＿＿＿＿＿＿＿＿＿＿＿＿＿＿＿＿＿＿＿
＿＿＿＿＿＿＿＿＿＿＿＿＿＿＿＿＿＿＿＿

【為提供訂購、行銷、客戶管理或其他合於營業登記項目或章程所定業務之目的，城邦出版人集團（即英屬蓋曼群島商家庭傳媒（股）公司城邦分公司、城邦文化事業（股）公司），於本集團之營運期間及地區內，將以電郵、傳真、電話、簡訊、郵寄或其他公告方式利用您提供之資料（資料類別：C001、C002、C003、C011 等）。利用對象除本集團外，亦可能包括相關服務的協力機構。如您有依個資法第三條或其他需服務之處，得致電本公司客服中心電話 02-25007718 請求協助。相關資料如為非必要項目，不提供亦不影響您的權益。】

1.C001 辨識個人者：如消費者之姓名、地址、電話、電子郵件等資訊。
2.C002 辨識財務者：如信用卡或轉帳帳戶資訊。
3.C003 政府資料中之辨識者：如身分證字號或護照號碼（外國人）。
4.C011 個人描述：如性別、國籍、出生年月日。

請於此處用膠水黏貼